# manual de
# gramática española

rafael seco

# manual de
# gramática española

revisado y ampliado por
manuel seco

AGUILAR

colección obras de consulta
asesor arturo del hoyo

© herederos de rafael seco  manuel seco
aguilar s a de ediciones  1954  1975  juan bravo 38  madrid
depósito legal m 22573/1975
décima edición 1975
ISBN 84-03-27062-3
printed in spain  impreso en españa por selecciones gráficas
carretera de irún km 11,500  madrid

# Introducción
## a la segunda edición

EL LENGUAJE Y SU IMPORTANCIA

*El lenguaje es el gran instrumento de comunicación de que
dispone la humanidad, íntimamente ligado a la civilización, hasta tal punto que se ha llegado a discutir si fue el lenguaje el
que nació de la sociedad o fue la sociedad la que nació del
lenguaje.*

*Todas las agrupaciones humanas de la tierra disponen de
un sistema de signos —idioma— para la expresión del pensamiento o del sentimiento, y, en cada una de ellas, cada hombre
se ve precisado a usar ese sistema, no otro, para ser comprendido por los demás, de la misma manera que tiene que emplear
en sus negocios una determinada moneda que sea precisamente
la corriente y admitida dentro de esa comunidad. Y así como
una moneda circula porque todos los moradores del país han
convenido en darle un cierto valor, así también una palabra
o un uso lingüístico cualquiera circula y tiene valor en un idioma
por convenio de todos los hablantes del mismo.*

*Pero este pacto solo se cumple en teoría. En la práctica, no
hay nadie que posea todas las palabras y todos los usos del
idioma. No es solamente el campesino el que no comprende bien
lo que le dice el hombre culto, sino que este mismo a su vez
desconoce infinitas palabras de aquel, tan legítimas —¿por qué
no?— como las suyas propias. Lo que llamamos «nuestro idioma» no es nuestro más que en parte, pues de él solo poseemos
los escasos miles de palabras y los pocos centenares de construcciones que empleamos en nuestra conversación diaria, más
los otros pocos miles de palabras y construcciones que entendemos, sin usarlas nosotros, al oírlas o leerlas en la calle, en el*

periódico, en la radio o en el libro. *Fuera de nuestro dominio, de nuestro alcance, queda todavía una amplia zona de la lengua, de extensión muy variable según la inteligencia y la formación de cada individuo.*

Dentro de esta desigualdad de caudal lingüístico entre las personas, no cabe duda de que las ventajas estarán siempre de parte de aquellas en que ese caudal sea mayor. *Todo el mundo sabe que el que consigue hacerse entender mejor, el que se expresa con mayor claridad y precisión, es dueño de recursos poderosos para abrirse camino en el trato con sus semejantes. El arte de hablar es el arte de persuadir.*

Por otra parte, la importancia social del lenguaje se exterioriza, en la vida cotidiana, por la diversa estimación que hacemos de las personas partiendo del grado y cuantía de . esa posesión del idioma y de la perfección de su uso. *Todos hemos juzgado de manera automática a una persona cuando nos ha dicho* andó, de seguida o ¡se siente usted! *Un señor rechazó a un profesor particular de ciencias para su hijo porque le oyó decir* ojepto. *Juicios tales, sin duda, son sumarísimos, muchas veces injustos, pero siempre instintivos e inevitables, pues es un hecho evidente que la educación se refleja en el habla tanto como pueda hacerlo en cualquier otro aspecto de la personalidad.*

Pero no es el lenguaje únicamente medio de comunicación, ni siquiera es este el servicio más importante que nos presta. *Las palabras no se limitan a ser vehículo de las ideas, sino que sirven para configurarlas y estructurarlas, para delimitarlas, para darles, en resumen, su existencia como tales ideas. Los pensamientos y los estados de ánimo son siempre algo vago e inconcreto, si no se traducen en palabras, si no se hablan* mentalmente. *La mayoría de lo que pensamos es íntimo monólogo, y al pensar, más que manejar ideas, manejamos las etiquetas de esas ideas, que son las palabras.* «En el lenguaje —dice Balmes— tiene el espíritu una especie de tabla de registro, adonde acude cuando necesita recordar, ordenar o aclarar sus ideas.» *Y Unamuno va más allá, afirmando que la lengua no es la envoltura del pensamiento, sino el pensamiento mismo:* «No es que se piense con palabras..., sino que se piensan palabras». *Así puede compren-*

derse la paradoja tan conocida entre los lingüistas: «No se explica la invención del lenguaje sin lenguaje».

Tan patente resulta esta segunda —o primera— utilidad del lenguaje que los psicólogos lo consideran en sus tests como uno de los índices más seguros para determinar la capacidad y el desarrollo mental de un individuo.

### ¿POR QUÉ NO ESTUDIAMOS EL LENGUAJE?

Si el lenguaje, pues, sirve para relacionarnos con los demás humanos, y, sobre todo, si es el cauce de toda nuestra vida intelectual; si afecta tan radicalmente a dos aspectos tan fundamentales de nuestra existencia, ¿habrá cosa más lógica que el cuidarse de él y esmerarse en su estudio? Y, sin embargo, es mínima la atención que un hombre medio presta a su lengua, limitándose a hacer de cuando en cuando una pregunta sobre la corrección de tal palabra o sobre el significado de tal otra.

Este desinterés lo atribuye W. Porzig a dos causas. La primera es que «la lengua está tan inmediatamente unida a la conciencia del individuo que es muy difícil que este se coloque ante sí mismo objetivamente, para, en cierto modo, observarse desde fuera». «De la misma manera que el hombre ingenuo califica de vacía una vasija llena de aire, porque este se encuentra naturalmente en todas partes, así tampoco puede ver el lenguaje como un problema, puesto que es él la base natural de su propio pensar y, por tanto, del problematizar mismo.» La segunda causa que apunta Porzig es sencillamente el método poco afortunado que para la enseñanza del lenguaje se sigue todavía en las escuelas, y cuyo único resultado, en la mayoría de los casos, es ahuyentar de estas cuestiones a los alumnos para toda la vida.

### EL CONOCIMIENTO DEL LENGUAJE

Todo el que habla un idioma posee de él un conocimiento práctico: conoce el idioma directamente, de oírlo usar y de *usarlo él mismo. A lo largo de toda la vida va aumentando, con diverso ritmo, el caudal lingüístico de cada persona.* Este conocimiento práctico es de mayor o menor cuantía según el ambiente social y la cultura del individuo.

Al lado del conocimiento práctico está el teórico, *que, basándose en aquel, deduce las normas por las que se rige el lenguaje. Para poseer este conocimiento teórico no hace falta haber estudiado gramática, sino solamente tener uso de razón: si por la experiencia sabemos que varios individuos del género* caballo *se llaman* caballos *y que varios individuos del género* vaca *se llaman* vacas, *sin necesidad de consultar una gramática seremos capaces de decir que los plurales de* ornitorrinco *y* halieto *son* ornitorrincos *y* halietos, *aunque no conozcamos prácticamente estas formas.*

*La utilidad de este conocimiento teórico, que está al alcance de todos, es indudable; pero, como es lógico, irá en proporción directa con el conocimiento práctico de cada uno. Así, un hombre que ha leído mucho poseerá un notable conocimiento teórico de la lengua, que aumentará su potencial lingüístico; esta es la razón de que pueda haber excelentes escritores que no han estudiado gramática en su vida. En cambio, una persona iletrada no tendrá en su poder sino unos pocos teoremas del lenguaje, que, por la cortedad de horizontes, aplicará unas veces bien y otras mal. De la existencia de* traiga *deduce la de* haiga *y* vaiga; *de la existencia de* juego *deduce la de* juegar. *Tanto el hombre culto como el inculto aplican el mismo principio de analogía; pero el uno lo hace con fundamento suficiente, y el otro, no.*

*Cada uno de nosotros, pues, posee una teoría de la lengua, sin nombres técnicos ni reglas formuladas, sin constituir un sistema, la cual aplicamos a nuestra habla cuando es necesario. Sin embargo, esa gramática íntima no nos sabe ayudar en muchos casos, y a veces incluso nos engaña. Muchos de los usos que hoy tenemos por normales fueron en otro tiempo formas rústicas, hijas de disparatadas analogías: el pretérito de* andar *es* anduve, *por semejanza con* hube; *su forma antigua era* andide, *calcada de* estide (=«estuve»); *pero la única forma correcta sería* andé,

X

*precisamente la que hoy consideramos inadmisible. Constantemente surge lo imprevisto, la irregularidad, que no es, al fin y al cabo, más que una* regularidad distinta. *Porque el lenguaje es, por naturaleza, un fenómeno complejo, y es necesario someterlo a un estudio metódico muy atento, que no todos tienen oportunidad de llevar a cabo, para llegar, con cierta aproximación, a tener una idea de su estructura. Este conocimiento sistemático —que se denomina científico— es precisamente el objeto de la ciencia que llamamos gramática.*

## EL ESTUDIO DE LA LENGUA

*En el aprendizaje de la lengua hay una primera etapa, en la que se obtiene exclusivamente conocimiento práctico. Esta etapa corresponde a los primeros años de la vida, y en ella la adquisición natural del lenguaje puede favorecerse artificialmente por medio de vocabularios, juegos y ejercicios adecuados. En la segunda, que no debe comenzar antes que el niño tenga suficientemente desarrollada la capacidad de abstracción, se une al aprendizaje práctico el teórico, y es el momento en'que entramos en contacto con la gramática. Para que el estudio de esta tenga alguna eficacia es indispensable que esté combinado con la adquisición práctica de la lengua, y no solamente en íntima colaboración con ella, sino tomándola como punto de partida. Sin la conexión directa con la realidad del habla, el estudio de la gramática española seguirá siendo tan mortecino y ciego para el alumno como ha sido hasta hoy, y como lo es también, en la mayoría de los casos —que no debiera—, el estudio del latín.*

*Pero la enseñanza del lenguaje, tal como se ha llevado a cabo hasta ahora en el Bachillerato, se ha limitado a una gramática de definiciones y clasificaciones, sin vida y sin interés. Por otra parte, todo estudio del lenguaje cesaba al llegar al cuarto curso, como si este hecho tan profundamente humano no pudiese interesar al hombre más que en la primera edad, cuando aún no está en condiciones de darse cuenta de toda su trascendencia.*

## La gramática es para todos

*Y es que se suele considerar la gramática como una cosa de niños, al igual que el catecismo, las lecciones de cosas y las cuatro reglas. La gramática viene a ser la continuación inmediata de la cartilla y del* Catón *moderno, y hasta habrá quien se sonría de que en la Universidad exista una cátedra de Lengua Española. Podrá parecer que esta actitud es propia de la gente inculta; pero lo cierto es que, prescindiendo de las obras de pura investigación, accesibles solo a los especialistas, y de las dedicadas a la enseñanza primaria y media —esto es, para lectores de siete a trece años—, se pueden contar con los dedos los libros que tratan de esta materia. Es decir, que, haciéndose eco del desinterés general hacia ella, los gramáticos apenas se han atrevido a escribir libros que, abandonando el tono preceptivo y la definición «de memorieta», por un lado, y la cita erudita, la polémica y la enmarañada casuística, por otro, hablen a la inteligencia con sencillez, con naturalidad, discurriendo al lado del lector, como amigo con amigo y no como dómine con párvulo.*

## Características de la presente obra

*Tal fue el intento del autor* (1) *de este* Manual de gramática española, *cuya primera edición apareció en 1930 en dos tomitos, formando parte de una colección de divulgación. En él se procuraba satisfacer el interés del hombre de cultura media, y también del hombre culto no especialista, respecto a la estructura de nuestro idioma, describiéndosela en forma breve y*

---

(1) Rafael Seco Sánchez nació y murió en Madrid (1895-1933). Además del *Manual de gramática española*, publicó, con la colaboración de A. Lacalle, otra *Gramática*, con ejercicios prácticos, destinada a la Enseñanza Media (3 ediciones, 1931-1933; reeditada luego dos veces más por Lacalle), y algunos estudios-prólogos para ediciones de clásicos. A su muerte preparaba varios trabajos de sintaxis y estilística. Era profesor en la Facultad de Filosofía y Letras de la Universidad Central.

*racional, sin imponerle leyes ni terminologías y discusiones complicadas. Por ello la característica del libro es algo que no han sabido imitar ciertos gramáticos de última fila, desahogados pescadores en aguas ajenas: la claridad.*

*Esa transparencia, esa racionalidad, que son sus principales virtudes, no he querido que las perdiese el libro en esta nueva edición, y por ello, a pesar del tiempo transcurrido, las innovaciones que se han introducido ahora son discretas, de manera que no queda alterado en absoluto el plan primitivo ni, en lo esencial, ninguna de las partes. Se han subsanado errores tipográficos, se han eliminado ligeras contradicciones, se ha reforzado en lo posible la claridad de la exposición (2), se ha subrayado la cohesión de la obra por medio de numerosas referencias dentro del texto; se ha añadido, para facilitar la consulta, un índice alfabético de materias, y, sobre todo, se ha ampliado el texto con notas que, respetando siempre el criterio básico del autor, aportan unas veces el punto de vista de las investigaciones recientes (3), explican otras con mayor detalle la doctrina ya expuesta, y otras veces, por último, retocan y puntualizan cuestiones no bien precisadas en el texto. Esas notas van, algunas, en pie de página, y, la mayoría, intercaladas en letra pequeña en el cuerpo de la obra.*

*El objetivo principal de esta revisión y estas notas ha sido, pues, ensanchar en algunos aspectos la información del lector,*

---

(2) Han sido refundidos el cuadro de los adverbios y los párrafos que se refieren a los pronombres demostrativos, relativos, indefinidos y numerales, oraciones impersonales pasivas y oraciones de causalidad, así como todo lo relativo al «modo» potencial. Modificaciones de menor importancia se han introducido en los cuadros de los sustantivos, pronombres personales, pronombres posesivos y tiempos verbales, y en los párrafos de la interjección, el vocativo, los casos en el pronombre, etc. También han sido suprimidos los pronombres sujetos en los paradigmas de conjugación. Los restantes cambios son de importancia mínima: supresión de alguna frase, sustitución de alguna palabra, etc. Esta ha sido mi única intervención en el texto, aparte de las notas.

(3) Las obras generales más tenidas en cuenta con este fin han sido la *Gramática castellana* de Amado Alonso y Pedro Henríquez Ureña (2 tomos, 8.ª ed., Buenos Aires, 1947); el *Curso superior de sintaxis española*, de Samuel Gili Gaya (4.ª ed., Barcelona, 1954), y el único tomo aparecido hasta ahora de la *Gramática española*, de Salvador Fernández (Madrid, 1951). Otros trabajos consultados se citan en el lugar correspondiente del texto.

introduciendo las opiniones de la gramática actual siempre que la estructura y la unidad del libro lo permitían. Con esta limitación no ha sido siempre posible incorporar algunas de las innovaciones que hoy dan una nueva fisonomía a la ciencia del lenguaje. Pero obrar de manera distinta a como he hecho hubiera significado escribir un libro nuevo, y no ha sido ese en ningún momento mi propósito, ni, por otra parte, hacía falta cuando el libro sigue conservando su actualidad.

Quisiera haber acertado en tan delicada tarea, respondiendo así dignamente a la inestimable ayuda y consejo generoso de los catedráticos don Dámaso Alonso, don Salvador Fernández Ramírez, don Rafael Lapesa y don Samuel Gili Gaya. A todos quiero darles aquí mis sinceras gracias.

MANUEL SECO.

Madrid, 1954.

## Nota a la cuarta edición

En la tercera edición de este libro —1958— agregué un apéndice de fonética y ortografía, en que recogía lo más sustancial de las dos disciplinas, procurando no apartarme de los objetivos de claridad, racionalidad y brevedad que dieron carácter a esta obra. Ahora, en esta nueva salida, añado un capítulo para exponer metódicamente las Nuevas normas de prosodia y ortografía establecidas de manera preceptiva por la Real Academia Española en 1959. Con ello y con algunos leves retoques en el texto del apéndice, quedan estas materias puestas rigurosamente al día, dentro, claro está, de los límites referidos.

M. S.

Madrid, 1960.

## Nota a la décima edición

El transcurrir de unos años que han visto cambiar de manera bastante llamativa la cara de los estudios lingüísticos no ha he-

cho decaer, ni mucho menos, el interés hacia el Manual de gramática española. *A esta realidad se suma una consideración: la de que
una nueva revisión que intentase ingenuamente «poner al día» este
libro sería, a estas alturas, un riesgo grave de desintegrarlo y de
traicionar las concepciones de su autor: exactamente lo que con
el mayor cuidado traté de evitar en las revisiones que llevé a
cabo en las ediciones segunda, tercera y cuarta. Todo ello me
ha impulsado a no introducir hoy ninguna modificación en el
texto de 1960. Ni siquiera las notas y adiciones mías que forman
parte de él —y cuyo alcance se detalla en la introducción y nota
que preceden— he querido que sean ahora objeto de retoque
alguno: concebidas a la sombra de la obra de mi padre, son —o
pienso que son— verdadera prolongación «orgánica» de la misma
(y en esta creencia me afirma el haber visto más de una vez
párrafos míos citados como suyos, error que, como es natural,
lejos de molestarme, me enorgullece). Hacer incidir en esa apor-
tación mía mis puntos de vista actuales habría de producir ya
una quiebra en esa unidad que es condición indispensable para
que un libro sea tal* (4).

Esto no quiere decir que esta edición sea en todo idéntica a
las precedentes. *Aparte de haberse mejorado notablemente la
presentación tipográfica, se han corregido algunas erratas que
venían arrastrándose desde hacía años. Además, en otro aspecto,
he creído que al lector de este libro le interesaría conocer la
posición actual de la Academia Española en unas pocas cuestiones de carácter normativo —por ejemplo, la terminología gramatical, la ortografía— en que dicha corporación, a la que siempre
se reconoce gran autoridad en tales terrenos, se aparta ahora de
algunos de sus criterios tradicionales. En breves notas a pie de
página, que se distinguen de las anteriores por ir enmarcadas
entre paréntesis cuadrados* [ ], *expongo esos nuevos puntos de
vista de la Academia tal como ella los presenta en su* Diccionario de 1970 *y, sobre todo, en su* Esbozo de una nueva gramática

---

(4) Por lo demás, el lector que sienta curiosidad por mi particular entendimiento presente de la gramática puede encontrar una exposición provisional
de él en mi *Gramática esencial del español*, publicada por esta misma editorial.

de la lengua española *(Madrid, 1973). Importa advertir, sin embargo, que el* Esbozo, *según señala su prólogo, carece todavía de validez normativa, y que, por tanto, aquí solo recojo sus indicaciones con el fin de dar noticia de las que, con el tiempo, pueden llegar a ser definitivamente nuevas normas académicas.*

M. S.

*Madrid, 1975.*

*Índice general*

# Índice general

## SINTAXIS

# manual de
# gramática española

# I. Preliminares

## 1. GRAMÁTICA

La gramática no es, como se ha dicho muchas veces, «el arte de hablar y escribir correctamente un idioma». El idioma es un hecho natural, un instrumento de expresión que los hombres no necesitan aprender en ningún libro. Desde el momento en que un hombre habla y escribe de suerte que exprese sus pensamientos en forma comprensible a los demás, queda cumplido el fin del lenguaje. Se puede, por otra parte, hablar correctamente y escribir con la mayor elegancia sin ningún conocimiento doctrinal de gramática; pero no es que aquel hablar o escribir sea antigramatical: examinado a la luz de los preceptos gramaticales, no ofrece la menor disparidad. Es que la gramática no es ni debe ser sino *la teoría del lenguaje,* la teoría de cada lengua, construida sobre la observación y la experimentación de los usos normales del idioma, así del hablado como del escrito. El hombre somete a su estudio cuanto ve a su alrededor; claro es que el lenguaje, como hecho natural, no podía ser una excepción.

Ahora bien: no hay una verdadera unidad en un idioma. Como en la naturaleza toda, domina en las lenguas la más abigarrada variedad: una es la lengua popular, otra es la lengua familiar burguesa, otra es la lengua literaria; hay variación en relación con las clases sociales, con la cultura, hasta con los grupos profesionales; hay diversidad según las regiones, las ciudades, los pueblos, las épocas; y estas variedades se refieren principalmente al léxico, influido en cada caso por multitud de circunstancias étnicas, dialectales, sociales; pero también a la estructura morfológica de las palabras y a su trabazón orgánica.

Si se trata de hacer una gramática, ¿qué lengua de todas estas se elegirá como base? ¿Con qué derecho se excluirán las

3

demás, todas legítimas? Hasta el *haiga* (haya) y el *semos* (somos) del aldeano, que a muchas gentes aterran, tienen una explicación natural dentro de la historia del lenguaje. La gramática ideal sería la que recogiese y sistematizase las formas y giros de todas las modalidades parciales del idioma. Mas como esto no es posible, es preciso fijarse en un cierto tipo lingüístico, que es esencialmente la lengua literaria, no solo por sus caracteres de fijeza y continuidad, sino porque ella es, para un público de lenguas extrañas, representativa por excelencia de todo el idioma. Afín de la lengua literaria se extiende por grados sucesivos el lenguaje urbano, ciudadano y familiar de diversos grupos sociales, desde los más refinados hasta un tipo medio de cultura.

Como todas las gramáticas —y, desde luego, en cuanto al español, la *Gramática* oficial de la Real Academia Española— estudian y sistematizan este tipo de lenguaje, se cae en el peligro de convertirlo en arquetipo, llegándose así al concepto de un idioma correcto y académico, frente al cual —en nombre de un malhumorado purismo— se rechazan todos los usos lingüísticos no coincidentes o ajustados a regla. Se olvida que en la incesante evolución de los tipos de lenguaje, muchas formas, hoy legítimas y admitidas por los puristas, arrancaron de uso impropio, vicioso o erróneo.

No obstante esto, no cabe duda de que puede ofrecer un interés de cultura cuanto se haga por extender un tipo de lengua ideal que reúna las mayores excelencias expresivas, y el incitar a todo el mundo al conocimiento consciente, gramatical, de los usos de esta lengua, lo cual será tanto más fácil cuanto que las demás modalidades particulares del lenguaje a que aludimos no aparecerán, en realidad, sino como variantes o alteraciones locales del tipo gramatical, que, a falta de una tradición culta, no se han sancionado en los textos preceptivos. Pero no por esto se han de rechazar desdeñosamente formas inferiores de lenguaje que en su uso como vivas tienen la suficiente legitimidad. Señálense en buen hora los usos no conformes con el idioma correcto y académico que teoriza la gramática; pero no se cierren los ojos

4

a la realidad, y la realidad, en este caso, es el uso, y el uso termina muchas veces por ser la ley.

El que se proponga como «ideal» la lengua literaria no solamente no debe entenderse en el sentido de que se excluyan todos los demás usos, sino que tampoco puede interpretarse como una preferencia sistemática hacia este tipo de lengua. Lo que en gramática se considera correcto es no solo lo que se ajusta al uso literario, sino lo que en el lenguaje oral corriente se aproxima más al ideal literario, sin que sea preciso que se identifique con él ni mucho menos. En el habla familiar serían inadmisibles, por considerárseles afectados o pedantes, usos y formas exclusivamente literarios, como *amar, quedéme, ambos.*

Señálese de paso el grave error que se comete introduciendo rutinarios estudios teóricos gramaticales en la escuela. Hasta los catorce o los quince años (1) no deben darse a los niños nociones gramaticales sistemáticas, so pena de la más absoluta ineficacia. La gramática supone una serie de abstracciones que no están al alcance de los niños de primera enseñanza, ni aun de los de segunda, hasta un cierto límite. En cambio, lo que sí es absolutamente necesario es que, tanto en unos como en otros, se sustituyan los estudios de gramática con los de lenguaje, hoy lamentablemente confundidos. En vez de una terminología gramatical incomprendida y fatigosa, ejercicios de redacción y composición, gimnasia lingüística mucho más provechosa, que amplía el léxico de los escolares y desarrolla sus facultades de expresión.

## 2. La oración

Para estudiar el idioma es indispensable partir de una cierta unidad lingüística. Esta unidad lingüística no es *la palabra,* como pudiera creerse, sino *la oración.*

---

(1) Véase sobre esta cuestión el interesante libro *La enseñanza de la gramática,* por Laura Brackenbury, trad. de Alice Pestana, Madrid, ediciones de La Lectura. Véanse también A. Castro, *La enseñanza del español en España,* Madrid, Suárez, 1922; S. Gili Gaya, «La enseñanza de la Gramática», *Revista de Educación,* I, 1952, 119, y M. Seco, *Metodología de la Lengua y Literatura Españolas en el Bachillerato,* Madrid, Dirección General de Enseñanza Media, 1961.

La oración es la *expresión de un juicio*. Juicio es la operación mental por la cual afirmamos una cosa de otra, relacionamos un concepto con otro concepto. Si pensamos: «El perro ladra», atribuimos la idea de «ladrar» a la idea de «perro», porque advertimos la conveniencia entre ellas. Mientras no hagamos sino pensarlo, esto no pasará de ser un *juicio lógico;* pero si lo expresamos de palabra o por escrito, el juicio lógico se convierte en *oración.* La oración nace, pues, cuando el juicio lógico se manifiesta al exterior por medio del lenguaje. Antes de expresarse, el *juicio* pertenece al terreno de la lógica; una vez expresado, la *oración* pertenece al terreno de la gramática. Entre las dos categorías, lógica y gramatical, hay, por tanto, una correlación inicial: la idea o concepto de una cosa la expresamos por una palabra; la relación entre dos ideas o conceptos, es decir, el juicio, la expresamos por una oración.

Con la palabra *perro* significamos la idea más o menos compleja que nosotros tenemos del animal que llamamos así; con la palabra *ladrar* indicamos la idea que tenemos de esta facultad del «perro». Por otra parte, cuando oímos las palabras *perro* o *ladrar,* cada una de ellas evoca en nosotros la idea correlativa. Ahora bien: si en la mente relacionamos —por un mecanismo cualquiera— ambas ideas y atribuimos al «perro» el «ladrar», es decir, juzgamos la conveniencia mutua de una a otra idea, del acto que expresa el *ladrar* al ser que representa la palabra *perro,* ello tendrá su manifestación dentro de la categoría gramatical, en la oración *El perro ladra,* con la que efectivamente entendemos que se afirma del «perro» el hecho de «ladrar».

En esta definición de la oración se atiende solo al punto de vista lógico. Pero el lenguaje es algo más que la simple expresión del pensamiento: es la expresión de todo nuestro ser espiritual, es decir, de nuestras ideas y de nuestros sentimientos; por tanto, la oración gramatical no solo será la expresión de un juicio, no se limitará a manifestar la relación entre un concepto y otro concepto, sino que también expresará nuestra actitud personal ante ellos y ante las cosas. Entre *Has llegado muy tarde* y *¡Muy tarde has llegado!* no hay diferencia alguna en cuanto al juicio expresado —los términos son los mismos—, pero sí la hay en cuanto a la actitud del hablante, manifestada externamente en este caso por el orden de las palabras y por la entonación de la frase.

## 3. Palabras y partes de la oración

Si en el orden lógico hay, pues, dos conceptos relacionados —dejando aparte, como cuestión ajena a nuestro propósito, el modo como se ha llegado al establecimiento del juicio—, en el orden gramatical habrá también dos elementos representativos de aquellos. Ambos reciben, tanto en lógica como en gramática, los mismos nombres: *sujeto* y *predicado*. *Sujeto* es aquello de que se afirma algo; *predicado* es aquello que se afirma del sujeto. En la oración citada antes, el *perro* será el sujeto, y *ladra*, el predicado. Sujeto y predicado pueden venir expresados por una o varias palabras, cuantas sean necesarias para la expresión perfecta de los conceptos relacionados, tal como los percibe el que habla; pero, esencialmente, las afirmaciones contenidas en el predicado versan sobre objetos —personas, animales, cosas materiales e inmateriales, que penetran en nuestro mundo interior o exterior—, mientras que lo que de estos objetos se afirma es alguna propiedad, cambio, modificación, alteración o estado que nuestra mente aprecie en ellos.

De este modo llegamos al concepto de *parte de la oración*. La oración está constituida por elementos, partes, que desempeñan en ella un cierto papel. Una de estas partes, por ejemplo, es la que designa los objetos de que se hace mención; otra, la que designa las propiedades o cualidades que tienen estos mismos objetos, y otra, los cambios, modificaciones o estados que reconocemos en ellos. Así tenemos, respectivamente, las partes de la oración llamadas *sustantivo, adjetivo* y *verbo*.

Hemos empleado hasta ahora el término *palabra*. Es una expresión que todo el mundo conoce y que ofrece, sin embargo, dificultades cuando se trata de definirla. Palabra, en nuestra experiencia habitual, es cada una de las porciones naturales en que se divide una expresión escrita. Se nos aparece, pues, como *una unidad indivisible y de sentido independiente más o menos vago*.

De aquí se advierte la diferencia entre *palabra* y *parte de la oración*. Una palabra puede ser una parte de la oración. Pero

7

una parte de la oración puede constar de varias palabras. En *La reunión ha sido suspendida,* la expresión *ha sido suspendida* es una parte de la oración compuesta de tres palabras. El conjunto de las tres realiza, en efecto, en la oración, una función gramatical determinada, que no puede realizar por sí sola ninguna de las tres palabras que la forman.

Según las diversas funciones gramaticales, son nueve las partes de la oración: el *sustantivo* o *nombre,* el *adjetivo,* el *pronombre,* el *artículo,* el *verbo,* el *adverbio,* la *preposición,* la *conjunción* y la *interjección;* aunque esta última no puede, en realidad, llamarse *parte de la oración* (v. § 90).

La clasificación que precede es la tradicional; pero, naturalmente, no es la única que se puede establecer. En rigor, y de acuerdo con las nociones que se exponen en este libro, no solo hay que excluir de las partes de la oración la interjección, sino también el pronombre y el artículo. Como se indica en el § 30, el artículo no es en realidad más que un pronombre; y en el § 26 veremos que, por su parte, el pronombre desempeña en la oración siempre las funciones de sustantivo, adjetivo o adverbio. Según esto, tendríamos solamente las siguientes partes de la oración: *sustantivo, adjetivo, verbo, adverbio, preposición* y *conjunción.* Las cuatro primeras expresan conceptos; las dos últimas expresan relaciones entre los conceptos.

4. Partes de la gramática

La gramática hemos dicho que es *la teoría de la lengua.* Por tanto, comprenderá el estudio de las formas que ofrece la lengua y además su enlace o trabazón orgánica para la expresión de los pensamientos. Estos estudios constituyen las dos partes de que consta la gramática: *morfología* y *sintaxis.*

El estudio de los sonidos que constituyen el lenguaje hablado (*fonética*), y las reglas referentes a la escritura correcta (*ortografía*), si se refieren a la lengua, caen, sin embargo, fuera de la que propiamente es gramática: las relaciones entre el pensamiento y el idioma.

Sin embargo, los signos que componen el sistema de una lengua son de naturaleza sonora, y es necesario tener en cuenta sus caracteres si se

quiere adquirir una visión completa de la gramática. Estos signos o sonidos se representan en el lenguaje escrito con arreglo a una serie de
normas que el uso ha ido estableciendo; normas que dan en cada idioma
una fisonomía al lenguaje escrito, como los sonidos del idioma dan una
fisonomía al lenguaje oral. Tanto aquellas normas como estos sonidos
constituyen sistemas coherentes que se han formado paralelamente y en
combinación más o menos estrecha con los sistemas morfológico y sintáctico de la lengua. Por ello, aunque la *fonética* y la *ortografía* no sean
en sí gramática, constituyen un complemento necesario de su estudio, y
como tal han sido tradicionalmente incorporadas a ella.

*Morfología*

## II.   El nombre o sustantivo

5. DEFINICIÓN Y CLASIFICACIÓN

Todos cuantos seres rodean al hombre y pueden por ello ser objeto del lenguaje han sido y son designados con un nombre, sin el cual no podríamos referirnos a ellos de un modo comprensible.

Estos nombres con que se designan los seres que son objeto de nuestros juicios son los *sustantivos* o *nombres sustantivos*.

Los sustantivos sirven, pues, para nombrar cuanto tiene existencia, lo mismo si esta existencia es real, tangible, física, que si solamente se verifica en nuestra imaginación. Así, por ejemplo, *un libro* es un objeto cuya existencia real podemos comprobar con los sentidos; en cambio, el *ocio* no podemos nunca percibirlo de un modo material, sino solamente mediante una cierta operación mental.

Los sustantivos se pueden clasificar así:

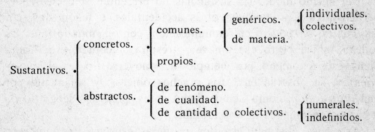

6. NOMBRES CONCRETOS Y ABSTRACTOS

Nosotros no conocemos los objetos más que por sus cualidades, y estas por las impresiones que producen en nuestros sentidos (1). Conocemos el «azúcar» por su color, por su sabor, por su aspecto, etc., que consideramos inseparables del concepto o idea que nosotros tenemos del azúcar. Cuando oímos la palabra *azúcar,* se nos sugiere en seguida aquel conjunto de cualidades sin las cuales no podemos concebir esta sustancia; por el contrario, la presencia de estas cualidades nos evocará inmediatamente la palabra *azúcar.* Así, para nosotros, un sustantivo no es sino un conjunto de cualidades mayor o menor según sea nuestro conocimiento del objeto. Para un hombre vulgar, la palabra *azúcar* encierra un número de cualidades mucho menor que para un químico, por ejemplo.

Ahora bien: una misma cualidad podemos apreciarla en varios objetos; la «blancura» del azúcar la encontramos asimismo en la nieve, en la leche, en el algodón. Así pues, *blancura* nombra, no un objeto, sino una cualidad que puede encontrarse en distintos objetos independientemente. Sin embargo, esta cualidad no se puede separar o aislar de un modo material de ninguno de los objetos que la poseen. Será posible hacer desaparecer la blancura del azúcar; lo que no se puede hacer es separar una cosa de otra de suerte que tengamos, por decirlo así, en una mano el «azúcar» y en otra la «blancura». Esta separación solo puede hacerse por el mecanismo mental que se llama *abstracción.*

Del mismo modo, las sustancias no presentan solo cualidades permanentes, sino también otras accidentales, o fenómenos, por las cuales se ponen en comunicación con el mundo que las rodea. Así, el perro «se mueve», «respira», «come», etc. Ahora bien: este fenómeno, por ejemplo, de «moverse», o sea el «movimiento», se observa en otros muchos objetos, y solamente por una *abstracción,* como hemos dicho antes, podemos separarlo de los seres en quienes lo observamos.

Así pues, distinguimos dos primeras especies de nombres: los nombres *concretos,* o sea los nombres de los seres u objetos que tienen una existencia real, como *azúcar, perro, guante, casa;* y los nombres *abstractos,* o sea los nombres de las cualidades, o

---

(1) Sweet, *A New English Grammar, logical and historical,* Oxford, 1892.

fenómenos, separados mentalmente o abstraídos de los objetos a que se refieren, como *blancura, movimiento, grandeza, alabanza,* etc.

Como las cualidades se expresan con adjetivos, gran número de nombres abstractos de cualidad son sustantivos derivados, o sea, procedentes de adjetivos. Así, *blancura* y *grandeza* se han formado sobre los adjetivos *blanco* y *grande*. Del mismo modo, como los fenómenos se expresan por verbos, suelen ser los abstractos de fenómenos nombres derivados de estos mismos verbos, como *movimiento, alabanza,* de *mover* y *alabar*. Sin embargo, hay muchos abstractos que no proceden de derivación. Por ejemplo: *luz, vida, sueño, noche, ocio,* etc.

Dentro de los abstractos deben incluirse también los *sustantivos de cantidad,* o *colectivos abstractos.* Entre ellos están los colectivos *numerales,* que indican simplemente un determinado número de objetos no determinados, como *par, docena, decena, centenar;* y los *indefinidos,* que indican, como los numerales, una agrupación de objetos de una misma especie no determinada, pero, a diferencia de ellos, el número de objetos es impreciso: *grupo, montón, puñado, serie, conjunto,* etc.

No deben confundirse estos sustantivos abstractos numerales e indefinidos con los *pronombres sustantivos numerales e indefinidos* (§§ 34 y 35). Asimismo se distinguen estos colectivos abstractos de los *colectivos concretos,* de que se tratará en el § 8.

## 7. Nombres comunes y propios

Entre los nombres concretos cabe establecer una nueva distinción.

Nombre *genérico* es aquel que designa un grupo de individuos que poseen un cierto número de cualidades comunes que los distinguen de los demás. Por ejemplo: con el nombre de *silla* se conocen todos aquellos objetos que existen, han existido o existirán y que, aunque son extraordinariamente variados en tamaño, forma, materia y estructura, tienen un cierto número de caracteres comunes adecuados al fin a que se destinan, lo cual nos·permite reconocerlos bajo un solo nombre.

La palabra *silla* designa, pues, por sí misma, un número prácticamente infinito de objetos; mas, como en nuestro lenguaje hemos de referirnos forzosamente a objetos determinados, hay que delimitar la significación de los nombres genéricos con la añadidura de otras palabras que restrinjan su extensión: *la silla, esta silla, mi silla.*

Los nombres *de materia* no designan ningún objeto determinado, sino una masa indefinida, sin forma ni extensión, de aquella sustancia que posee las cualidades que el nombre lleva consigo. Cuando decimos *cobre,* no pensamos en ningún objeto construido de cobre, sino en todo aquello repartido por el Universo que, sin forma ni magnitud determinada, reúna las cualidades de color, dureza, tenacidad, conductibilidad, etc., que exactamente corresponden al cobre. Del mismo modo tendremos en *vino, sal, estaño* y *agua* nombres de materia.

Tanto los nombres genéricos como los de materia se llaman nombres *comunes* por su amplio sentido de generalidad.

Nombre *propio* es el que designa, por el contrario, un individuo determinado, dentro del grupo genérico a que pertenece. Así, *Mallorca,* frente a *isla; Valencia,* frente a *ciudad; Italia,* frente a *país, nación, estado; Vespasiano,* frente a *emperador,* etc., son nombres propios.

Evidentemente, un nombre propio puede a veces servir para designar todo un grupo, más o menos extenso, de individuos. Así, *Antonio* designa un número indefinido de personas que se llaman así; *Toledo* puede referirse a diversas ciudades de este nombre. Sin embargo, no dejan por ello de ser nombres propios, porque lo que especialmente caracteriza a esta clase de nombres es el propósito del que habla de referirse con ellos, en cada caso, a un individuo determinado, sin perjuicio de que, si es preciso, se especifique lo que sea necesario: *Antonio, el hijo del herrero; Toledo (Estados Unidos de América del Norte).*

La distinción entre nombre común y propio radica, más que en la designación de especie o individuo, en la manera de designarlos. El nombre común nombra a su objeto *fijándolo por medio de un conjunto*

16

*de cualidades;* el nombre propio *no alude a las cualidades* (2). Así se explica el aparente contrasentido de que haya nombres comunes de seres únicos, como *el cielo,* y que al mismo tiempo haya nombres propios que convienen a varios individuos, como acabamos de ver.

## 8. Nombres individuales y nombres colectivos

Entre los sustantivos *cerdo* y *piara* existe la diferencia de que el uno se refiere a un individuo, cualquiera que sea, de su especie, y el otro se refiere a un cierto grupo o conjunto de individuos de la misma especie. Dispone, pues, el lenguaje de palabras distintas para designar a un individuo solo (*sustantivos individuales*) o a una usual agrupación en número indefinido de los mismos individuos (*sustantivos colectivos*). Compárese a este respecto *navío* con *flota; roble,* con *robledo; abeja,* con *enjambre; sacerdote,* con *clero,* etc.

Deben cotejarse estos sustantivos colectivos concretos con los colectivos abstractos explicados bajo un epígrafe anterior.

## 9. Accidentes gramaticales

Son las modificaciones de forma que experimenta una palabra, por las cuales se hace esta apta para expresar otros matices de la misma idea. Así, entre *le-o* y *le-í,* que expresan la misma idea de «leer», existe una diferencia de terminación justificada por el hecho de que *leo* expresa la idea en el tiempo actual, y *leí,* en tiempo pasado. Lo que diversifica a ambas es, pues, un *accidente* de *tiempo.*

Cada parte de la oración tiene sus accidentes característicos. En el sustantivo, estos accidentes son el *género* y el *número.*

---

(2) A. Alonso y P. Henríquez Ureña, *Gramática,* II, § 41.

17

## 10. GÉNERO DE LOS NOMBRES

El sustantivo *león* puede tomar también la forma *leona*. Esta variedad morfológica está justificada porque *león* designa un animal macho de su especie, y *leona,* un animal hembra. La diferencia real que existe entre ambos animales es el sexo; la diferencia gramatical de las dos formas que los representan se llama *género. Género* es, pues, el accidente gramatical que corresponde al sexo. Cada una de las dos formas tiene un *género,* correlativo del sexo del animal que representa.

En español solo hay dos géneros: el *masculino,* que corresponde a los varones y animales machos, y el *femenino,* que corresponde a las mujeres y animales hembras.

Los demás sustantivos que no designan seres sexuados tienen, sin embargo, gramaticalmente alguno de los dos géneros antedichos, que el uso de la lengua les atribuye. Todos distinguen externamente en todo caso su género masculino o femenino según les acomode, respectivamente, el artículo *el* o el artículo *la.*

Ningún sustantivo ofrece en español el género neutro. Sin embargo, este género se presenta, como veremos más adelante, en la sustantivación de los adjetivos y en determinadas formas pronominales, siempre con un sentido característico.

Muchos gramáticos definen hoy el género como la necesidad gramatical de concordar con una u otra forma del adjetivo. Así, *hombre* y *traje* serán del género masculino porque concuerdan con el adjetivo masculino *bueno; tierra* y *mujer,* femeninos, porque concuerdan con el adjetivo femenino *buena.*

## 11. GÉNERO DE LOS NOMBRES DE PERSONAS Y ANIMALES

Los sustantivos que designan personas y animales ofrecen, por lo general, dos formas: masculina y femenina.

Examinando diversas formas genéricas correlativas, podrá estudiarse la usual formación de los femeninos de esta clase de nombres e inducir las leyes correspondientes.

18

| Sustantivos masculinos | Sustantivos femeninos | |
|---|---|---|
| padre .......................... | madre | } 1.ª |
| toro ............................ | vaca | |
| hermano ..................... | hermana | } 2.ª |
| perro .......................... | perra | |
| autor .......................... | autora | } |
| león ........................... | leona | } 3.ª |
| marqués ..................... | marquesa | } |
| barón .......................... | baronesa | } |
| profeta ....................... | profetisa | } |
| gallo ........................... | gallina | } 4.ª |
| emperador .................. | emperatriz | } |

Del examen de estos ejemplos resultan las siguientes leyes de formación del femenino en los nombres de personas y animales:

1.ª En algunos casos, el femenino es una pa abra distinta del masculino. Así, compárense los masculinos *yerno, caballo, varón, carnero,* con sus femeninos *nuera, yegua, hembra, oveja.*

2.ª Si el masculino termina en *o,* el femenino se forma cambiando esta *o* en *a.* Ejemplos: *lobo, hijo, abogado, gato, muchacho,* frente a *loba, hija, abogada, gata, muchacha.* También algunos acabados en *e* siguen la misma regla: *elefante, elefanta; presidente, presidenta.*

3.ª Los masculinos terminados en consonante forman sus femeninos, por lo general, añadiendo una *a.* De este tipo son: *señor, doctor, pastor, pintor, ladrón, faisán.*

4.ª Un corto número de sustantivos forman sus femeninos con variadas terminaciones: *esa, isa, ina, iz,* etc. Véanse los femeninos de *abad, duque, papa, sacerdote, jabalí, rey,* etc., que son: *abadesa, duquesa, papisa, sacerdotisa, jabalina, reina,* etc.

Muchos nombres de personas tienen la misma forma para el masculino que para el femenino, distinguiéndose solo por el artículo su género. Estos sustantivos se vienen llamando tradicionalmente «comunes en cuanto al género» (3), aunque con-

---

(3) La Academia llama a estos nombres *del género común.* Ya se entiende que no son otra cosa que masculinos o femeninos, según los casos. La misma observación hay que hacer con los *epicenos y ambiguos en cuanto al género,* de que luego hablaremos. [En el *Esbozo de una nueva gramática* (1973), §§ 2.2.6

vendría mejor darles la simple denominación de *invariables*. Así, el sustantivo *artista* es masculino en *el artista* y femenino en *la artista*.

La invariabilidad de estos nombres pudo obedecer a diversas causas. Pueden señalarse entre ellos varios grupos:

*a*) Algunos nombres terminados en *a* en el masculino, que no hallaron facilidad para formar un femenino distinto, porque en español es característica la terminación en *a* de los femeninos. A este grupo pertenecen *paria, pianista, telefonista, periodista,* y un gran número de nombres de profesión terminados en *ista. Modista* ha llegado a formar un extraño masculino, *modisto,* de uso muy generalizado.

*b*) Muchos adjetivos de forma única que se sustantivan. Así, *joven, imbécil, homicida, suicida*.

*c*) Algunos nombres terminados en *ante, ente* o *iente*, que en su primitivo carácter adjetivo de participios activos no admiten en principio variedad de género. Así, *estudiante* significa «que estudia»; por eso admite indistintamente los artículos *el* o *la:* «el que estudia» = *el estudiante,* o «la que estudia» = *la estudiante.* En el mismo caso están *contrincante, delincuente, aspirante, conferenciante, adolescente,* etc. Sin embargo, muchos de estos van adoptando formas femeninas en *a,* que invaden poco a poco el lenguaje culto: *dependiente-dependienta; presidente-presidenta.* Aun el mismo sustantivo *parturiente,* en que no había confusión de género, va transformándose en *parturienta*.

. *d*) *Reo, testigo, mártir, consorte, cónyuge* y otros, mantenidos probablemente invariables, unos por su carácter erudito o semierudito, y otros por su etimología.

Los nombres de los animales que por su tamaño, su domesticidad o alguna nota peculiar han llamado preferentemente la atención del hombre, son los que ofrecen distinción de género.

Todos los demás nombres de animales tienen un género gramatical determinado, aplicable lo mismo al macho que a la hembra de su especie correspondiente. Así, *ratón, mosquito,*

---

y 2.2.7, la Academia habla de nombres «comunes», «epicenos» y «ambiguos»; ya no menciona el «género común».]

*sapo, pato, ruiseñor,* etc., son masculinos, y *rata, ballena, cigarra, águila* y *culebra* son femeninos; pero tanto unos como otros designan indistintamente al macho o a la hembra. Los nombres de esta clase se vienen llamando *epicenos* (4).

12. Género de los nombres de cosas

Todos los nombres de cosas, lo mismo materiales que inmateriales, tienen un único y determinado género gramatical, discernido por el uso de la lengua. Según esto, a unos les conviene el artículo *el* y a otros el *la.*

Cuáles sean estos y cuáles aquellos es difícil de determinar elementalmente, pues contra toda posible ley se alza buen número de excepciones. Sin embargo, pueden obtenerse por observación algunas indicaciones útiles:

1.ª Los nombres específicos de ríos, montes, golfos, mares, volcanes, vientos, islas, junto a los cuales parecen siempre sobrentenderse los nombres genéricos correspondientes, ofrecen el mismo género gramatical que estos. Así, *Guadalquivir, Nervión* y *Pisuerga* son masculinos, como *río* (5); *Baleares, Canarias, Maldivas,* femeninos, como *isla.*

Por una razón semejante, los nombres de árboles suelen ser masculinos; en cambio, los de frutos son femeninos, obedeciendo a motivos etimológicos. Entre otras excepciones, *higuera* e *higo* contradicen la regla.

2.ª Fundamentalmente son masculinos los nombres sustantivos terminados en *o,* y femeninos los en *a.* En estas terminaciones se incluye gran parte del fondo de origen latino de la lengua castellana. Las excepciones masculinas en *a* son generalmente eruditas o están explicadas bajo el epígrafe anterior.

Las excepciones más importantes a esta norma general son: *día,* masculino, y *mano,* femenino. Forman grupo nutrido los cultismos en *ma* masculinos *(problema, drama, fantasma, reuma, idioma...),* aunque algunos se ajustan a la norma *(diadema, broma...).*

---

(4) Nebrija, en su *Gramática,* los llamaba *mezclados.*
(5) Son curiosas excepciones de ríos españoles *la Huerva* y *la Esgueva.*

3.ª Los sustantivos de las demás terminaciones son, en su mayor parte, masculinos; pero hay un gran número de excepciones femeninas, especialmente los terminados en *d* y *z*.

Un grupo no muy nutrido de nombres de cosas constituyen los llamados *ambiguos* (6), que vacilan, en el uso corriente de la lengua, entre los dos géneros. Así, de *mar* se dice *el mar inmenso,* frente *a la mar salada;* de *dote, un buen dote* y *una buena dote.* En el mismo caso se encuentran *color, calor, puente, margen, prez,* etc. Sin embargo, tiende a desaparecer la ambigüedad de estos nombres, pues, por lo general, en el uso correcto de la lengua se va afirmando para cada uno un género determinado. *Color, calor* y *puente* deben considerarse hoy como masculinos, desechándose las formas femeninas, anticuadas. *Margen* tiende quizá a diferenciar su significación en relación con el género, designando el masculino el espacio blanco de un escrito, y el femenino, los bordes de una corriente de agua; *dote* es femenino las más veces, acercándose a la otra acepción, también femenina, de la palabra (en plural, buenas cualidades de una persona); *prez* es femenino; *mar* se mantiene vacilante, sostenida en género femenino por el uso proverbial y de la gente de mar, frente a otro uso masculino, más erudito.

No deben de ningún modo confundirse con los ambiguos, grupo de sustantivos más bien llamado a desaparecer, otros muchos nombres que tienen el doble uso masculino-femenino, pero cuyo cambio de género obedece a una variedad de la significación: *el cometa, la cometa; el orden, la orden; el pendiente, la pendiente; el contra, la contra; el tema, la tema.*

13. Número de los nombres

Entre *león* y *leones* existe la diferencia de la sílaba *es* en cuanto a la forma. Por lo que toca al significado, el primer sustantivo expresa un individuo solo de su especie, mientras el segundo indica varios individuos de la misma. Pues esta diferente

---

(6) Nebrija los llama *dudosos.*

forma que una palabra puede tomar para indicar si se refiere a un objeto solo o a más de uno, se llama *número*.

En español existen dos números: *singular* y *plural*.

Examinando las formas numéricas en distintos sustantivos podrán inducirse las leyes a que obedece la formación de los plurales.

| Sustantivos en singular | Sustantivos en plural | |
|---|---|---|
| mesa | mesas | |
| gato | gatos | 1.ª |
| sofá | sofás | |
| corsé | corsés | |
| razón | razones | |
| bondad | bondades | 2.ª |
| tos | toses | |
| jabalí | jabalíes | |
| la crisis | las crisis | |
| el martes | los martes | 3.ª |
| la diócesis | las diócesis | |
| Carlos | los Carlos | |

Del examen de estos hechos se desprende que se puede formar el plural de tres maneras:

1.ª *Añadiendo una* s. Cuando el singular termina en vocal no acentuada o en *e* acentuada: de *letra, letras;* de *café, cafés.*

2.ª *Añadiendo la sílaba* ES. Cuando el singular termina en consonante o vocal acentuada: *virtud, virtudes; bisturí, bisturíes; marroquí, marroquíes.* Son importantes excepciones *papá, mamá, sofá, chacó* (7).

3.ª *Sin modificación alguna.* Cuando es palabra grave o esdrújula terminada en s. En este caso se distingue el número por el artículo: *el éxtasis, los éxtasis; la dosis, las dosis.*

Se citan algunos nombres que carecen de significación y forma singular («*pluralia tantum*»). Así, *añicos, enseres, víveres,*

---

(7) El lenguaje popular y familiar se resiste a esta formación para los nombres terminados en vocal acentuada, empleando casi constantemente *jabalís, rubís, maniquís, bigudís, as* (plural de *a*), *dominós,* y manejando los plurales burlescos *papaes* y *mamaes.* El plural de *esquí* es *esquís* según el *Diccionario* de la Academia; pero algunos periodistas escriben *esquíes* por ultracorrección.

*gafas, maitines, manes, nupcias, zaragüelles, zahones.* Muchos nombres de este tipo se usan corrientemente en plural, pero va extendiéndose cada vez más su forma singular, correspondiente a una lógica tendencia del lenguaje. Así, *tijeras, tenazas, enaguas, calzoncillos.* El erudito *efemérides* se halla junto al barbarismo *efeméride,* formado ante la falsa apariencia de plural del primero (8).

Del mismo modo suele señalarse un gran número de sustantivos que carecen de plural por razones de significación. Sin embargo, rara vez existe una verdadera y absoluta imposibilidad de emplear estos mismos nombres en plural, ya por un tránsito de abstracto a concreto (la *Fe,* las *fes* de bautismo; la *Farmacia,* las *farmacias);* por una necesidad de especificación (el *cobre,* los *cobres* de Huelva); por conversión de nombres propios en comunes (dos *Goyas,* los *Aníbales),* o por otras evoluciones de significado que es difícil prever dentro de la flexibilidad de la lengua.

*Ultimátum, déficit* y *superávit* se usan, sin duda, en plural con su propia forma (9). Por lo demás, los nombres propios pueden, sin variar su sentido, formar plurales: los *Borbones,* los *Quinteros,* los *Madrazos* (10).

Como plurales de voces extranjeras, pueden verse citados por la Academia *álbumes,* de *álbum; fraques,* de *frac; lores,* de *lord; clubs,* de *club,* y *complots,* de *complot.* Pueden añadirse *bares,* de *bar; blocs,* de *bloc; tickets,* de *ticket,* y *goles,* de *gol.*

---

(8) Véase, sin embargo, sobre esta palabra, M. Seco, *Diccionario de dudas de la lengua española,* Madrid, 1961, pág. 135.

(9) Hoy es frecuente en los periódicos el plural *-s* para estas palabras: *déficits, ultimátums,* etc.

(10) Para formar el plural de los apellidos se aplican las reglas expuestas para los nombres comunes, si tales apellidos están usados en un sentido genérico: *el siglo de los Cervantes, de los Quevedos, de los Gracianes.* Se exceptúan los apellidos terminados en *-az* o *-anz, -ez* o *-enz, -iz* o *-inz* átonos, que son siempre invariables: *los Velázquez, los Istúriz, los Díaz, los Herranz.* Pero si con el apellido en plural se trata de designar a una familia, el uso vacila entre la forma común del plural —*los Borbones, los Pinzones, los Monteros*— y la forma invariable —*los Madrazo, los Quintero, los Argensola*—. Cuando el apellido va precedido de la palabra *hermanos,* es, desde luego, invariable: *los hermanos Bécquer, las hermanas Fleta.* Igual ocurre cuando el apellido es compuesto: nadie diría, por ejemplo, *las Pardos Bazanes.*

En la formación del plural de palabras extranjeras se suele seguir hoy la norma general de añadir -s, tanto si terminan en vocal como en consonante: *bikini, bikinis; penalty, penaltys; club, clubs; complot, complots; soviet, soviets.* En la lengua hablada es frecuente el plural invariable: *unos linóleum preciosos.* Pero si la consonante final es -l, -r o -n, al no ser terminación extraña a la fonología española, el idioma asimila más fácilmente la palabra, y así tenemos plural regular en *revólver, revólveres; gol, goles; bar, bares; chófer, chóferes; líder, líderes; bidón, bidones; mitin, mitines; lord* (pronunciado en España vulgarmente *lor*), *lores.*

*Régimen* y *carácter* cambian de lugar el acento para formar el plural: *regímenes, caracteres.*

Nótese, finalmente, la peculiaridad del español de que el plural masculino encierra los dos géneros. Ejemplos:

> los padres=el padre+la madre;
> los hermanos=el hermano+la hermana;
> los señores=el señor+la señora;
> los marqueses=el marqués+la marquesa;
> los reyes=el rey+la reina; etc.

## III. El adjetivo

### 14. Definición

El sustantivo *hombre* tiene una significación infinita. Abarca todos los «hombres» habidos y por haber. Luego, si queremos referirnos a uno determinado, es indispensable que restrinjamos el significado de aquel sustantivo de modo que este resulte apropiado para la designación del «hombre» preciso de quien queremos hablar. Así, se habrá concretado más la expresión si decimos *hombre alto, grueso, calvo, inteligente,* con lo cual hemos hecho una descripción del hombre de que se trata, indicando algunas cualidades de las que permanentemente posee. Lo mismo ocurre si decimos *hombre pensativo, asustado, cohibido, atado,* aunque en este caso las cualidades atribuidas tienen un cierto carácter accidental, como que están en relación con las actividades mudables del individuo. La cualidad de «grueso», por ejemplo, es más durable en un individuo que la de «pensativo», que responde a un estado momentáneo.

También si decimos *este, ese, aquel hombre, otro hombre, cada hombre,* habremos logrado especificar al individuo de que se trate, pero por un camino distinto del anterior, puesto que aquí no describimos de modo alguno al' hombre. Las palabras *este, ese, aquel, otro* y *cada* no nos dan la menor idea acerca de cómo es el hombre; nos lo presentan según una relación que nos lo dé a conocer: *este hombre* es «el hombre que está aquí al lado»; *otro hombre* es «un hombre distinto de uno ya consabido»; *cada hombre* es «el hombre sucesivamente apartado de los demás de un grupo».

Todas estas palabras que reducen más o menos la extensión indefinida del sustantivo, ya por la añadidura de una cualidad descriptiva, ya delimitándolo por el establecimiento de relaciones más complicadas, se llaman _adjetivos_. Es, por tanto, nota esencial del adjetivo la de acompañar y modificar al sustantivo.

### 15. CLASIFICACIÓN DE LOS ADJETIVOS

Los adjetivos pueden clasificarse del siguiente modo (1):

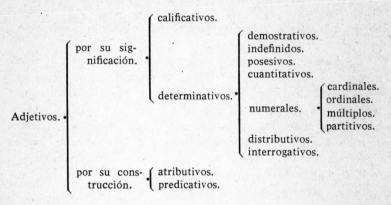

### 16. ADJETIVOS CALIFICATIVOS

Los adjetivos de esta clase describen al sustantivo informándonos acerca de alguna cualidad interna o externa del objeto.

Es difícil obtener una clasificación sistemática de estos adjetivos. Sin embargo, pueden señalarse, como hace Lenz, algunos matices cuyo estudio y consideración puede constituir un excelente ejercicio de lenguaje.

Ya hemos visto que las cualidades pueden ser _permanentes_ o _accidentales,_ aunque muchas veces quede indeterminada esta característica. Compárese _mudo_ con _callado._ Los participios pasivos constituyen con frecuencia calificativos accidentales.

---

(1) R. Lenz, _La oración y sus partes_, Madrid, Centro de Estudios Históricos, 1920.

Algunos adjetivos, en vez de manifestar una determinada cualidad del sustantivo, se limitan a referir a este una o varias de sus cualidades que se aprecian en otro sustantivo, de quien suelen proceder. Así tenemos *poético, artístico, militar, político, económico, legendario, quijotesco,* etc. En muchos casos el adjetivo se limita a establecer una relación variable entre dos sustantivos, en que el significado del adjetivo depende tanto de él como de los sustantivos a quienes modifica. Así, compárese el valor del adjetivo *telegráfico* en diversas frases: *red telegráfica, respuesta telegráfica, agencia telegráfica, clave telegráfica, organización telegráfica, mapa telegráfico,* etc.

La cualidad ofrece, además, dos sentidos. Si se dice *la blanca nieve,* no se añade nada a la idea que tenemos de la nieve, pues entre sus cualidades reconocemos como esencial la blancura. No hemos hecho, pues, sino dejar patente una cualidad que de hecho está contenida en el sustantivo. Los adjetivos empleados en este sentido se llaman *explicativos,* o bien *epítetos.* Suelen colocarse delante de sus sustantivos y tienen un valor puramente ornamental en la expresión, por lo que ofrecen un gran interés en el estilo literario.

Lo mismo podemos apreciar en *el anciano profesor* o *el majestuoso edificio,* donde las cualidades de «anciano» y «majestuoso» aparecen como esenciales del «profesor» y del «edificio» de que hablamos. Pero obsérvese que las cualidades aquí no están de hecho contenidas en el sustantivo, como ocurría en *la blanca nieve,* donde la palabra *nieve* por sí misma evocaba el color blanco: el sustantivo *profesor* no supone implícita la cualidad de «anciano». Lo que caracteriza en todos los casos al adjetivo explicativo es que presenta la cualidad como *algo inherente a la persona o cosa en cuestión* (2) y al mismo tiempo la pone de relieve.

También tiene valor explicativo, aunque generalmente con matiz causal, el adjetivo pospuesto separado del sustantivo por una pausa: *El hombre, ingenuo, se lo creyó todo.* Este adjetivo equivale a una oración de relativo incidental (que también se llama explicativa: véase § 176): *El hombre, que era ingenuo...*

---

(2) W. v. Wartburg y P. Zumthor, *Précis de syntaxe du français contemporain,* Berna, 1947, pág. 307. Véase también Gili Gaya, *Sintaxis,* § 164.

Pero si decimos *los animales feroces,* el adjetivo *feroces* expresa una idea no contenida dentro del concepto que tenemos del sustantivo *animales,* que lo mismo pueden ser mansos que feroces. Luego, si decimos *animales feroces,* es porque queremos establecer la distinción, concretando de este modo la idea del sustantivo y distinguiendo estos animales de todos los demás de su especie. Los adjetivos empleados en este sentido se llaman *especificativos* y suelen ir pospuestos a los nombres.

Esta distinción entre *epítetos* y *especificativos* es a veces dudosa, y pende solo de la intención del que habla o escribe.

La diferencia entre uno y otro puede definirse de la siguiente forma: el *especificativo* restringe la significación del sustantivo al que acompaña, individualizando, mediante la cualidad, el objeto designado; la expresión de la cualidad es entonces necesaria para la integridad lógica de lo enunciado en la frase. El *epíteto,* en cambio, no restringe la significación del sustantivo, el cual sin necesidad del adjetivo ya estaba suficientemente individualizado; no es, pues, necesaria la expresión de la cualidad para la integridad lógica de la frase (3).

La distinción entre adjetivos epítetos y especificativos se concreta a veces en diversidad de significación. Compárese *un pobre hombre* con *un hombre pobre; un gran cuadro* (excelente, magnífico) con *un cuadro grande* (de tamaño); *no tener un mal traje* con *no tener un traje malo.*

En estos casos, el sentido recto siempre se conserva en el adjetivo pospuesto, mientras que en el antepuesto está más o menos deformado.

## 17. ADJETIVOS DETERMINATIVOS

Estos adjetivos concretan la significación en que ha de tomarse el sustantivo por medio de diferentes relaciones.

---

(3) G. Sobejano, *El epíteto en la lírica española,* Madrid, 1956, págs. 119-21 y 482.

Todos los adjetivos determinativos son *pronombres con función adjetiva.* Por esta razón aquí no se hace otra cosa que enunciarlos rápidamente; la naturaleza y funciones de los pronombres se exponen en los §§ 26 y ss.

En los llamados *demostrativos* esta relación es de lugar y, por traslación, de tiempo. *Este, ese* y *aquel,* con sus correspondientes formas femeninas y plurales, constituyen este grupo. *Este libro, ese libro, aquel libro,* forman una gradación de distancias, en relación con los interlocutores: *este* indica cercanía a la persona que habla; *ese,* a la que escucha, y *aquel,* lejanía en general.

Los adjetivos *indefinidos* tienen un carácter demostrativo más o menos vago, que puede apreciarse en *cualquier día, cierta persona, tal motivo, otro libro. Semejante* y *determinado* vienen a ser muchas veces sinónimos de *cierto* y *tal.*

Los adjetivos *posesivos* señalan una relación de posesión respecto de la persona que habla, la que escucha y aquella de quien se habla. Así tenemos las formas *mi libro, tu libro, su libro,* o sea «el libro poseído por mí, por ti, por él». *Mi, tu* y *su* —que pospuestos al sustantivo son *mío, tuyo* y *suyo*—, *nuestro* y *vuestro,* y sus correspondientes formas femeninas y plurales, forman el total de los adjetivos posesivos.

Los adjetivos *cuantitativos* restringen el concepto del sustantivo delimitándolo en su extensión: *todo el pan* (4), *mucho dinero, poca fruta, bastante vino, algún amigo, ningún negocio, un solo hombre, más días.*

Más concretan en este mismo sentido los *numerales,* que señalan una cantidad precisa. El núcleo fundamental de los numerales lo forman los *cardinales,* grupo constituido por la serie natural de los números: *uno, dos, tres, cuatro,* etc.

Los numerales *ordinales* añaden la idea de disposición sucesiva. Aunque son muy poco empleados, por su carácter erudito, y se sustituyen generalmente por los cardinales, conviene conocer sus formas, que son:

---

(4) Nótese que el adjetivo *todo* ofrece la particularidad de ir delante del artículo, caso que no se repite en ningún otro adjetivo.

| | |
|---|---|
| primero | decimosexto |
| segundo | decimoséptimo |
| tercero | decimoctavo |
| cuarto | decimonono (o noveno) |
| quinto | vigésimo |
| sexto | trigésimo |
| séptimo | cuadragésimo |
| octavo | quincuagésimo |
| noveno (o nono) | sexagésimo |
| décimo | septuagésimo |
| undécimo | octogésimo |
| duodécimo | nonagésimo |
| decimotercio (o tercero) | centésimo |
| decimocuarto | ducentésimo |
| decimoquinto | tricentésimo, etc. |

Los *múltiplos* expresan multiplicación por la serie natural de los números. Son *doble, triple, cuádruple, quíntuple,* etc.

Los *partitivos* expresan división: *medio, tercio, cuarto, quinto,* etc. Menos *medio,* que se emplea muchísimo, los demás apenas se ven más que acompañando al sustantivo *parte,* o en una forma sustantiva. (Véanse los sustantivos abstractos.)

Los adjetivos *distributivos* (5) implican la previa descomposición del sustantivo en elementos, y la designación de alguno de ellos en relación con los demás. Así, *ambos amigos* (uno y otro); *sendos cigarros* (uno para cada uno); *cada libro* (uno, con exclusión en turno de los demás); las *demás botellas* (las que quedan, excluyendo una o varias).

Los *interrogativos* preguntan por una determinación del sustantivo al que acompañan: *¿qué camino?, ¿cuál cuadro?* A veces tienen sentido exclamativo: *¡qué felicidad!*


18. ADJETIVOS ATRIBUTIVOS Y PREDICATIVOS

Si decimos: *Tienes un jardín bonito,* el adjetivo *bonito* es un mero aditamento calificativo del sustantivo *jardín,* que no

---

(5) Entiéndase que la palabra *distributivos* está aquí tomada en el sentido de repartición en partes, no en su acostumbrada significación, según la cual el adjetivo *sendos* es el único propiamente *distributivo.*

tiene mayor influencia en la oración que la de atribuir una cualidad al nombre; pero si decimos: *Tu jardín es bonito* o *¡Bonito jardín!,* el adjetivo *bonito* tiene un valor esencial de *predicado* en la oración, refiriéndose a *jardín,* que es ahora *sujeto.* En este último uso el adjetivo se llama *predicativo;* en el primero se llama *atributivo.* Más adelante habrá ocasión en la Sintaxis (§§ 100 y 124) de aclarar esta idea.

### 19. Concordancia de nombre y adjetivo

Evidentemente no se puede decir *mesa rotos,* sino *mesa rota,* porque el sustantivo *mesa* requiere que el adjetivo *roto* tenga su mismo género femenino y su mismo número singular. Esta identidad de género y número que obligatoriamente debe existir entre un nombre y su adjetivo se llama *concordancia.*

Puede ocurrir que un adjetivo se refiera a varios sustantivos. En este caso, el adjetivo debe ir en plural, y en género masculino si alguno de los nombres fuese masculino. Así, por ejemplo: *Pedro, su madre y su hermana son ricos; Ella y su prima vinieron cansadas.*

### 20. Forma genérica de los adjetivos

Requiere, por tanto, el adjetivo, no géneros ni números (aunque así acaba de decirse por hablar en los términos de la gramática tradicional), que solo pueden tener los sustantivos, sino formas que se adapten a los géneros y números de los sustantivos a los que modifican.

La forma genérica femenina se obtiene del siguiente modo:

1.º Los adjetivos terminados en *o* cambian esta *o* en *a: bello, bella; duro, dura.* Asimismo los terminados en *ete* y *ote* cambian la *e* final en *a: regordete, regordeta; grandote, grandota.*

2.º Los terminados en *an, on* y *or* agregan una *a* a la forma masculina: *holgazán, holgazana; pelón, pelona; roedor, roedora.* También los acabados en consonante que indican nacionalidad:

*andaluz, andaluza; leonés, leonesa; mallorquín, mallorquina.* Se excluyen *exterior, interior, superior, inferior, mejor, peor, mayor, menor, ulterior.*

3.º Los adjetivos de cualquier otra terminación ofrecen una forma genérica única: *amable, belga, baladí, azul, ruin, familiar, cortés, soez.*

## 21. FORMA NUMÉRICA DE LOS ADJETIVOS

Los adjetivos forman el plural lo mismo que los sustantivos. Ejemplos: *malo, malos; bribón, bribones; gris, grises; marroquí, marroquíes.*

Nótese que *ambos* y *sendos,* por su naturaleza, solo se usan en plural en sus dos formas genéricas. Lo mismo pasa con *demás* en su forma única, aunque puede emplearse en singular con sentido colectivo, como en expresiones neutras del tipo *Lo demás no tiene importancia,* y acaso en *la demás gente.*

*Cada* es invariable y acompaña a sustantivos en singular y en plural: *cada tres años, cada cinco días, cada minuto.*

## 22. APÓCOPE DE LOS ADJETIVOS

Las formas plenas *mío, tuyo, suyo* y femeninas se reducen a *mi, tu, su,* por pérdida de la sílaba final cuando van delante del sustantivo. Este fenómeno gramatical se llama *apócope.* Sobre estas formas apocopadas en singular se forman los plurales *mis, tus, sus.*

También sufren apócope de la última sílaba o de la última vocal *grande, santo, bueno, malo, alguno, ninguno, primero, tercero* y *postrero* cuando van inmediatamente delante del sustantivo. Pero obsérvese que esta apócope es solo en las formas masculinas, no en las femeninas. No parece bien decir *la primer vez, la primer persona,* por *la primera vez, la primera persona. Grande,* como invariable, admite apócope ante masculinos y femeninos: *el gran día, la gran reina.*

33

Sobre *cualquiera* también hay que notar que la apócope *cualquier* vale tanto para el masculino como para el femenino, ya que *cualquiera*, como *grande*, es invariable: *cualquier hombre, cualquier mujer.* Las formas erróneas *cualquiera cosa, cualquiera dificultad,* etc., obedecen a una falsa idea de femenino por la terminación *-a.*

23. GRADACIÓN DE LOS ADJETIVOS (v. §§ 130 y ss.)

Si decimos *Juan es mejor,* se advierte que el adjetivo *mejor* acompaña predicativamente al sustantivo *Juan;* pero la idea no está completa, porque *mejor* implica una previa comparación con otro objeto, que aquí falta. La idea podría completarse diciendo, por ejemplo, *Juan es mejor que Pedro,* en que resulta haberse comparado a «Juan» y a «Pedro» en cuanto a la «bondad», hallándose la superioridad en este sentido del primero sobre el segundo. Obsérvese que el adjetivo *mejor* no expresa de modo absoluto ninguna cualidad; el hecho de ser Juan mejor que Pedro no quiere decir que Juan sea bueno; puede incluso ser francamente malo, con tal que Pedro sea peor. De modo que *mejor* solo expresa una simple relación comparativa entre dos objetos en cuanto a la cualidad de «bueno». Entre *bueno* y *mejor* se ha distinguido siempre una diferencia de grado, y se dice que *bueno* está en grado positivo y *mejor* en grado comparativo; pero la diferencia fundamental entre ambos consiste, como hemos visto, en que *bueno* expresa la cualidad de modo absoluto, y *mejor,* de un modo relativo.

En latín, la mayor parte de los adjetivos era susceptible de recibir, por medio de terminaciones especiales (sufijos comparativos *ior, ius),* es decir, por procedimientos morfológicos, el grado comparativo. En castellano no existe para este objeto medio alguno morfológico, y solo conservamos cuatro formas comparativas, derivadas del latín, que son las siguientes:

| | | | |
|---|---|---|---|
| *mejor,* | comparativo de superioridad, | | de *bueno;* |
| *peor,* | íd. | íd. | de *malo;* |
| *mayor,* | íd. | íd. | de *grande;* |
| *menor,* | íd. | íd. | de *pequeño.* |

Hay otras cuatro formas —*anterior, posterior, superior, inferior*— comparativas por el sentido, pero no por la construcción; no se dice *Juan es inferior que Pedro*, sino *inferior a Pedro*.

Sin embargo, en los demás adjetivos puede obtenerse una expresión relativa comparativa analítica con los adverbios *más, menos* y *tan*, antepuestos a los adjetivos, como existía ya en latín para la comparación de igualdad e inferioridad. De este modo resultan tres tipos de expresión relativa comparativa; con el absoluto *negro* tendremos, por ejemplo:

Comparativo de superioridad. *Esta tinta es* MÁS NEGRA *que aquella.*
»      de igualdad ..... *Esta tinta es* TAN NEGRA *como aquella.*
»      de inferioridad. *Esta tinta es* MENOS NEGRA *que aquella.*

Existía en latín un tercer grado, el superlativo, que admitía el doble sentido absoluto y relativo: el primero expresaba la cualidad poseída absolutamente por el objeto en alto grado; el segundo expresaba que el objeto poseía la cualidad en grado superior a todos los demás de su grupo. Así, teníamos:

*Cicero erat eloquentissimus* = *Cicerón era* ELOCUENTÍSIMO (superlativo absoluto).

*Cicero erat eloquentissimus oratorum* = *Cicerón era* EL MÁS ELOCUENTE *de los oradores* (superlativo relativo).

Esta especial forma del superlativo latino terminada en *issimus* ha pasado al castellano, pero solo en su sentido absoluto, sin carácter relativo comparativo de ninguna clase.

Los adjetivos españoles admiten, pues, en general, una forma superlativa en *ísimo: grandísimo, lindísimo, muchísimo, malísimo*, que algunos cambian etimológicamente en *érrimo: acérrimo* (de *acre*), *celebérrimo* (de *célebre*), *integérrimo* (de *íntegro*), *libérrimo* (de *libre*), *misérrimo* (de *mísero*), *pulquérrimo* (de *pulcro*) y *paupérrimo* (de *pobre*), aunque se extiende la forma *pobrísimo* (6). Existen también las formas eruditas *óptimo*, de *bueno*; *pésimo*, de *malo*; *máximo*, de *grande*, y *mínimo*, de pe-

_____

(6) También van ganando terreno *pulcrísimo, integrísimo, asperísimo* y algún otro. Las formas en *-érrimo* nunca han sido populares en español.

queño. Estos dos últimos son quizá los únicos superlativos originarios que han conservado, en cierto modo, matiz relativo, pero sin expresar el segundo término de comparación, por lo general sobrentendido: *el poder máximo* es «el poder mayor de todos»; *el precio mínimo* es «el menor posible».

Los adjetivos que terminan en -*n* o en -*r* suelen formar el superlativo en -*císimo*, más que en -*ísimo: jovencísimo, tragoncísimo, habladorcísimo*. Compárese este caso con el de otros sufijos *(ito, uelo, ote): jardincito, motorcito, jovenzuelo, mayorzote*.

Salvo un leve matiz de énfasis, no percibimos diferencia real entre *malísimo* y *muy malo*, por ejemplo; por eso se ha acostumbrado considerar como superlativos analíticos los adjetivos con *muy* y aun con otros adverbios *(sumamente, enormemente, considerablemente,* etc.). Ello confirma el sentido de superlativos absolutos que tienen las formas en *ísimo*. Por eso Bello (7) los considera· exclusivamente como *aumentativos,* y Lenz propone que se les llame *elativos.*

Resumiendo, pues, resulta que en español solo existen cuatro adjetivos relativos comparativos de superioridad *(mejor, peor, mayor* y *menor)* y, en cierto modo, dos superlativos *(máximo* y *mínimo).* Las demás relaciones de cualidad no se expresan por medios morfológicos. Su estudio corresponde, por consecuencia, a la sintaxis. Existe, además, una formación de adjetivos absolutos en *ísimo* y en *érrimo,* de gran interés.

Algunos de estos transparentan su forma latina: *bonísimo, fortísimo, crudelísimo, fidelísimo, nobilísimo, amabilísimo, recentísimo, ardentísimo, sapientísimo, amicísimo, frigidísimo,* etc. Sin embargo, el lenguaje popular va reconstituyendo los más comunes sobre las formas españolas: *buenísimo, recientísimo, ardientísimo, friísimo,* etc.

Las ponderaciones vulgares *tan grandísimo, muy grandísimo,* no son admisibles.

---

(7) Andrés Bello y Rufino J. Cuervo, *Gramática castellana,* 7.ª ed., París, Roger y Chernovitz, 1902, § 219.

En español escrito, en efecto, se tienen por incorrectas. Sin embargo, en el habla coloquial son muy frecuentes, y no solo entre el pueblo precisamente.

La explicación de estos giros está, como es natural, en la intención expresiva, que considera más eficaz *muy grandísimo* que los simples *grandísimo* o *muy grande.* Lo mismo en *¡Qué chica más guapísima!* o *¡Qué tontísimo eres!;* o —con otro afijo— en *una chica muy requete-guapa.* Ninguna de estas ponderaciones afectivas se suele considerar correcta en la lengua escrita, aunque se admite *tan sumamente grande,* que no es más lógica que aquellas.

Algunos comparativos y superlativos morfológicos (estos últimos cuando su formación no es la corriente) pierden a veces su valor de grado: *las personas mayores* (= *adultas*)*; un señor mayor* (= *de cierta edad*)*; la más mínima sospecha* (= la más *pequeña* sospecha).

Suele existir diferencia de matiz, y a veces de significado, entre los superlativos normales y los cultos: en el uso corriente no es lo mismo *malísimo* que *pésimo, buenísimo* que *óptimo, muy acre* que *acérrimo,* etc., y esto indica que los hablantes no asocian ya el superlativo culto a su base positiva, sino que lo consideran, en cierto modo, un adjetivo independiente, de sentido particularmente expresivo, igual que *horrible,* por ejemplo, con respecto a *feo.*

## 24. Adjetivos sustantivados

Con la expresión *un hombre ciego* designamos a un hombre —concepto sustantivo— a quien atribuimos además la cualidad —concepto añadido, adjetivo— de «ciego». Pero si decimos solamente *un ciego,* la cualidad ha asumido sobre sí lo sustantivo y lo adjetivo, es decir, la hemos constituido en un verdadero sustantivo del cual no se nos manifiesta más que una sola cualidad, la «ceguera»; *un ciego* decimos entonces que es un *adjetivo sustantivado.*

No es de extrañar que una cualidad pueda adquirir en ciertos momentos un carácter sustantivo, porque, como hemos visto antes, un sustantivo no representa, en último término, sino un cierto número de cualidades, las que nosotros reconocemos en el objeto que nombra. La sustantivación del adjetivo vendrá cuando lo sustantivo pierda interés para nosotros porque sea algo citado ya, consabido o tan conocido que se sobrentienda inmediatamente debajo del concepto adjetivo. Así, *el segundo* (el *piso* segundo), *la derecha* (la *mano* derecha), *el laxante* (el *medicamento* laxante), *la oblicua* (la *línea* oblicua), *el rectángulo* (el *paralelogramo* rectángulo), *la química* (la *ciencia* química); pero, en la mayor parte de los casos, el adjetivo incorpora a sí fácilmente lo sustantivo de la personalidad humana masculina o femenina: *los protestantes, el vecino, la inglesa, el tonto, los desocupados, las coquetas.*

Pero no es esta la única sustantivación posible de los adjetivos. Todos los anteriores ejemplos constituyen *sustantivos concretos.* Otras veces los adjetivos, al sustantivarse, originan *sustantivos abstractos.* En *Alabó lo noble de su conducta, lo noble* es un adjetivo empleado sustantivamente y cuyo carácter abstracto se advierte cotejándolo con *la nobleza* en la frase equivalente: *Alabó la nobleza de su conducta.* La misma comparación puede hacerse con *Me gusta por lo amable (... por su amabilidad); Empalaga por lo dulce (... por su dulzura); Lo ácido del limón (la acidez del limón).* En las expresiones *lo noble, lo amable, lo dulce, lo ácido,* los adjetivos sustantivados abstractos van precedidos, como se ve, del artículo *lo.* «Nuestra lengua —dice Cuervo (8)— aventaja en este punto a las demás lenguas romances, pues tiene una forma propia del artículo, que se une con los adjetivos usados de este modo; y como nunca se junta con nombres masculinos ni femeninos, es realmente neutro, y por tal debe también reputarse el adjetivo así sustantivado.»

Sin embargo de esto, existen también adjetivos sustantivados abstractos con el artículo, y por consiguiente el género, masculino; pero, como formación exótica, en español tiene tendencia a desaparecer. Los más usuales son, por ejemplo: *el vacío, el largo, el ancho, el grueso, el interior, el extranjero, el natural, el desnudo, el infinito, el absurdo, el sobrante,* etc. De estos, unos pueden fácilmente sustituirse por los sustantivos abstractos correspondientes: *el largo,* por *la longitud; el ancho,* por *la anchura;* otros, por los adjetivos sustantivados neutros: *el absurdo,* por *lo absurdo; el sobrante,* por *lo sobrante,* etc.

---

(8) Nota 54 a la *Gramática* de Bello.

Sin embargo, muchas veces la sustitución no es indiferente: *el extranjero*, «los países extranjeros», y *lo extranjero*, «las cosas extranjeras»; *el físico* de una persona y *lo físico,* etc. El artículo masculino da, en general, un sentido más restringido al adjetivo y tiende a fijarlo como verdadero sustantivo. El artículo neutro, en cambio, no olvida el carácter adjetivo de la palabra a la que acompaña, puesto que él mismo viene a tener un carácter sustantivo, con el significado de «la parte», «las cosas», «la calidad» (9): *lo alto de la torre* (= la parte alta de la torre); *lo bueno dura poco* (= las cosas buenas); *Comprende lo tonto de tu conducta* (= la calidad de tonta..., cuán tonta es tu conducta).

El artículo, como veremos más adelante (§ 36), es el elemento sustantivador por excelencia. Sin embargo, no es necesario que al adjetivo le preceda ningún determinante para que haya sustantivación: *Una película de buenos y malos.*


## 25. Aposición

La expresión *el soldado poeta* la hemos de entender en el sentido de «el soldado que es asimismo poeta»; es decir, que, además de sus atributos intrínsecos de *soldado,* añade todo aquel conjunto de cualidades que lleva consigo el significado de *poeta.* Por tanto, concretamos la idea de «soldado» atribuyéndole con carácter adjetivo cuanto contiene el concepto de «poeta». *Poeta* es, morfológicamente, un sustantivo, y aquí, como se ve, está empleado en un sentido muy semejante al de un adjetivo. Así como hay adjetivos sustantivados, vemos, pues, la posibilidad de que haya asimismo sustantivos en cierto modo adjetivados. *Soldado* y *poeta* se dice que van en *aposición.*

Lo mismo tenemos en *el galán fantasma, el Niño Dios, la dama duende, el rey profeta.*

Claro es que la aposición tiene un sentido más general que el que acaba de explicarse y un valor esencialmente sintáctico, como ya veremos en lugar oportuno (§ 126); pero en casos como los que hemos visto no deja de tener interés morfológico, por lo que supone de adaptación de un sustantivo para fines adjetivos, cuando la cualidad distintiva que trata de expresarse

---

(9) Son los tres valores que Salvador Fernández, *Gramática,* § 72, denomina *limitativo, colectivo* e *intensivo.*

no encuentra manifestación exacta en ningún adjetivo de la lengua.

De todo lo expuesto se deduce la estrecha correspondencia que existe entre sustantivos y adjetivos, que se manifiesta:

1.º En los numerosos sustantivos abstractos de cualidad que se forman de los adjetivos: *blandura, suavidad, amargor*.

2.º En la sustantivación, ya abstracta, ya concreta, de los adjetivos: *el verde, lo verde; el ancho, lo ancho; el ciego*.

3.º En el gran número de adjetivos procedentes de sustantivos: *burlesco, telegráfico, cervantino*.

4.º En muchos casos de aposición.

## IV. El pronombre

Con la denominación de *pronombres* se conoce a muy diferentes grupos de palabras cuyo carácter común es su peculiaridad de sustituir al sustantivo. Este sustantivo a quien sustituye el pronombre se llama en todo caso *antecedente*.

En los pronombres pueden señalarse los siguientes caracteres:

1.º No expresan por sí mismos ningún concepto fijo. *Yo* no representa a ninguna persona determinada: puede ser «Pedro», «Juan», «Andrés», etc., todos cuantos intervengan en la conversación, a medida que cada uno de ellos vaya tomando la palabra. *Este* es la persona que está más cerca de «mí»; cambiará de significado en cuanto se altere la disposición de las personas.

2.º Sustituyen al nombre de un ser pensado, señalado, expresado previamente o manifestado por el hecho de la palabra. Véase, por ejemplo, el siguiente diálogo:

—¿*Quién* ha venido?
—*Yo* —dijo Pedro— no lo sé; pero *este* —señalando a Juan— ha visto a *alguien;* al parecer, el mismo mendigo *que* vino el otro día.

Las palabras *quién, yo, este, alguien* y *que* son pronombres: *quién* sustituye a un concepto supuesto, pensado, de persona, que por el momento se ignora y es por ello objeto de pregunta; *yo* sustituye a Pedro, tan pronto como este ha tomado la palabra; *este* sustituye a Juan,.que, como se indica, ha sido señalado previamente con un gesto; *alguien* sustituye a un concepto vago de persona; *que* sustituye a *mendigo,* citado inmediatamente antes.

3.º El pronombre no expresa, en general, nada nuevo. Sin embargo, simplifica y flexibiliza considerablemente la expresión, evitando una enojosísima y constante repetición del sustantivo.

La sencilla frase: *El obrero necesita que le proporcionen trabajo para poder llevar a su familia el pan que le hace falta,* se convertiría, suprimiendo todos los pronombres que contiene, en la caótica expresión: *El obrero necesita que proporcionen trabajo al obrero para poder llevar a la familia del obrero el pan. Dicho pan hace falta a la familia del obrero* (1).

4.º Los pronombres pueden ofrecer dos sentidos: uno, sustantivo, y otro, adjetivo. En el primero reproducen al sustantivo, desempeñando en la oración las mismas funciones que este; en el segundo reproducen al sustantivo antecedente, modificando en sentido determinativo a otro nombre. Así, en *Alguno vendrá, alguno* es pronombre con valor sustantivo; en *mi libro, mi,* que sustituye a la persona que habla, a la vez que determina al sustantivo *libro,* tiene valor adjetivo. Los pronombres adjetivos se han estudiado ya como adjetivos determinativos.

El pronombre se distingue esencialmente del nombre y del adjetivo calificativo en que estos designan a los seres por medio de un conjunto de caracteres o notas; los *caracterizan:* así, la palabra *ventana* no es sino una suma de notas (abertura + por encima del suelo + en la pared, etcétera) que constituyen un concepto más o menos complejo, imagen fija en nuestra mente de todas las ventanas posibles. En cambio, el pronombre designa a los seres sin caracterizarlos; los *señala,* actuando en la frase, en el diálogo, igual que un dedo índice: *yo; ahí; aquel; tuyo.* Nótese la ausencia de un significado fijo en estas palabras —a diferencia de *ventana, trabajador* o *embustero*—; su significación depende siempre de la situación. Esta situación es unas veces la de las personas que intervienen en la conversación (así en los pronombres personales, posesivos, demostrativos); otras veces es la de las palabras dentro de la frase (pronombres relativos...).

Los pronombres pueden ser no solo *sustantivos* o *adjetivos,* sino también *adverbios.* Basta ver la relación que hay entre las palabras *yo-este-aquí,* o *tú-ese-ahí,* o *él-aquel-allí,* para comprender que los adverbios

---

(1) Quizá no esté de más emplear con frecuencia medios intuitivos para dar a conocer algunos fenómenos gramaticales. La *Gramática de la lengua castellana,* en tres grados, de M. Montoliu, Barcelona, Seix Barral, alcanza un gran valor pedagógico por este procedimiento.

*aquí, ahí, allí,* correlativos de los pronombres *este, ese, aquel,* cambiarán, como ellos, de significado en cuanto se altere la disposición de las personas; esto es, tienen la misma significación ocasional que los pronombres sustantivos y adjetivos (2).

Si las funciones que desempeña el pronombre son las de otros grupos de palabras —sustantivo, adjetivo, adverbio—, podemos concluir que el pronombre no se caracteriza por su función sintáctica, sino por su especial manera de significar los objetos. No es, pues, una verdadera parte de la oración, al menos en el sentido tradicional.

## 27. Clasificación

Los pronombres se clasifican en *personales, posesivos, demostrativos, relativos, indefinidos, interrogativos* y *numerales.*

## 28. Pronombres personales

Acabamos de decir que el pronombre no expresa, en general, ningún concepto nuevo. Así es, en cierto sentido. Sin embargo, el pronombre personal introduce en la expresión una relación nueva, el elemento *subjetivo,* el yo, la conciencia del sujeto que habla. Frente al yo, y también desde un punto de vista subjetivo del que habla, se forma el tú. En un diálogo entre Pedro y Juan, Pedro es *yo,* y Juan, *tú,* cuando es Pedro el que habla; pero si habla Juan, Juan es el *yo,* y Pedro, el *tú.* La persona que habla —*yo*— aparece, pues, como punto céntrico del discurso, y se llama *primera persona;* la que escucha —*tú*— se llama *segunda persona.* Todo cuanto no es *yo* ni *tú* es *tercera persona,* en que se incluye todo aquello —personas o cosas— de que se habla.

El pronombre *yo* representa, pues, al sustantivo *Pedro,* un concepto ya conocido, o *Juan* —si es Juan el que habla—; pero

---

(2) Aquí se estudian en un mismo capítulo los pronombres *sustantivos* y *adjetivos,* por ser ambas funciones de índole nominal (aunque de los pronombres adjetivos ya se habló algo en el capítulo anterior); los pronombres *adverbios,* cuya función ofrece otro carácter, se estudiarán aparte, en el § 81, bajo la denominación de *adverbios determinativos.*

lo presenta como punto céntrico del discurso en cuanto se manifiesta por el acto de la palabra. Partiendo del *yo,* y desde un punto de vista espacial en relación con el *yo,* se encuentran *tú* y *él.*

*Pronombres personales* son los que sustituyen a los nombres de las personas que de algún modo intervienen en el acto de la palabra.

Como la conversación puede recaer sobre diversas personas o cosas, claro es que no solo habrá una tercera persona, sino que también podrá haber una *cuarta,* una *quinta,* una *sexta* persona. Sin embargo, el lenguaje incluye a todas ellas en un grupo total indiferenciado de *tercera persona,* pudiendo uno con las mismas formas gramaticales referirse tanto a unas como a otras. Así, en el ejemplo del apartado 3.º del § 26, el primer *le* se refiere a *obrero,* y el segundo, a *familia.*

Las formas *yo* y *tú,* por el hecho de referirse a personas presentes en la conversación, no necesitan diferenciar el género. No ocurre así con *él,* que ofrece las tres formas: masculina —*él*—, femenina —*ella*— y neutra —*ello*—. Esta forma neutra, *ello,* no se refiere a ninguna persona o cosa determinada, pues en este caso habría de tener el mismo género del sustantivo reproducido. Se refiere a conjuntos de cosas, de ideas complejas, y este mismo sentido colectivo tienen, en general, todas las formas neutras de los pronombres. Así se ve en los ejemplos: *Dinero, bienestar, alegría, salud, todo* ELLO *se fue; ¿Alcanzar un porvenir sin esfuerzos? No pienses en* ELLO.

El pronombre *ello* se encuentra en decadencia en la lengua hablada, sustituido frecuentemente por otros pronombres neutros o por sustantivos: *No pienses en* ESO; EL CASO *es que...* Sin embargo, la lengua literaria lo conserva: ELLO *fue que...*; *No se inmutó por* ELLO.

La forma átona del mismo pronombre neutro, *lo,* se mantiene, en cambio, en toda su vitalidad: tan coloquial puede ser como literario *Te portas generosamente, pero no te* LO *agradecen.*

Las formas que ofrecen los pronombres personales, todas sustantivas, son las siguientes:

| | | | SINGULAR | | | PLURAL | |
|---|---|---|---|---|---|---|---|
| | | formas tónicas | yo<br>mí<br>conmigo | | | nosotros | nosotras |
| | Primera persona | formas átonas | me | | | nos | nos |
| | Segunda persona | formas tónicas | tú<br>ti<br>contigo | | | vosotros | vosotras |
| | | formas átonas | te | | | os | os |
| | Tercera persona | formas tónicas | él<br>sí<br>consigo | ella<br>sí<br>consigo | ello | ellos<br>sí<br>consigo | ellas<br>sí<br>consigo |
| | | formas átonas | le<br>lo<br>se | le<br>la<br>se | lo | les<br>los<br>se | les<br>las<br>se |

*(Pronombres personales)*

Las formas *se, sí, consigo,* suelen llamarse *pronombres reflexivos,* aunque tal denominación no es muy exacta, ya que también desempeñan el papel de reflexivos otros pronombres, como *me,* en *me peino,* u *os,* en *os cuidáis;* además, *se* no es solo reflexivo, como vemos en *se lo agradezca, se la dejaste,* etc. (V. §§ 74, 118 y 147.)

La significación y uso de esta diversidad de formas solo podrán apreciarse al estudiar en la Sintaxis los casos en los pronombres (§§ 116 y ss.).

Téngase en cuenta que las formas *nosotros* y *vosotros* no representan una auténtica pluralidad del *yo* o del *tú,* que no puede existir, según el concepto que de ellos hemos dado. *Nosotros* no es igual a *yo + yo + yo...,* sino igual a *yo + él + él...,* o *yo + tú.* Asimismo, *vosotros* es igual a *tú + él + él,* etc. Ambas formas fueron empleadas primitivamente para poner la primera o segunda persona en contraste con otra (3).

La forma *usted,* usada para la segunda persona *de respeto,*

---

(3) «La única Gramática en que encuentro este hecho expuesto con claridad, respecto al significado de *nosotros, vosotros* es la *Gramática histórica,* de Menéndez Pidal», dice Lenz. Aunque sin rigor, puede verse indicada la misma idea en la *Primera Gramática española razonada,* por Manuel María Díaz Rubio, Toledo, 1884. La mejor exposición ahora es la de S. Gili Gaya, «Nosotros, vos-otros», *Rev. de Filología Española,* XXX, 1946, 108.

no es sino el último grado de la evolución de *vuestra merced*. Tiene, pues, un sentido sustantivo, y por lo mismo —a pesar de representar a una *segunda persona*—, gramaticalmente, funciona siempre como *tercera*.

Pese al origen sustantivo de esta palabra —que exige verbo en tercera persona—, *usted* es verdadero pronombre por el carácter ocasional de su significación. Por eso, como *tú*, no tiene género propio, que sí tendría en el caso de ser sustantivo. Cuando nos dirigimos a un hombre, *usted* funcionará como masculino, pero será femenino cuando hablemos con una mujer: *Usted es gracioso* (a un hombre), *Es usted muy habladora* (a una mujer). También funcionan como pronombres otros tratamientos, como *usía (vuestra señoría), vuecencia (vuestra excelencia),* etc. Para la primera persona de modestia tenemos *un servidor, el que suscribe, el abajo firmante, el autor...* Solo la primera fórmula se usa en la lengua hablada, aunque va perdiendo prestigio.

Existen todavía dos pronombres tónicos con significado singular, cuyo uso vive hoy restringido al lenguaje oficial: el *Nos* mayestático, empleado por los obispos en sus pastorales, y el *vos* ceremonioso o de respeto, que solo aparece de vez en cuando en discursos diplomáticos (también en oraciones y jaculatorias) (4). Las formas átonas de estos pronombres son *nos* y *os*, respectivamente.

Como son formas de plural, el verbo concierta con ellas en plural; pero el predicado va en singular, ya que representan a una sola persona: *Nos estamos satisfecho; Vos, señor Embajador, sed bien venido.*

Sin embargo, el *nosotros* periodístico, que es un *plural de modestia,* usado frecuentemente en lugar del *yo* en reportajes, entrevistas, etc., lleva verbo y predicado siempre en plural.

*Nos,* con valor de «nosotros», se conserva como arcaísmo en algunas oraciones: *Venga a nos el tu reino; Ruega por nos.*


## 29. PRONOMBRES POSESIVOS

Los pronombres posesivos enlazan los objetos a las personas gramaticales, estableciendo entre ambos una relación de posesión o pertenencia. Así, en *mi casa,* el objeto *casa* se ha relacionado «conmigo», indicando que «yo» soy el poseedor de ella.

Los pronombres posesivos son adjetivos o adjetivos sustantivados: en el primer caso son los adjetivos determinativos de posesión que hemos estudiado ya, en los que, como se ve, hay

(4) Prescindimos del *vos* de algunos países hispanoamericanos, de carácter dialectal.

46

que apreciar además un sentido pronominal: *mi pensamiento, tu conducta, su libro*, etc.; en el segundo caso funcionan como sustantivos: *lo mío, lo nuestro, lo suyo.*

Los pronombres posesivos son, por naturaleza, adjetivos, vayan o no acompañando a un sustantivo. El adjetivo es concepto dependiente, que se piensa apoyado en el sustantivo. Así, en este ejemplo: *Arriba está el cuarto pequeño, y abajo está el grande*, la palabra *grande* es tan adjetivo como *pequeño*, porque se refiere a *cuarto*. Lo mismo ocurre con los posesivos: no pueden pensarse si no se apoyan en un sustantivo; en la frase *Arriba está tu cuarto, y abajo está el mío, mío* es adjetivo lo mismo que *tu*, porque ambos se refieren al sustantivo *cuarto*.

Cuando los posesivos se sustantivan, lo hacen en la misma forma que los otros adjetivos: se dice *lo mío, lo tuyo*, como se diría *lo verde, lo bueno*. Pero hay también un posesivo sustantivo especial: *Saluda a los tuyos; Juan vive con los suyos* (los miembros de tu familia, de su familia).

Estos pronombres distinguen en la posesión que el poseedor sea uno o varios; la persona gramatical en cada caso; además, que lo poseído sea una cosa o varias, y, por fin, que lo poseído sea un objeto masculino o femenino, o bien un conjunto de cosas o idea compleja (neutro). El cuadro general de las formas será, pues, el siguiente:

|  | | OBJETOS POSEÍDOS | | | |
| --- | --- | --- | --- | --- | --- |
|  | | UNO | | VARIOS | |
|  | | Masculino y neutro | Femenino | Masculino | Femenino |
| POSEEDORES — Uno. | 1.ª pers. | mío (mi) | mía (mi) | míos (mis) | mías (mis) |
|  | 2.ª pers. | tuyo (tu) | tuya (tu) | tuyos (tus) | tuyas (tus) |
|  | 3.ª pers. | suyo (su) | suya (su) | suyos (sus) | suyas (sus) |
| Varios. | 1.ª pers. | nuestro | nuestra | nuestros | nuestras |
|  | 2.ª pers. | vuestro | vuestra | vuestros | vuestras |
|  | 3.ª pers. | suyo (su) | suya (su) | suyos (sus) | suyas (sus) |

Obsérvese que dentro de cada persona gramatical no hay distinción de formas para el caso en que el poseedor sea masculino o femenino: así, *la carta nuestra* puede ser «la carta de nosotros» o «de nosotras».

47

Obsérvese asimismo la repetición de formas para uno o varios poseedores de tercera persona: *una casa suya* puede ser «una casa de él», «de ella», «de ellos» o «de ellas», «de usted» o «de ustedes».

## 30. Pronombres demostrativos

El pronombre demostrativo indica un objeto marcando la relación de distancia que guarda respecto a las personas gramaticales: *este* es el que está más próximo a mí (primera persona); *ese* es el que está más próximo a ti (segunda persona); *aquel* es el que está más lejano de una y de otra (tercera persona). Las tres formas pueden indicar también diferentes proximidades respecto de la primera persona, sin atender a las otras dos. Esta relación de distancia puede entenderse no solamente en cuanto al espacio, sino también en cuanto al tiempo: *aquellos años, esta temporada.*

Los demostrativos son, como los posesivos, unas veces adjetivos *(Aquella señora era muy buena; Mira estos dibujos),* y otras, sustantivos *(Este dice que no va; Eso no se debe hacer).* Las formas masculinas y femeninas pueden emplearse de las dos maneras, llevando, cuando son sustantivas, acento gráfico (5). Hay, además, formas neutras, que solo pueden ser sustantivas:

|  |  |  | Masculino | Femenino | Neutro |
|---|---|---|---|---|---|
| Pronombres demostrativos | 1.ª pers. | Singular | este | esta | esto |
|  |  | Plural | estos | estas |  |
|  | 2.ª pers. | Singular | ese | esa | eso |
|  |  | Plural | esos | esas |  |
|  | 3.ª pers. | Singular | aquel | aquella | aquello |
|  |  | Plural | aquellos | aquellas |  |

Suelen incluirse en los demostrativos también *tal* y *tanto,* que parecen formar un grupo indeciso entre demostrativos e indefinidos: *Tal es mi situación; No dije tanto.*

---

(5) El acento puede suprimirse cuando no hay riesgo de anfibología. (Academia, *Nuevas normas de prosodia y ortografía,* 1959, § 16.)

El *artículo determinado* es un tipo especial de demostrativo que indica que un objeto cae dentro del campo de atención del que oye, pero sin señalar su situación en el espacio ni en el tiempo; es un «pronombre descolorido» (§ 36). Su empleo más corriente es adjetivo: *la butaca, los niños;* pero puede funcionar también como sustantivo: *Mi hermana era la que gritaba* (= aquella que gritaba).

Obsérvese que también *aquel, aquella, aquellos, aquellas,* demostrativos, pierden a veces su idea de situación cuando son pronombres sustantivos: «*Los riesgos más tristes, por ser los más insidiosos, nos llegan de nuestros semejantes, de* AQUELLOS *que juzgamos nuestros amigos, nuestros hermanos*» (Palacio Valdés) (6). V. § 179.


## 31.  PRONOMBRES RELATIVOS

Examinemos las dos oraciones que siguen: *Ahí está un hombre. El hombre te busca.* Entre las dos existe una cierta relación mental, puesto que ese «hombre» que te busca es, sin duda, «el mismo que está ahí». La misma idea la podemos expresar diciendo: *Ahí está un hombre que te busca.* La relación que descubrimos entre ambas oraciones está ya gramaticalmente establecida por virtud del pronombre relativo *que,* el cual está sustituyendo al sustantivo *un hombre.*

*Pronombre relativo* es, pues, el que reproduce a un antecedente, relacionando a este con otra oración de la que él mismo forma parte. De aquí la gran importancia sintáctica de esta clase de pronombres.

Los pronombres relativos son: *que, cual, quien, cuanto* y *cuyo.* Sus formas son:

|  | SINGULAR | | PLURAL | |
| --- | --- | --- | --- | --- |
|  | Masculino | Femenino | Masculino | Femenino |
| Pronombres relativos. | que | que | que | que |
|  | cual | cual | cuales | cuales |
|  | quien | quien | quienes | quienes |
|  | cuyo | cuya | cuyos | cuyas |
|  | cuanto | cuanta | cuantos | cuantas |

---

(6)  Citado por Salvador Fernández, *Gramática,* § 141.

49

Donde se ve que el relativo *que* es totalmente invariable; *cual* y *quien* varían solo en número; *cuanto* y *cuyo* son los únicos que tienen sus formas completas. Sin embargo, *que* admite artículo en muchas ocasiones, y *cual* lo lleva casi siempre, incluso el neutro *(Se acordaba de nosotros, lo cual nos tranquilizó)*.

Sus usos no son indiferentes. *Que* y *cual* se refieren tanto a personas como a cosas: *El hombre que ríe; La semana que viene.* *Quien* se refiere siempre a personas: *Tú eres el hombre en quien más confío.* A veces lleva absorbido dentro de sí su propio antecedente, que se sobrentiende ser un pronombre demostrativo: *Quien* (aquel que) *bien te quiere...* Todos estos tienen un carácter sustantivo.

Otros relativos añaden a su valor de tales una noción de cualidad, de cantidad o de posesión. Son *cual* (sin artículo), *cuanto* y *cuyo.*

*Cuyo* es relativo posesivo, equivalente en este sentido a «de que», «del cual», «de quien», etc.: *El libro de cuyo autor me hablas* (el libro del autor del cual); *La señora por cuya hija me intereso* (por la hija de la cual). Siempre es adjetivo.

*Cual* y *cuanto* se suelen llamar *correlativos* porque solo se presentan con determinados antecedentes. *Cual,* relativo de cualidad, va siempre sin artículo y lleva como antecedente *tal: Entonces los vi a todos tales cuales eran.* Tiene carácter sustantivo. *Cuanto* es relativo de cantidad, y sus únicos antecedentes posibles son *todo* o *tanto* o un sustantivo acompañado de *todo* o *tanto: Le di cuanto tenía* (7); *Le di todo cuanto tenía; Vinieron tantos cuantos cabían en el coche* (8). Es adjetivo unas veces y sustantivo otras.

## 32. Concordancia de los pronombres relativos

El pronombre relativo concierta, en general, con su antecedente en género y número. Así, decimos *El hombre al cual* (o *a*

---

(7) Al igual que *quien, cuanto* puede llevar envuelto su antecedente.
(8) V. § 184.

*quien) llamaste; La mujer a la cual (o a quien) llamaste; Los hombres a los cuales (o a quienes) llamaste; Las mujeres a las cuales (o a quienes) llamaste.*

Sin embargo, *cuyo* no concierta con su antecedente, sino que, por su carácter adjetivo, debe concertar con el sustantivo al que acompaña. Así, en *La casa cuyos sótanos ocupo, cuyos* concierta con *sótanos,* no con *casa.*

### 33. PRONOMBRES INTERROGATIVOS

*Pronombre interrogativo* es el que sustituye a un nombre de persona o de cosa que por el momento se ignora, y que es por ello objeto de pregunta.

Los interrogativos son: *quién, quiénes,* para preguntar por la identidad de las personas: *¿Quién es ese?; ¿Quiénes vendrán?; qué,* para preguntar por la identidad de las cosas o por una cualidad de las personas o cosas: *¿Qué ocurre?; ¿Qué amigos tienes?; ¿Qué es usted?; cuál, cuáles,* para individualizar personas o cosas dentro de un grupo de semejantes: *¿Cuál elegiste?; ¿Cuál de aquellos es tu primo?; cuánto, cuánta, cuántos, cuántas,* para preguntar por la cantidad de personas o cosas: *¿Cuántos vinieron?; ¿Cuánto costó?* (V. § 160.)

La forma *cúyo* para preguntar por el poseedor *(¿Cúya es esta casa?* = «¿de quién es esta casa?») está anticuada.

Estos pronombres son adjetivos o sustantivos; en un caso y en otro van acentuados, como toda palabra de carácter interrogativo.

Son sustantivos *qué* y *cuánto* neutros y *quién: ¿Qué dices?; ¿Cuánto duró?; ¿Quién vive?* Es adjetivo *qué* masculino o femenino: *¿Qué periódicos traes? Cuánto* masculino, *cuánta* y *cuál* son unas veces sustantivos y otras adjetivos: *¿A cuántos has engañado?; ¿Cuántos aviones han pasado?; ¿Cuál es el peor?; ¿Cuáles parientes vinieron, los de Sevilla o los de Burgos?*

Algunos interrogativos, en frases cargadas de afectividad, pierden todo sentido de pregunta para emplearse como exclamativos: *¡Qué chico más tonto!; ¡Cuánta gente!; ¡Quién lo creyera!*

## 34. Pronombres indefinidos

El *pronombre indefinido* sustituye a una persona o cosa no bien concretada o cuya determinación no interesa a los interlocutores. Cuando se dice: *Alguien ha llamado*, se desconoce quién pueda ser el que llame; *alguien*, pues, sustituye a un concepto vago de persona que por el momento no puede ser determinada; pero cuando se dice: *He leído algo muy interesante sobre ti*, *algo* representa una cosa conocida, pero que no interesa especificar por lo pronto. En este caso, es incluso recurso de lenguaje para enfocar el interés hacia algún objeto.

Los indefinidos pueden ser adjetivos y sustantivos.

Son sustantivos *alguien, nadie, algo, nada, quienquiera*, y los adjetivos indefinidos cuando se sustantivan.

Son adjetivos, entre otros: *uno, alguno, ninguno, mucho, poco, bastante, demasiado, varios, cierto, cualquiera, otro*, etc., ya indicados entre los diversos grupos de los adjetivos determinativos.

Véanse ejemplos de pronombres indefinidos: sustantivos: *Muchos son los llamados, pocos los elegidos; Sea quienquiera, no le creo; Nadie se enteró; Conozco a bastantes del mismo apellido; Demasiado hacen;* adjetivos: *Tiene muchos empleados; Cualquier niño lo sabe; Ponle más patatas.*

*Uno*, adjetivo numeral, se emplea como pronombre indefinido sustantivo, y en este sentido admite plural: *Había unos que no hablaban.* Con matiz distributivo solo puede usarse en singular: *Allí uno hace lo que quiere* (= cada uno...). Muchas veces sirve para referirse indirectamente al sujeto que habla, el cual, aunque alude a sí mismo, da a la frase carácter de generalidad, poniendo el verbo en tercera persona: *Ya sabe uno lo que se hace.*

El mismo indefinido *uno*, cuando tiene carácter adjetivo (formas *un, una, unos, unas),* se opone al artículo *el, la, los, las,* y por eso lo estudiamos en el capítulo siguiente, bajo el nombre de *artículo indeterminado* o *indefinido.* Sin embargo, no es artículo, sino puro indefinido,

52

cuando va acompañando a un numeral para indicar mera aproximación: *Esperé una media hora; Estaremos fuera unas tres semanas.*

El pronombre reflexivo *se* funciona en ocasiones como pronombre indefinido sustantivo, como resultado de la evolución de la voz pasiva refleja de los verbos (v. § 154): *Aquí se está bien; No se ve a nadie; Se habla, pero no se trabaja.*

## 35. Pronombres numerales

Los numerales se han considerado siempre como «adjetivos» cuando las gramáticas oponían como dos categorías diferentes el pronombre y el adjetivo. (Ya hemos visto cómo los pronombres pueden ser adjetivos sin dejar de ser pronombres.) Pero al catalogárseles entre los adjetivos determinativos se reconocía una afinidad entre ellos y los restantes determinativos, en los que se observa el carácter pronominal.

El carácter pronominal aparece muy claro en los pronombres personales, posesivos, demostrativos, relativos e interrogativos; menos claro en los indefinidos, y menos aún en los numerales. Sin embargo, se nota en estos la misma ausencia de significación de un objeto fijo y la misma naturaleza puramente señaladora que encontramos en los demostrativos o en los posesivos; solo que, en vez de indicar situación o pertenencia, indican otra circunstancia, que es la cantidad.

Así, en una pastelería podemos decir, ante una bandeja de pasteles: *Póngame* ESTOS; o *Póngame* VARIOS; o *Póngame* TRES.

También indican cantidad los llamados indefinidos cuantitativos (§ 17): *todo, mucho, poco, más...*; pero se ve fácilmente que se distinguen de los numerales en no señalar una cantidad concreta, sino indeterminada.

Las diversas clases de numerales ya están expuestas en el § 17.

Aunque en ellos predomina el carácter adjetivo, los numerales funcionan como sustantivos o como adjetivos.

Ejemplos de numerales sustantivos: cardinales: *Han venido dos preguntando por ti; Mataron a tres de ellos;* ordinales: *El primero que venga, que espere;* multiplicativos: *Aquí cabe el doble de gente que allí;* fraccionarios: *Cuarto de kilo; Un tercio de la población.*

Ejemplos de numerales adjetivos: cardinales: *Dame dos cuartillas;* ordinales: *Es la primera vez que le veo;* multiplicativos: *Doble cantidad; Parto triple;* fraccionarios: *Recorrió medio mundo; Ahora tengo la cuarta parte de lo que tenía.*

# V. El artículo

## 36. DEFINICIÓN

La naturaleza del artículo se advierte comparando dos ejemplos tales como *Tráeme el periódico de hoy* y *Tráeme un periódico de hoy*. En el primer caso nos referimos a un periódico conocido previamente de las personas que hablan, *el que acostumbramos leer diariamente;* en el segundo se trata de un periódico cualquiera de los que se han publicado hoy. Las palabras *el* y *un* se llaman *artículo determinado* e *indeterminado,* respectivamente.

En el primer ejemplo, *el periódico* es un periódico determiminado; lo conocemos por el aditamento *el* que lleva el sustantivo delante. Sin embargo, este artículo *el* no es, como pudiera creerse, lo que determina al sustantivo. El *periódico* viene determinado de antemano por el hecho de ser un periódico ya consabido, señalado por una especie de convenio tácito entre las personas que intervienen en la conversación.

La «notoriedad» del *periódico* es en este caso privativa de cierto número de personas, que saben de qué periódico se trata. Otras veces la notoriedad del objeto es común a todos los hablantes del idioma, ya porque aquel sea individual *(el cielo, la verdad)* o materia simple *(el agua, el trigo, el oro),* ya porque esté individualizado por algún complemento *(la calle de Alcalá, la novela que estoy leyendo, la Edad Antigua) (1).*

Comparemos ahora las frases *La mesa es redonda; Esta mesa es redonda.* En el segundo caso, la mesa de que se trata está

_____

(1) Véase G. Gougenheim, *Système grammatical de la langue française,* París, Bibliothèque du Français Moderne, 1938, pág. 140.

perfectamente concretada por la relación de distancia a la primera persona que establece el adjetivo demostrativo *esta;* en el primer caso, *la mesa* no sabemos cuál mesa pueda ser, a menos que estemos prevenidos anteriormente, pues la expresión *la mesa* no lleva dentro de sí nada que distinga una mesa de todas las demás. Lo único que se halla es el intento de referirse a una mesa consabida, de aislar en cierto modo una cierta mesa de todas las demás para referirnos a ella en nuestra conversación. El mismo sentido encontramos en *El frío era intenso; La bondad encuentra recompensa; El estímulo alcanza grandes triunfos.* El artículo en todas estas expresiones no parece tener otro valor que el de aislar los sustantivos *frío, bondad* y *estímulo* de la vaguedad sin límites del sustantivo común para presentarlo como foco o centro de nuestros pensamientos.

El artículo, pues, supone una corporeización, una materialización de la esencia expresada por el sustantivo solo, sin llegar a la concretización última que supone ya el demostrativo. El mismo valor actualizador se ve cuando precede a una oración sustantiva, como en EL *que sea tarde no nos impedirá dar una vuelta.*

De tal manera es característico del sustantivo el artículo que, cuando una palabra o una expresión va precedida de él, queda sustantivada: EL *no sé qué;* EL *qué dirán; Más vale* UN *por si acaso que* UN *quién pensara.*

Etimológicamente, el artículo *el* no es sino un demostrativo que ha perdido el valor de localización que tenía en latín, semejante al de nuestro demostrativo *aquel* (cf. § 30).

Por otra parte, la expresión *un pez* oscila muchas veces en su significado entre el sentido numeral de *unidad (un solo pez,* frente a *dos,* por ejemplo) y el sentido indefinido de *algún pez.* Su eficiencia no se advierte, en realidad, hasta que se establece el cotejo con el artículo determinado: *el sombrero, un sombrero* (cf. § 34).

Resulta, pues, que los artículos *el* y *un* no son sino adjetivos determinativos descoloridos, que tienen el especial carácter común de *anteceder* a los sustantivos, presentándolos en una esfera de determinación o indeterminación.

Hoy se suele definir el artículo diciendo sencillamente que es la palabra que anuncia el carácter sustantivo de la expresión que le sigue, indicando al mismo tiempo los accidentes gramaticales de ese sustantivo o expresión sustantivada.

## 37. Formas del artículo

Según lo anterior, existen dos clases de artículo: el *artículo definido,* o *determinado,* que tiene las formas *el, la, lo,* para el singular (masculino, femenino y neutro), y *los, las,* para el plural (masculino y femenino); y el *artículo indefinido,* o *indeterminado,* que tiene las formas *un, una,* para el singular masculino y femenino, y *unos, unas,* para el plural de los mismos géneros.

## 38. Concordancia del artículo

Los artículos conciertan en género y número con los sustantivos correspondientes. Los nombres masculinos en singular requieren, como ya se ha dicho, el artículo *el,* y los femeninos, el *la.* La forma neutra *lo* se emplea, como también quedó expuesto, con los adjetivos sustantivados abstractos. La misma correlación genérica y numérica se observa en todas las demás formas.

No obstante, con el sustantivo femenino que empieza por sonido de *a* acentuada se usa, por razón de eufonía, la forma *el,* en lugar de *la: el alba, el ancla, el agua, el hacha, el alma, el águila,* etc.

No sería exacto decir que en estos casos «se usa el artículo masculino». En ellos *el* es artículo femenino, resultado fonético del antiguo artículo *ela* en tales condiciones: *ela·agua > el agua.* Idéntico fenómeno ocurre con *una* ante los mismos sustantivos: *una alma > un alma.*

Cuando concurren la preposición *de* y el artículo *el,* la expresión *de el* se convierte en *del* por reducción o *contracción* del sonido vocal prolongado *ee.* Una contracción semejante ocurre en *a el,* que se transforma en *al.*

### 39. Matices del artículo definido

Aparte de los sentidos generales que hemos apreciado en el artículo determinado, cabe señalar en él tres distintos matices de significación, en relación con el nombre al que acompaña:

a) *Absoluto.* El artículo aísla al sustantivo, colocándolo dentro de una esfera de determinación: *el hombre del gabán; el calor del verano.*

b) *Distributivo.* El artículo no demarca solamente un objeto determinado, sino todos los de la misma especie: *El perro es un animal útil* (esto es, «todos y cada uno de los perros»); *El crepúsculo tropical es breve* (esto es, «todos y cada uno de los crepúsculos tropicales»).

c) *Genérico.* El artículo no demarca un objeto determinado, sino que presenta a este como representante de todos los de su especie: *El hombre es mortal; La mujer es frágil* (2).

### 40. Uso del artículo

Según cuanto se ha expuesto en la definición, es evidente que el artículo determinado no debe acompañar a los nombres propios, por cuanto ellos se marcan a sí mismos una suficiente esfera de determinación.

Sin embargo, se ve el artículo: en lenguaje popular y forense con los nombres de personas: *la Juana, la María, el Pérez;* cuando estos nombres de persona requieren alguna cierta determinación mostrativa: *De sus hijos, conozco al Pepe* (esto es, a aquel que tiene el nombre de Pepe); cuando se toman en sentido genérico: *los Quintero, los Borbones.* Los nombres geográficos llevan el que corresponde a su genérico correspondiente: *el Tajo, la Penibética.*

---

(2) Federico Hanssen, *Gramática histórica de la lengua castellana,* Halle, 1913.

También acompaña el artículo a algunos apellidos de artistas italianos *(el Tasso,* etc.) y a los de mujeres *(la Gámez).* Estos dos empleos, sin embargo, van cayendo en desuso, en especial el primero: hoy nadie diría, por ejemplo, *el Pirandello.* El segundo, cuando no es de ambiente popular, está adquiriendo un matiz despectivo, del que desde luego carecen las denominaciones consagradas por otra época: *la Pardo Bazán, la Avellaneda.*

La cantidad indeterminada de una materia se expresa en castellano con el sustantivo sin artículo: *Dame pan; Sírveme vino* (3).

---

(3) Sobre la presencia o ausencia del artículo, la preferencia de *el* o *un* y el mayor o menor grado de determinación que cada una de ellas expresa, véanse los §§ 122 y 123.

# VI.  El verbo

41.  Definición

El verbo es la palabra por excelencia, que expresa el juicio mental incluyendo sus dos términos esenciales: el predicado y el sujeto (1). Así, en la forma verbal *leo* está contenida la idea de «leer» más la del sujeto que lee, «yo».

Así como los sustantivos designan los objetos, y los adjetivos las cualidades de estos objetos, está en el verbo la expresión de los cambios, movimientos, alteraciones de estos mismos objetos en relación con el mundo exterior. Los objetos no están inertes y reducidos a sus solas cualidades; hay en ellos una dinamicidad, una actividad continua, que es para nosotros de mucho mayor interés que la estática mostración de un cierto número de atributos adjetivos. Así, *El árbol crece, florece, fructifica, envejece, muere; El gato anda, come, bebe, araña, maúlla, corre, duerme.* Todas estas palabras *crece, florece, fructifica...*, *anda, come...*, *duerme*, etc., que expresan los cambios, los movimientos, las alteraciones, las actividades de las cosas en relación con el mundo que las rodea, es decir, las palabras que expresan *lo que les ocurre a las cosas* —los *fenómenos*—, son los verbos.

Pero hay en la palabra verbal otra notable característica. La forma *dormí*, por ejemplo, expresa en primer término un fenómeno que ocurre en alguien («dormir»); pero la forma *dormí* no expresa el fenómeno de «dormir» sino precisamente atribuido a una persona gramatical, la primera, «yo»; si hubiéramos

---

(1) Según J. Cejador, *La lengua de Cervantes. Gramática y diccionario,* I, Madrid, 1905. Nótese que esta definición es aplicable solo al español y lenguas que conservan en las terminaciones de sus formas verbales la expresión del sujeto pronominal.

tenido que referir el mismo fenómeno a la persona «tú», no hubiéramos dicho *dormí,* sino que hubiéramos tenido que emplear otra forma distinta, *dormiste.* Por otra parte, *dormí* atribuye la idea de dormir a la primera persona; pero se la atribuye además en una cierta época, en este caso pasada. Si quisiéramos referirnos a un momento distinto, venidero, por ejemplo, emplearíamos otra forma: *dormiré.*

Resulta, pues, que el verbo expresa el fenómeno, pero relativo a una persona gramatical determinada y como ocurrido en una época también determinada. Esto es, *expresa el fenómeno con indicación de tiempo y de persona.*

Esta indicación de fenómeno y su relación a una persona sujeto del fenómeno es lo que determina el carácter predicativo del verbo y justifica su definición anterior.

Por otra parte, sus características de persona y tiempo preservan formalmente al verbo de posibles confusiones con cierta clase de sustantivos abstractos que, como vimos a su tiempo, designaban fenómenos. La palabra *crecimiento* expresa, en efecto, el fenómeno de «crecer»; pero este fenómeno puede atribuirse a cualquier persona en cualquier tiempo. La palabra *crecimiento* es invariable, tanto para expresar «mi crecimiento», como «el tuyo», «el de nosotros», «el de Pedro» o «el de los árboles»; asimismo este crecimiento puede ser «el de ahora», «el que hubo antes» o «el que habrá después». En cambio, *creceré* expresa también «un crecimiento», pero exclusivamente el crecimiento «mío» y en época venidera; para expresar cualquier otra cosa habría que emplear formas distintas.

## 42. CLASES DE VERBOS

Si decimos *Ese hombre ha dado una limosna,* el verbo *ha dado* supone, desde luego, «una persona que da» y «una cosa que se da», es decir, *un sujeto* y *un objeto;* un sujeto, punto de partida de la acción, y que por ello llamamos *agente* en este caso, y un objeto, en quien parece que la acción tiene su acabamiento. Los verbos como este, que, por una parte, expresan una acción, y, por otra, la ponen en relación sencilla con un objeto, en el cual la acción logra su cumplimiento, deben llamarse *activos transitivos,* nombre en que quedan registradas las dos citadas notas esenciales. Son, pues, verbos activos transitivos los que figuran en los ejemplos: *Antonio lee el periódico; Un incendio destruyó la casa; El vecino pagó sus deudas.*

Si decimos *Caín mató a Abel, matar* será un verbo activo transitivo, con un sujeto agente, *Caín,* y un objeto, *Abel.* Mas si examinamos la oración *La alegría repentina mata,* ya el verbo *matar* no tiene el mismo carácter, pues aquí, aunque sigue expresando una acción, y en este sentido es *activo,* y aun relaciona esta acción con un sujeto agente, no se refiere, en cambio, a ningún objeto en que la acción quede completada o terminada. Decimos entonces que es *activo intransitivo.* Entre los verbos activos o que indican acción existe, por tanto, una distinción en *transitivos* o *intransitivos,* según hagan o no relación a un objeto. La presencia o ausencia de este objeto determinará que un mismo verbo activo sea de una u otra clase. Son activos intransitivos los de los ejemplos que siguen: *No acabaremos en un año; Mi hermano aprende; Ya ha pagado José.*

Otros verbos, como, por ejemplo, *dormir, pasear, llegar, venir, crecer, morir,* hacen solamente referencia a un sujeto, del cual expresan fenómenos no relacionados con ningún objeto, un simple modo de ser más o menos estable. Los verbos de este tipo se llaman *verbos de estado.* Así son los de los ejemplos siguientes: *Los chicos corren por las calles; Las frutas maduran en primavera; Mi sobrino vive en Madrid.*

En el ejemplo *La mujer lava la ropa* encontramos un verbo activo transitivo que relaciona la acción de «lavar» con un sujeto («mujer») y un objeto («ropa»). Mas puede muy bien ocurrir que el sujeto se lave a sí mismo, es decir, que sujeto y objeto sean la misma persona, y en este caso particular habría que expresarse diciendo: *La mujer se lava,* como también habría que decir *Me lavo, Te lavas, Nos lavamos, Os laváis, Se lavan,* si el sujeto, en vez de *la mujer,* fuera *yo, tú, nosotros, vosotros* o *ellos,* respectivamente. Así pues, habría que poner al lado del sujeto ciertas formas, *me, te, se, nos, os* y *se,* que ya hemos visto en los pronombres personales. Los verbos cuyo sujeto y objeto coinciden, esto es, cuya acción *se refleja* o vuelve otra vez sobre el sujeto, se llaman *verbos reflexivos,* caracterizados por el empleo de ciertas formas pronominales juntas con el sujeto. Mas no se crea que los verbos reflexivos son todos de origen activo transitivo, como el verbo *lavar,* citado para ejemplo. Existen muchos verbos cuya forma es exclusivamente reflexiva, como, por ejemplo, *quejarse, condolerse, atreverse, jactarse, arrepentirse, dignarse,* en los cuales no puede decirse *yo jacto,* sino *yo me jacto; tú quejas,* sino *tú te quejas.* Existen además verbos de estado que a veces se presentan como reflexivos: *morirse, pasearse, irse, venirse, marcharse.* Así como se dice *yo paseo, yo voy,* puede decirse *yo me paseo, yo me voy,* por cierto con una diferencia de matiz que explicaremos oportunamente (§ 148).

Muy cercanos a los verbos reflexivos están los *verbos recíprocos,* que tienen por sujeto agente dos o más personas, cada una de las cuales ejerce una acción sobre las otras y la recibe de ellas. La forma distintiva de estos verbos es la misma de los reflexivos, de los que se distinguen, en caso de duda, añadiendo expresiones como *mutuamente, uno a otro, recíprocamente,* etc. En *Él y yo nos escribimos a diario, nos escribimos* es un verbo recíproco que manifiesta el hecho de que «yo» le escribo «a él» y «él» «a mí». Son también verbos recíprocos corrientes *cartearse, pegarse, odiarse, tutearse.*

Los verbos como *llover, tronar, nevar, amanecer,* etc., que indican fenómenos atmosféricos de sujeto confuso y vacilante, como por esta circunstancia no pueden llevarlo expresado, se refieren siempre vagamente a la tercera persona gramatical singular. Así, se dice: *llueve, llovía, lloverá; ha nevado, nevaba, nevaría; amanezca, había amanecido, amaneciese,* siempre con formas propias de la tercera persona de singular. Esta particularidad de los verbos de la naturaleza de no emplearse sino en una sola forma personal hace que se les llame *unipersonales.*

Resumiendo, pues, lo anterior, resulta que los verbos por su propia naturaleza pueden clasificarse en:

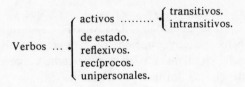

```
                  ⎧ activos  ........ •⎧ transitivos.
                  ⎪                    ⎩ intransitivos.
                  ⎪ de estado.
   Verbos ... •⎨ reflexivos.
                  ⎪ recíprocos.
                  ⎩ unipersonales.
```

### 43. VERBOS AUXILIARES

*Saludo, he saludado* y *soy saludado* son tres formas verbales distintas que por su significación corresponden evidentemente al verbo *saludar;* pero en las dos últimas advertimos la presencia de dos formas, *he* y *soy,* correspondientes a otros dos verbos, *haber* y *ser,* que no tienen otro valor que contribuir a la constitución de las anteriores formas del verbo *saludar.* Los verbos que de algún modo intervienen en la expresión de formas correspondientes a otros verbos se llaman *verbos auxiliares.* Los verbos auxiliares más comunes son *haber* y *ser,* aunque también se emplean como tales con carácter especial los verbos *estar, tener, ir, venir,* etc.

### 44. FORMAS SIMPLES Y FORMAS COMPUESTAS

Así, resultan en los verbos dos series distintas de formas: unas constituidas por una sola palabra; por ejemplo: *saludé, saludaré, saludaría, saludaba,* etc., y otras formadas con la ayuda de verbos auxiliares: *he saludado, había saludado, habré saludado,* etc. Las primeras se llaman *simples,* y las segundas, *compuestas.*

### 45. ACCIDENTES DEL VERBO

Por la definición del verbo hemos visto ya cómo este había de adoptar formas distintas para referir los fenómenos a las distintas personas gramaticales (por supuesto, de singular y de plural), y asimismo para ofrecer la expresión de las épocas en que se verifican los fenómenos. Pero hay más: el verbo presenta también medios para la expresión de ciertas relaciones del fenómeno con la persona que habla, o sea los *modos*, y, por fin, para distinguir el caso en que el sujeto a que se refiere la acción verbal sea el productor de esta o, por el contrario, el que la recibe; es decir, lo que se llama *voz*.

Los accidentes gramaticales según los cuales varía el verbo son, pues: *el número, la persona, el tiempo, el modo* y *la voz*.

Debemos añadir a estos accidentes del verbo el *aspecto*, aunque suele incluirse dentro del accidente *tiempo*. Por el *aspecto* se distingue si la acción es considerada en su transcurrir o como algo acabado. Este accidente se expresa en general por medio de la distinción entre tiempos simples y compuestos.

Así resulta una gran cantidad de formas distintas, que en cada verbo se eleva a unas doscientas, contando las simples y las compuestas. Esta riqueza morfológica del verbo se justifica por la extraordinaria importancia de este en el lenguaje, cuyo elemento esencial y céntrico constituye.

## 46. Radical y desinencias

¿Cómo se constituyen tantas formas? Un gran número de ellas, las compuestas, ya hemos dicho que se obtienen con ayuda de los verbos auxiliares.

En cuanto a las formas simples, se logran con no mayor sencillez. Si comparamos varias formas verbales, como

habl-*o*      habl-*ábamos*
habl-*amos*      habl-*arían*
habl-*aste*      habl-*asen*

observamos que hay en todas ellas un elemento invariable y fijo, que es *habl,* el cual indudablemente ha de expresar la idea fundamental del verbo, y, frente a este elemento constante, una serie de terminaciones añadidas: *o, amos, aste, ábamos,* etc., que expresan los distintos matices accidentales de la idea verbal. El primer elemento, fijo e invariable para cada verbo, se llama *raíz*

65

o *radical;* los demás elementos incorporados, que forman series aplicables a los distintos radicales, se llaman *desinencias.*

### 47. CONJUGACIÓN

De este modo, agregando al radical de un verbo las desinencias que expresan los diversos matices de *persona, número, tiempo* y *modo, se conjuga* ese verbo y se obtiene su *conjugación.* *Conjugación* es, pues, el conjunto de formas que puede afectar un verbo para expresar todas las variaciones posibles de su significación.

### 48. PERSONAS Y NÚMEROS

Los verbos presentan seis formas correspondientes a las tres personas gramaticales de singular y plural, dentro de cada tiempo, y estos dentro de cada modo. Así, de la raíz *habl* tendríamos, añadiéndole las desinencias de persona y número, las formas:

| | |
|---|---|
| habl-*o* | habl-*amos* |
| habl-*as* | habl-*áis* |
| habl-*a* | habl-*an* |

Pero esto es en el tiempo presente; para otro tiempo, el que llamaremos *pretérito imperfecto,* por ejemplo, añadiremos seis desinencias semejantes al radical *habl,* combinado con la desinencia *aba* que caracteriza el tiempo citado. Tendremos así:

| | |
|---|---|
| habl-*aba* | habl-*ábamos* |
| habl-*abas* | habl-*abais* |
| habl-*aba* | habl-*aban* |

Pero este tiempo corresponde al *modo* llamado *indicativo.* Si se tratara del subjuntivo, por ejemplo, obtendríamos otras seis formas de la siguiente manera:

| | |
|---|---|
| habl-*ara* | habl-*áramos* |
| habl-*aras* | habl-*arais* |
| habl-*ara* | habl-*aran* |

## 49. Modos

Comparemos las siguientes frases: *Pedro vendrá hoy. Yo no creo que Pedro venga hoy. Ven hoy, Pedro.*
Aquí tenemos tres formas del verbo *venir*, referentes todas al mismo sujeto, *Pedro*. En las tres el verbo *venir* tiene, naturalmente, el mismo significado; sin embargo, este significado se manifiesta desde tres puntos de vista diferentes, que constituyen tres *modos* verbales distintos.

En el primer ejemplo, el hecho de venir Pedro se enuncia de un modo absolutamente objetivo, sin que el que habla tenga otra intervención que enunciar el juicio. La forma *vendrá* corresponde al *modo indicativo.*

En el segundo ejemplo, el hecho de venir Pedro se manifiesta de modo puramente subjetivo: no es sino una creencia, una opinión mía, o sea del que habla. Si hubiéramos dicho *Yo quiero, Yo deseo, Yo necesito que venga Pedro,* el venir Pedro dependerá de «mi voluntad», o de «mi deseo», o de «mi necesidad», etcétera. Así pues, en ningún caso se afirma que Pedro venga o no, sino que este hecho de venir existe solo en la mente del que habla como una cierta disposición subjetiva suya. Este es, en general, el significado del *modo subjuntivo,* al cual corresponde la forma *venga.*

El hecho se considera como algo que, para el que habla —*yo*—, no tiene existencia real, sino que queda encerrado dentro del campo de lo puramente pensado. Ni se afirma ni se niega el hecho: tan solo se le toma como algo que está en el aire. En otras palabras, podríamos decir que el subjuntivo expresa la «esencia» de un hecho, frente al indicativo, que expresa la «existencia». Knud Togeby (2) lo caracteriza diciendo que, así como el indicativo tiene un sentido de «afirmación», el subjuntivo significa «la suspensión de la afirmación», y se aplica a hechos reales, pero solamente cuando no se quiere o no es necesario afirmarlos.

Veamos el ejemplo tercero: *Ven, Pedro.* Tampoco aquí se quiere decir, de ningún modo, que Pedro viene o no, sino que se expresa la voluntad decidida del que habla de que el que oye, que es Pedro, ejecute un acto; es, pues, un mandato, que en

(2) *Mode, aspect et temps en espagnol,* Copenhague, 1953, pág. 117.

ocasiones puede suavizarse hasta convertirse incluso en ruego o súplica (*¡Ten piedad de mí!; ¡Compadeceos, Señor!).* Ello requiere, evidentemente, que el sujeto haya de ser siempre la persona que escucha, es decir, la segunda persona gramatical. Por eso el *modo imperativo,* que es el que ofrece la forma *ven* y del cual estamos tratando, no tiene, en realidad, más que dos personas (segunda del singular y del plural), no las seis que tiene cualquier tiempo. Por lo demás, tampoco permite, por su naturaleza, otra época de acción que el presente.

La gramática tradicional cita otros dos *modos:* el *potencial* y el *infinitivo.* En el lugar oportuno veremos cómo ninguno de los dos es modo.

Así pues, reconocemos la existencia de *tres modos verbales,* es decir, maneras de considerar el fenómeno desde el punto de vista subjetivo del que habla: el *indicativo,* que expresa la acción objetivamente; el *subjuntivo,* que la presenta como una simple idea en la mente de la persona que habla, y el *imperativo,* que expresa la acción como una orden inmediata del que habla.

## 50. FORMAS VERBALES AUXILIARES

Tradicionalmente se ha venido considerando la existencia de otro modo verbal, el *modo infinitivo,* integrado por las formas *venir* (infinitivo), *viniendo* (gerundio) y *venido* (participio). Sin embargo, estas formas, que tienen un carácter híbrido, como veremos en la Sintaxis (§ 186), no pueden considerarse siquiera como formas verbales auténticas, por cuanto no responden a ninguna de las exigencias de la definición del verbo. Son, en cambio, preciosas para el lenguaje por la gran flexibilidad que les presta su carácter vacilante entre el verbo y otras partes de la oración.

No debe, por tanto, considerarse que constituyen *modo verbal* alguno, sino que son formas adjuntas y accesorias del verbo. Podemos llamarlas *formas verbales auxiliares* (3).

---

(3) Bello las designaba por *derivados verbales,* lo cual ofrece gran confusión. La Academia las llama, acaso impropiamente, *formas nominales* del verbo. Lenz propone la exótica denominación de *verboides.* Jespersen las llama *vérbidos.* Gili Gaya las denomina, sencillamente, *formas no personales del verbo.* [Este último nombre es el que utiliza ahora también la Academia, *Esbozo de*

## 51. Tiempos verbales

Las épocas a las que nosotros podemos referir la acción verbal son esencialmente tres: o el fenómeno ocurre ahora *(presente)*, o ha ocurrido ya *(pasado* o *pretérito)*, o va a ocurrir *(futuro)*. Realmente debería bastar con que el verbo tuviera formas para expresar estos tres aspectos temporales de la acción verbal. Sin embargo, el lenguaje parece que necesita concretar más en este sentido, y por ello requiere diversos matices de localización en el tiempo a que se refiere la idea verbal.

Distingue, desde luego, el español entre *tiempos imperfectos, perfectos* e *indefinidos*. Los *imperfectos* (de *perficio,* acabar) expresan la acción como no terminada todavía, como incompleta en su ejecución o realización; los *perfectos* presentan la acción como acabada o consumada, y los *indefinidos* dejan indeterminada una u otra circunstancia. Los imperfectos e indefinidos son tiempos simples; los perfectos son compuestos.

Esta distinción entre tiempos imperfectos, perfectos e indefinidos corresponde al accidente verbal llamado *aspecto* (v. § 45). Un tiempo imperfecto es *nevaba,* con el que se dice que la acción de *nevar* ocurría, pero no estaba terminada, en el pasado; por ejemplo: *Esta mañana nevaba.* Un tiempo perfecto es *he llegado,* pues en él se da ya por terminada la acción de *llegar.*

En cuanto a la «indefinición» de los tiempos indefinidos, ha de tomarse en el sentido de que en unos verbos estos tiempos indican acción terminada y en otros no (cf. § 52). Acción terminada es, por ejemplo, la de *El mes pasado viajamos por Europa;* no terminada, la de *Dijo Dios: sea la luz, y la luz fue.* Ahora bien: si entendemos por acción terminada (4) la «perfección de la acción» (en el ejemplo, el comienzo de la existencia completa o perfecta de la luz) y no su terminación en el tiempo, entonces no cabe duda de que el *indefinido* será siempre *perfecto.* En este sentido, el pretérito indefinido es el único tiempo verbal perfecto no compuesto.

Por otra parte, hay que tener en cuenta que unos tiempos son *absolutos* y otros *relativos:* los primeros señalan una época determinada para la acción verbal; los segundos no señalan una

---

*una nueva gramática* (1973), §§ 2.11.2 y ss., aunque en el § 2.11.1 las llama *formas impersonales.*]

(4) Gili Gaya, *Sintaxis,* § 119.

época precisa, sino que localizan la acción verbal en relación con otra acción verbal —o con una indicación fija de tiempo, un adverbio, por ejemplo—, relación que puede ser de anterioridad, de contemporaneidad o de posterioridad.

Finalmente, los matices temporales que expresan las formas verbales son distintos según los modos correspondientes, puesto que la indicación de tiempo depende asimismo del punto de vista subjetivo del que habla.

Con estos antecedentes podemos clasificar los tiempos verbales correspondientes a cada uno en la forma siguiente (5):

| | MODO INDICATIVO | | MODO SUBJUNTIVO | | MODO IMPERATIVO |
| | Tiempos imperfectos | Tiempos perfectos | Tiempos imperfectos | Tiempos perfectos | Único tiempo |
|---|---|---|---|---|---|
| *Tiempos absolutos.* | Presente. Futuro imperfecto. | Pretérito perfecto. Pretérito indefinido (6). | | | Presente. |
| *Tiempos relativos.* | Pretérito imperfecto. | Pretérito pluscuamperfecto. | Presente. | Pretérito perfecto. | |
| | | Pretérito anterior. | Pretérito imperfecto. | Pretérito pluscuamperfecto. | |
| | | Futuro perfecto. | Futuro imperfecto. | Futuro perfecto. | |
| | Potencial simple. | Potencial compuesto. | | | |

(5) [La Academia, *Esbozo de una nueva gramática* (1973), capítulo 2.11, propone —todavía sin carácter «oficial»— algunas modificaciones en la terminología tradicional de los tiempos verbales. Según esa propuesta, el «pretérito perfecto» de indicativo se denominaría *pretérito perfecto compuesto;* el «pretérito indefinido», *pretérito perfecto simple;* los dos «futuros imperfectos», de indicativo y subjuntivo, simplemente *futuros;* el «potencial simple» y el «potencial compuesto», *condicional* y *condicional perfecto,* respectivamente. Todos los demás tiempos conservarían el mismo nombre que han tenido hasta ahora.]

(6) Téngase en cuenta lo dicho más arriba.

Adviértase que los tiempos absolutos pueden también emplearse como relativos; pero los relativos nunca pueden tener sentido absoluto.

## 52. TIEMPOS DEL MODO INDICATIVO Y SU SIGNIFICACIÓN

Los tiempos del modo indicativo son los siguientes:

*1 presente* ............................................. (hablo)

*5 pretéritos* .........
- *imperfecto* ................. (hablaba)
- *perfecto* .................... (he hablado)
- *indefinido* ................. (hablé)
- *pluscuamperfecto* ........ (había hablado)
- *anterior* .................... (hube hablado)

*4 futuros* ............
- *imperfecto* ................. (hablaré)
- *perfecto* .................... (habré hablado)
- *potencial simple* ......... (hablaría)
- *potencial compuesto* ... (habría hablado)

El *presente, hablo,* expresa una acción no terminada que se ejecuta en el momento de la palabra. Entiéndase bien que el presente no debe estimarse como un instante fugaz, sino como un plazo de tiempo más o menos largo, en el cual está comprendido el momento en que se habla. Así, puede decirse en presente: *Pedro estudia para abogado.* No es que Pedro, en el instante preciso en que se habla, esté trabajando en sus estudios, sino que este trabajo lo viene realizando durante cierto período de tiempo dentro del cual está comprendido el instante en que se enuncia el verbo. Por este concepto de lo presente se emplea también este tiempo para expresar ciertas verdades permanentes y afirmaciones generales que con el mismo carácter de exactitud pueden siempre reproducirse en el momento actual: *La Tierra gira alrededor del Sol; Los habitantes de Granada se llaman granadinos; En China domina la religión budista.*

Muchas veces un escritor, para dar mayor viveza a un relato, cuenta los hechos como si estuvieran ocurriendo en el presente

71

*(presente histórico): César se resuelve, pasa el Rubicón y avanza con sus tropas, amenazando a Roma, casi inerme.*

El presente histórico, por su fuerza expresiva, que nos hace testigos de hechos pasados, es muy usual en el habla: *Y entonces va el guardia, se acerca y me dice...*

Suele emplearse el presente también con valor futuro para trazar con rasgos más vivos la acción que todavía es eventual: *Esta tarde te llevo al cine.* Como variante de este uso —de la misma manera que una variante del futuro es el futuro de obligación— tenemos el presente de obligación, que a veces encierra sentido de mandato: *¿La mato o la perdono?; Mañana buscas a Francisco y se lo cuentas todo; Cuando termines, avisas.*

El *pretérito imperfecto* indica una acción pasada que no se muestra como acabada, pero que se ha verificado —recuérdese que es un tiempo relativo— coincidiendo con otra acción pasada. Si decimos: *Cuando llegaste, nevaba,* entendemos que el «llegar» y el «nevar» eran hechos simultáneos. Representemos el tiempo por una línea indefinida, en la cual se señala una porción céntrica más o menos extensa, que es el presente, desde donde empiezan a contarse a izquierda y derecha, respectivamente, los tiempos pasados y venideros. Si se señalan con flechas las acciones verbales, ambas deben haber coincidido en un cierto punto A, situado en anterioridad al tiempo presente:

Entiéndase que, como puede apreciarse en el gráfico, queda incierto cuándo acabó de «nevar», de acuerdo con el carácter imperfecto del tiempo de que se trata.

Se emplea mucho este pretérito para descripciones literarias, porque expresa persistencia o duración en el pasado: *Apareció en esto ante sus ojos un castillo que se elevaba en la llanura y prestaba cierto aspecto marcial al paisaje.* Los pretéritos imperfectos *se elevaba* y *prestaba* ofrecen un carácter de permanencia en relación con lo fugitivo del pretérito indefinido *apareció.*

El imperfecto puede ofrecer la apariencia de un tiempo absoluto: *Yo tenía un camarada; Los griegos amaban las artes; Decía Cervantes que...;* pero no lo es en realidad, ya que en estos casos el modificante adverbial va implícito.

Como el imperfecto indica una acción pasada que no se da por acabada, hay un uso especial para indicar acciones solo iniciadas o intentadas *(imperfecto conativo* o *«de conatu»): Precisamente ahora me marchaba* (= estaba a punto de marcharme).

Por otra parte, al representar una acción continuada que no llega hasta ese momento, se considera como opuesto a la realidad del tiempo presente y se le da un sentido hipotético, *irreal: Debían ahorcarlos* (deberían); *Si tuviese dinero, te daba* (daría). Es el mismo que, con un grado mayor de irrealidad, emplean los niños en sus juegos: *Yo era el bueno y vosotros me atacabais.*

Con este uso se relaciona el imperfecto de *cortesía,* en frases que significan deseo; así, al no mencionar la realidad presente, la voluntad del que habla se pone a cubierto de una posible negativa: *Venía a ver a don José* (vengo a ver).

El *pretérito indefinido —hablé—* indica que lo que se enuncia es anterior al momento de la palabra, sin que se sepa si el hecho quedó o no terminado, a menos que ello se deduzca de la naturaleza del verbo (7). Expresa lo pasajero, en oposición con el sentido durativo del pretérito imperfecto: *Nací en 1897; Jamás vi tal impertinencia; El mes pasado viajamos por Europa.* Gráficamente se representaría por una flecha incidente en el pasado, pero cuyo principio y fin no están determinados:

El *pretérito perfecto* indica un hecho que se acaba de verificar en el momento en que hablamos, o bien un hecho cuyas circunstancias o consecuencias tienen en cierto modo relación con el presente. Así, por ejemplo: *He dicho* (esto es, «acabo de

---

(7) V. § 51 y también más abajo.

decir»); *He visitado hoy a tu tío.* En uno y otro caso los hechos enunciados han terminado dentro del momento presente. Para representarlo de modo gráfico figuraríamos una flecha cuyo origen se desconoce y cuyo final está claramente dentro del presente:

*PRETÉRITO*  *FUTURO*

*PRESENTE*

*he visitado*

En el ejemplo *Los griegos nos han dejado el arquetipo de la tragedia antigua,* el «dejar» está en pretérito perfecto, porque en el momento actual seguimos recogiendo los frutos resultantes de este hecho.

Los dos tiempos, pretérito indefinido y pretérito perfecto, coinciden en significar hechos anteriores al momento en que hablamos, no en su transcurrir (que se expresa por el imperfecto), sino en cuanto transcurridos: *La guerra terminó, La guerra ha terminado.* No representa el uno un hecho más antiguo que el otro: según las circunstancias, podríamos decir: *La guerra terminó el mes pasado* y *La guerra ha terminado hace tres meses.* La diferencia que hay entre *Pasamos por tu calle* y *Hemos pasado por tu calle* se funda en la *extensión* que quiera dar el hablante al *momento presente* en que habla. Si para él esa acción de «pasar por tu calle» tiene cierta cohesión temporal con el presente, entonces empleará el pretérito perfecto; si, por el contrario, la acción no cae dentro de ese *presente psicológico,* el tiempo usado será el pretérito indefinido. Ese presente psicológico tiene una amplitud muy variable: puede abarcar solo el instante actual o puede abarcar muchos años. Ejemplos: *Esta mañana ha llovido* (el presente psicológico es «hoy»); *Esta mañana llovió* (el presente psicológico es «esta tarde»); *La guerra ha terminado hace tres meses* (presente psicológico, «este año»). La explicación de cada caso es necesario buscarla siempre en el punto de vista del que habla, en el cual intervienen juntos un elemento objetivo (distancia temporal) y un elemento subjetivo (mayor o menor interés en la acción) (8).

El *pretérito pluscuamperfecto* —*había hablado*— expresa un hecho que es pasado respecto de otro también pasado. La acción está completa. Ejemplo: *Cuando tú llegaste, ya había nevado.*

<hr/>

(8) Véase E. Alarcos Llorach, «Perfecto simple y compuesto en español», *Rev. de Filología Española,* XXXI, 1947, 108.

El «nevar», pues, estaba acabado antes de «venir tú». En una representación gráfica, el «nevar» figuraría acabado en un punto *B*, anterior, indudablemente, al punto *A*, en que acabó el «llegar»:

El pluscuamperfecto, igual que el imperfecto, puede tener valor irreal: *Si hubieses venido, te había dado algo* (9).

El *pretérito anterior* —*hube hablado*— indica que lo que se enuncia es inmediatamente anterior a un tiempo ya pasado: *Cuando hubo amanecido, salí*. El «salir» ocurrió en un tiempo evidentemente pasado, localizado en el punto *A* del gráfico que sigue; pues bien: el «amanecer» fue inmediatamente antes, en *B*, por ejemplo. Solo se emplea precedido de *tan pronto como, no bien, luego que, así que, apenas,* etc.

Este tiempo no se emplea en la lengua hablada, y poco en la literaria, desplazado por el indefinido y el pluscuamperfecto.

El *futuro imperfecto* expone una acción venidera, pero no dándola como terminada: *El domingo comeremos en el campo.* Su representación gráfica sería:

_____

(9) Sobre la forma *hablara* usada como pluscuamperfecto de indicativo, v. § 53.

75

El futuro de *mandato* o de *obligación* indica la seguridad en el cumplimiento futuro de una orden: *Se presentará en el plazo de diez días* (10); el mandato se convierte en ruego cortés cuando la entonación es interrogativa: *¿Me acompañarás a merendar?*
Expresa también el futuro la *probabilidad* o la *posibilidad: Usted recordará que...; Ahora estará nevada la sierra; ¿Qué hora será?; ¿Cómo se atreverá?*

El *futuro perfecto* enuncia una acción venidera, pero que se da ya por acabada para cuando ocurra otra también venidera. Por ejemplo: *Cuando vengas, ya habré preparado el equipaje.* El «preparar» será ya un hecho consumado cuando «vengas», que es una acción futura. Gráficamente se ve la situación relativa, en *B,* del verbo *preparar* respecto de la situación en *A* del verbo *venir:*

El futuro perfecto puede expresar también la *probabilidad* o *posibilidad* de un hecho que se supone pasado: *Ya habrá empezado la misa; ¿Se lo habrá tragado la tierra?* (Cf. el futuro de probabilidad ya visto.)

El *potencial simple* expresa un hecho futuro con relación a un momento pasado. Se distingue del futuro imperfecto en ser un tiempo relativo, no absoluto; pero es imperfecto, igual que él. Ejemplo: *Dijeron que vendrían.* (Si el acto de decir no fuese pasado, sino presente, la frase sería: *Dicen que vendrán.)*

De esta significación de futuro del pasado nace la probabilidad o posibilidad vista desde un pasado, paralela a la del futuro de probabilidad que hemos visto: *Serían las tres de la tarde cuando acabó de llover.* Pero esa probabilidad puede estar referida no solo al pasado, sino también al futuro: *Sentiría que llegases tarde* (11).

---

(10) Aunque el sentido de obligación es el que tuvo en su origen la actual forma de futuro española, hoy se siente como secundario y derivado del sentido de acción venidera.

(11) Aunque la Academia considera el potencial como un modo del verbo, hoy ningún gramático admite esta idea. Véanse las razones que para ello aduce S. Gili Gaya, *Sintaxis,* §§ 129 y 130. [En su *Esbozo de una nueva gramática* (1973), § 2.11.1, la Academia incluye ahora el potencial (con el nombre de *condicional)* entre los tiempos del modo indicativo.]

El *potencial compuesto* expresa también un hecho futuro con relación a un momento pasado, pero a su vez pasado respecto de otro momento. Así, en *Me dijo que para la semana próxima ya habría venido,* el potencial compuesto *habría venido* es futuro con relación al momento en que «me dijo», pero pasado con relación a «la semana próxima». Es, pues, un tiempo perfecto.

Puede implicar probabilidad o posibilidad, igual que el potencial simple: *Me habría gustado verte.*

## 53. LOS TIEMPOS DEL MODO SUBJUNTIVO

Ya hemos dicho que el subjuntivo no enuncia la acción del verbo como real y objetiva, sino como pendiente del elemento subjetivo por parte del que habla. Por esta razón, los tiempos del subjuntivo son, desde luego, relativos todos, y no siempre corresponden exactamente a sus nombres sus respectivas significaciones.

El *presente* —*hable*— es tanto presente como futuro. Si decimos: *No creo que Juan sepa esto,* es indudable que el hecho de «saber» se refiere al momento actual; pero, en cambio, si se dice: *Deseo que llegue pronto el verano,* claro está que el «llegar» es un hecho venidero.

Suele depender de un verbo en presente, en pretérito perfecto o en futuro: *Te prohíbo (he prohibido, prohibiré, habré prohibido) que vayas.* Pero también puede ser independiente, expresando deseo o duda: *¡Viva España!; Quizá tengas razón.*

El *pretérito imperfecto* tiene dos formas —*hablara* y *hablase*—, no siempre equivalentes. A pesar de su nombre, la acción que expresa puede ser pasada, presente o futura: así, *Te dije que vinieses* puede significar «te dije que vinieses ayer», «te dije que vinieses hoy» o «te dije que vinieses mañana». Es claro el sentido de acción no terminada. La primera forma, pero no la segunda, puede a veces emplearse con el mismo sentido del potencial; así, por ejemplo, podríamos decir: *¡Nadie lo cre-*

*yera!* Significa lo mismo que *¡Nadie lo creería!;* pero no sería admisible decir *¡Nadie lo creyese!*

En la irrealidad propia del subjuntivo representa lo que en la realidad del indicativo valen el pretérito indefinido, el imperfecto y el potencial simple.

| REALIDAD | IRREALIDAD |
|---|---|
| El periódico dice que *acudió* mucha gente. | El periódico no dice que *acudiese* (o *acudiera*) mucha gente. |
| Creo que *vivía* bien. | No creo que *viviese* (o *viviera*) bien. |
| Creía que Juan *sabría* esto. | No creía que Juan *supiese* (o *supiera*) esto. |

El verbo en pretérito imperfecto de subjuntivo depende generalmente de otro verbo en pretérito indefinido, imperfecto, anterior o pluscuamperfecto, o de un potencial simple o compuesto: *Te dije (decía, diría, había dicho, habría dicho) que vinieses.* Cuando es independiente, este tiempo expresa, como el presente, el deseo, pero con poca confianza en su cumplimiento: *Ojalá lo encontrásemos aquí;* o bien la duda, orientada hacia el pasado: *Quizá llegasen anoche,* o hacia el futuro —muy acentuada en este caso—: *Quizá mañana yo no estuviese aquí.*

Unas veces por regionalismo y otras por pedantería (12), se ve usada la forma *-ra* como pluscuamperfecto de indicativo (que es su valor antiguo) y hasta como pretérito indefinido: *Aquella bandera que tantas victorias presidiera* (= había presidido); *La inmensa bahía, la más hermosa cosa que tiene el reino de España, según nos advirtiera Jovellanos* (= advirtió). Nótese que este uso se limita normalmente a las oraciones introducidas por un relativo (13).

El *pretérito perfecto* —*haya hablado*— expresa que lo que se enuncia, dentro de las características del subjuntivo, ofrece las de tiempo pasado y acción terminada. Compárese *No creo que Pedro lea este libro* con *No creo que Pedro haya leído este libro.* El «leer» es en este segundo ejemplo acción pasada y recién terminada, mientras que en el primero aparece como presente

---

(12) «Una manera de expresarse que es principalmente en los tiempos modernos una manifestación de cursilería.» J. Mallo, *Hispania,* XXXIII, 1950, 126. Por analogía, ha llegado a usarse a veces la forma *-se* con el mismo valor; véase este ejemplo de M. Fernández Almagro: «*Parece que no necesitó el rey retirar la palabra que diese el día anterior.*» (Citado por Togeby.)

(13) Véase M. Seco, *Diccionario de dudas de la lengua española,* Madrid, 1961, artículo *Pretérito pluscuamperfecto,* 1.

e incompleta. En cambio, en el ejemplo *Espero que haya venido Pedro cuando yo vuelva,* el «venir Pedro» es un futuro de acción terminada en relación con el «volver», que tiene también un sentido de futuro.

Corresponde, pues, a los tiempos pretérito perfecto y futuro perfecto de indicativo:

|  REALIDAD  |  IRREALIDAD  |
|---|---|
| Creo que Pedro *ha leído* este libro. | No creo que Pedro *haya leído* este libro. |
| Pedro *habrá venido* cuando yo vuelva. | Espero que Pedro *haya venido* cuando yo vuelva. |

Este tiempo va subordinado generalmente a los tiempos presente y futuro de indicativo: *Me contento (me contentaré) con que el chico haya aprobado.*

El *pretérito pluscuamperfecto* —hubiera o hubiese hablado— indica una acción pasada respecto de otra pasada, dentro del sentido general del modo subjuntivo: *No sabía Juan que Pedro hubiera ganado (o hubiese ganado) el premio; hubiera ganado* expresa un hecho pasado con relación a otro pasado, el «saber» de Juan; cuando Juan supo, ya el ganar el premio era un hecho consumado. Tiene otras veces sentido de posibilidad en el pasado, como se ve en *Nadie lo hubiera creído (o lo hubiese creído).*

Corresponde en subjuntivo a los tiempos pluscuamperfecto de indicativo y potencial compuesto:

|  REALIDAD  |  IRREALIDAD  |
|---|---|
| Sabía que Pedro *había ganado* el premio. | No sabía que Pedro *hubiera (o hubiese) ganado* el premio. |
| Creí que Pedro *habría ganado* el premio. | No creí que Pedro *hubiera (o hubiese) ganado* el premio. |

El pluscuamperfecto de subjuntivo puede usarse con valor de potencial compuesto: *Nunca hubiera creído tal cosa (= nunca habría creído).*

Depende normalmente de un tiempo pasado de indicativo, de un potencial (simple o compuesto) o de otro pluscuamperfecto con valor de potencial compuesto: *Negó (negaba, había negado, negaría, habría negado, hubiera negado) que le hubiesen asaltado.*

El *futuro imperfecto* —*hablare*— expresa una acción no acabada, en presente o en futuro: *Si alguien dudare del cumplimiento de esta promesa, yo le convenceré de su error.* El «dudar» se refiere al momento actual o al futuro, por cuanto, acabada de hacer la promesa, no puede referirse la duda al pasado. Es tiempo poco usado: su sentido hipotético va olvidándose poco a poco.

El *futuro perfecto* enuncia el hecho futuro como acabado con relación a otro futuro: *Si para Navidad no hubiere vuelto, no me esperéis.* El «volver» es pasado y consumado respecto del futuro expresado por *Navidad*.

Los dos futuros de subjuntivo fueron usados hasta el siglo XVIII, aunque limitados a las oraciones de sentido condicional. Su decadencia actual es tan completa, que no solo han desaparecido de la lengua hablada, sino casi totalmente de la escrita, reducidos a algún modismo *(sea lo que fuere,* que en el habla ya es *sea lo que sea)* y a escritos de carácter solemne, como son las disposiciones oficiales. Al imperfecto le sustituye el presente de indicativo o el presente de subjuntivo: *si alguien dudare = si alguien duda; cuando regresares = cuando regreses.* El perfecto es reemplazado por el pretérito perfecto de indicativo: *si para Navidad no hubiere vuelto = si para Navidad no he vuelto.*

## 54. EL MODO IMPERATIVO

Ya hemos indicado que este modo, por su especial naturaleza, no puede tener más que un tiempo, el presente, y una persona, la segunda, en sus dos números: *habla* (tú) y *hablad* (vosotros).

Es cierto que a veces el mandato puede dilatarse más allá del tiempo presente, o referirse a otra persona que no sea la segunda; pero ello se expresa por otros medios, que se indicarán en la Sintaxis (§§ 156 y 159).

## 55. INFINITIVO, PARTICIPIO, GERUNDIO

El *infinitivo,* terminado en *ar, er* o *ir,* es realmente el nombre del fenómeno, de la acción verbal, y por ello se emplea para

denominar al verbo: es un sustantivo abstracto. Admite un
pretérito con *haber: haber hablado.*

El *participio,* que termina en *ado* o *ido,* es realmente un
adjetivo. El *gerundio,* terminado en *ando* o *iendo,* tiene sentido
adverbial. También presenta un pretérito: *habiendo hablado.*

## 56. Voz verbal

En la frase *El comerciante pagó la deuda,* tenemos un verbo
*pagar* activo transitivo que hace referencia a un sujeto agente
—*el comerciante*— y a un objeto —*su deuda*—. Ahora bien:
también podría expresarse la misma idea tomando como sujeto
el objeto *deuda.* Tendríamos entonces: *La deuda fue pagada por
el comerciante.* El sujeto *la deuda* no es ahora, como antes, el
que ejecuta la acción, sino, por el contrario, el objeto en que la
acción viene a completarse o terminarse. Se ve, pues, que hay
dos formas verbales: *pagó* y *fue pagada;* la una corresponde al
hecho de que el sujeto sea agente, causante o productor de la
acción, y la otra, al caso de que el sujeto sea el objeto en que
se completa o termina la misma.

Estas formas distintas que adopta la acción verbal, según
parta de su agente o de su objeto, se llaman *voces: activa* la
primera, y *pasiva* la segunda.

La voz pasiva de un verbo se forma, como se ve en *fue pagado,* con el participio *pagado* del verbo de que se trata y un
tiempo, *fue,* del verbo *ser* empleado como auxiliar. Véase la correspondencia entre algunas formas en ambas voces:

| Voz activa | Voz pasiva |
|---|---|
| miro | soy mirado |
| compraba | era comprado |
| habría dicho | habría sido dicho |
| han vendido | han sido vendidos |
| abraza | sé abrazado |
| esperaríamos | seríamos esperados |

81

**57.** CONJUGACIONES

Reuniendo en serie ordenada todas las formas que puede tomar un verbo adaptando a su radical todas las desinencias, se obtiene el cuadro de su *conjugación*. En la conjugación entran en juego todos los accidentes gramaticales de persona, número, tiempo, modo y voz.

**58.** CONJUGACIÓN DEL VERBO AUXILIAR «HABER»

A continuación damos la conjugación del verbo *haber*. Este sirve, como ya se ha dicho, para formar los tiempos compuestos de los demás verbos. Para ello se une con el participio pasivo del verbo que se conjuga. También se puede emplear como unipersonal. En este caso, la tercera persona de singular del presente de indicativo es *hay*, en vez de *ha*.

### MODO INDICATIVO

| TIEMPOS SIMPLES | TIEMPOS COMPUESTOS |
|---|---|
| *Presente* | *Pretérito perfecto* |
| he | he habido |
| has | has habido |
| ha (o hay) | ha habido |
| hemos | hemos habido |
| habéis | habéis habido |
| han | han habido |
| *Pretérito imperfecto* | *Pretérito pluscuamperfecto* |
| había | había habido |
| habías | habías habido |
| había | había habido |
| habíamos | habíamos habido |
| habíais | habíais habido |
| habían | habían habido |

### Pretérito indefinido

hube
hubiste
hubo
hubimos
hubisteis
hubieron

### Pretérito anterior

hube habido
hubiste habido
hubo habido
hubimos habido
hubisteis habido
hubieron habido

### Futuro imperfecto

habré
habrás
habrá
habremos
habréis
habrán

### Futuro perfecto

habré habido
habrás habido
habrá habido
habremos habido
habréis habido
habrán habido

### Potencial simple

habría
habrías
habría
habríamos
habríais
habrían

### Potencial compuesto

habría habido
habrías habido
habría habido
habríamos habido
habríais habido
habrían habido

## MODO SUBJUNTIVO

TIEMPOS SIMPLES

### Presente

haya
hayas
haya
hayamos
hayáis
hayan

TIEMPOS COMPUESTOS

### Pretérito perfecto

haya habido
hayas habido
haya habido
hayamos habido
hayáis habido
hayan habido

### Pretérito imperfecto

hubiera o hubiese
hubieras o hubieses
hubiera o hubiese
hubiéramos o hubiésemos
hubierais o hubieseis
hubieran o hubiesen

### Pretérito pluscuamperfecto

hubiera o hubiese habido
hubieras o hubieses habido
hubiera o hubiese habido
hubiéramos o hubiésemos habido
hubierais o hubieseis habido
hubieran o hubiesen habido

| *Futuro imperfecto* | *Futuro perfecto* |
|---|---|
| hubiere | hubiere habido |
| hubieres | hubieres habido |
| hubiere | hubiere habido |
| hubiéremos | hubiéremos habido |
| hubiereis | hubiereis habido |
| hubieren | hubieren habido |

## MODO IMPERATIVO

### *Presente*

| he | habed |
|---|---|

## FORMAS AUXILIARES

| SIMPLES | COMPUESTAS |
|---|---|
| *Infinitivo:* haber | haber habido |
| *Gerundio:* habiendo | habiendo habido |
| *Participio:* habido | |

59. CONJUGACIÓN DEL VERBO AUXILIAR «SER»

Este verbo sirve, como se ha dicho antes, para formar la voz pasiva de los verbos activos, en unión del participio pasivo del verbo que se conjuga.

## MODO INDICATIVO

| TIEMPOS SIMPLES | TIEMPOS COMPUESTOS |
|---|---|
| *Presente* | *Pretérito perfecto* |
| soy | he sido |
| eres | has sido |
| es | ha sido |
| somos | hemos sido |
| sois | habéis sido |
| son | han sido |

| *Pretérito imperfecto* | *Pretérito pluscuamperfecto* |
|---|---|
| era | había sido |
| eras | habías sido |
| era | había sido |
| éramos | habíamos sido |
| erais | habíais sido |
| eran | habían sido |

| *Pretérito indefinido* | *Pretérito anterior* |
|---|---|
| fui | hube sido |
| fuiste | hubiste sido |
| fue | hubo sido |
| fuimos | hubimos sido |
| fuisteis | hubisteis sido |
| fueron | hubieron sido |

| *Futuro imperfecto* | *Futuro perfecto* |
|---|---|
| seré | habré sido |
| serás | habrás sido |
| será | habrá sido |
| seremos | habremos sido |
| seréis | habréis sido |
| serán | habrán sido |

| *Potencial simple* | *Potencial compuesto* |
|---|---|
| sería | habría sido |
| serías | habrías sido |
| sería | habría sido |
| seríamos | habríamos sido |
| seríais | habríais sido |
| serían | habrían sido |

## MODO SUBJUNTIVO

| TIEMPOS SIMPLES | TIEMPOS COMPUESTOS |
|---|---|
| *Presente* | *Pretérito perfecto* |
| sea | haya sido |
| seas | hayas sido |
| sea | haya sido |
| seamos | hayamos sido |
| seáis | hayáis sido |
| sean | hayan sido |

| *Pretérito imperfecto* | *Pretérito pluscuamperfecto* |
|---|---|
| fuera o fuese | hubiera o hubiese sido |
| fueras o fueses | hubieras o hubieses sido |
| fuera o fuese | hubiera o hubiese sido |
| fuéramos o fuésemos | hubiéramos o hubiésemos sido |
| fuerais o fueseis | hubierais o hubieseis sido |
| fueran o fuesen | hubieran o hubiesen sido |

| *Futuro imperfecto* | *Futuro perfecto* |
|---|---|
| fuere | hubiere sido |
| fueres | hubieres sido |
| fuere | hubiere sido |
| fuéremos | hubiéremos sido |
| fuereis | hubiereis sido |
| fueren | hubieren sido |

### MODO IMPERATIVO

*Presente*

sé                    sed

### FORMAS AUXILIARES

| SIMPLES | COMPUESTAS |
|---|---|
| *Infinitivo:* ser | haber sido |
| *Gerundio:* siendo | habiendo sido |
| *Participio:* sido | |

### 60. VERBOS REGULARES E IRREGULARES

Se llaman *verbos regulares* aquellos que en las distintas formas que pueden adoptar, cuyo conjunto constituye su conjugación, se ajustan siempre a otro que se toma como modelo. *Verbos irregulares* son los que en el desarrollo de sus formas no siguen al verbo tomado como norma.

### 61. CONJUGACIÓN DE LOS VERBOS REGULARES

Los verbos regulares se clasifican en tres grupos, que se caracterizan por las desinencias o terminaciones *ar, er, ir* del infinitivo. Los verbos terminados en *ar* constituyen la *primera conjugación;* los terminados en *er*, la segunda, y los en *ir*, la tercera. He aquí los modelos.

62. MODELO DE UN VERBO DE LA PRIMERA CONJUGACIÓN

Se ha elegido el verbo *alabar*. Se omite la conjugación completa de los tiempos perfectos, que se forman siempre con un tiempo del verbo *haber* y el participio pasivo del verbo que se conjuga.

## MODO INDICATIVO

### TIEMPOS SIMPLES

*Presente*

| | |
|---|---|
| alabo | alabamos |
| alabas | alabáis |
| alaba | alaban |

*Pretérito imperfecto*

| | |
|---|---|
| alababa | alabábamos |
| alababas | alababais |
| alababa | alababan |

*Pretérito indefinido*

| | |
|---|---|
| alabé | alabamos |
| alabaste | alabasteis |
| alabó | alabaron |

*Futuro imperfecto*

| | |
|---|---|
| alabaré | alabaremos |
| alabarás | alabaréis |
| alabará | alabarán |

*Potencial simple*

| | |
|---|---|
| alabaría | alabaríamos |
| alabarías | alabaríais |
| alabaría | alabarían |

TIEMPOS COMPUESTOS

*Pretérito perfecto:* he alabado, etc.
*Pretérito anterior:* hube alabado, etc.
*Pretérito pluscuamperfecto:* había alabado, etc.
*Futuro perfecto:* habré alabado, etc.
*Potencial compuesto:* habría alabado, etc.

## MODO SUBJUNTIVO

TIEMPOS SIMPLES

*Presente*

| | |
|---|---|
| alabe | alabemos |
| alabes | alabéis |
| alabe | alaben |

*Pretérito imperfecto*

| | |
|---|---|
| alabara o alabase | alabáramos o alabásemos |
| alabaras o alabases | alabarais o alabaseis |
| alabara o alabase | alabaran o alabasen |

*Futuro imperfecto*

| | |
|---|---|
| alabare | alabáremos |
| alabares | alabareis |
| alabare | alabaren |

TIEMPOS COMPUESTOS

*Pretérito perfecto:* haya alabado, etc.
*Pretérito pluscuamperfecto:* hubiera o hubiese alabado, etc.
*Futuro perfecto:* hubiere alabado, etc.

## MODO IMPERATIVO

*Presente*

| | |
|---|---|
| alaba | alabad |

## FORMAS AUXILIARES

| SIMPLES | COMPUESTAS |
|---|---|
| *Infinitivo:* alabar | haber alabado |
| *Gerundio:* alabando | habiendo alabado |
| *Participio:* alabado | |

## 63. Modelo de un verbo de la segunda conjugación

El verbo *meter.*

### MODO INDICATIVO

#### TIEMPOS SIMPLES

##### Presente

| | |
|---|---|
| meto | metemos |
| metes | metéis |
| mete | meten |

##### Pretérito imperfecto

| | |
|---|---|
| metía | metíamos |
| metías | metíais |
| metía | metían |

##### Pretérito indefinido

| | |
|---|---|
| metí | metimos |
| metiste | metisteis |
| metió | metieron |

##### Futuro imperfecto

| | |
|---|---|
| meteré | meteremos |
| meterás | meteréis |
| meterá | meterán |

##### Potencial simple

| | |
|---|---|
| metería | meteríamos |
| meterías | meteríais |
| metería | meterían |

#### TIEMPOS COMPUESTOS

*Pretérito perfecto:* he metido, etc.
*Pretérito anterior:* hube metido, etc.
*Pretérito pluscuamperfecto:* había metido, etc.
*Futuro perfecto:* habré metido, etc.
*Potencial compuesto:* habría metido, etc.

89

## MODO SUBJUNTIVO

### TIEMPOS SIMPLES

#### Presente

| | |
|---|---|
| meta | metamos |
| metas | metáis |
| meta | metan |

#### Pretérito imperfecto

| | |
|---|---|
| metiera o metiese | metiéramos o metiésemos |
| metieras o metieses | metierais o metieseis |
| metiera o metiese | metieran o metiesen |

#### Futuro imperfecto

| | |
|---|---|
| metiere | metiéremos |
| metieres | metiereis |
| metiere | metieren |

### TIEMPOS COMPUESTOS

*Pretérito perfecto:* haya metido, etc.
*Pretérito pluscuamperfecto:* hubiera o hubiese metido, etc.
*Futuro perfecto:* hubiere metido, etc.

## MODO IMPERATIVO

#### Presente

| | |
|---|---|
| mete | meted |

## FORMAS AUXILIARES

### SIMPLES

*Infinitivo:* meter
*Gerundio:* metiendo
*Participio:* metido

### COMPUESTAS

haber metido
habiendo metido

## 64. MODELO DE UN VERBO DE LA TERCERA CONJUGACIÓN

Sea *surtir* este modelo.

### MODO INDICATIVO

#### TIEMPOS SIMPLES

##### *Presente*

| | |
|---|---|
| surto | surtimos |
| surtes | surtís |
| surte | surten |

##### *Pretérito imperfecto*

| | |
|---|---|
| surtía | surtíamos |
| surtías | surtíais |
| surtía | surtían |

##### *Pretérito indefinido*

| | |
|---|---|
| surtí | surtimos |
| surtiste | surtisteis |
| surtió | surtieron |

##### *Futuro imperfecto*

| | |
|---|---|
| surtiré | surtiremos |
| surtirás | surtiréis |
| surtirá | surtirán |

##### *Potencial simple*

| | |
|---|---|
| surtiría | surtiríamos |
| surtirías | surtiríais |
| surtiría | surtirían |

#### TIEMPOS COMPUESTOS

*Pretérito perfecto:* he surtido, etc.
*Pretérito anterior:* hube surtido, etc.
*Pretérito pluscuamperfecto:* había surtido, etc.
*Futuro perfecto:* habré surtido, etc.
*Potencial compuesto:* habría surtido, etc.

## MODO SUBJUNTIVO

### TIEMPOS SIMPLES

#### Presente

| | |
|---|---|
| surta | surtamos |
| surtas | surtáis |
| surta | surtan |

#### Pretérito imperfecto

| | |
|---|---|
| surtiera o surtiese | surtiéramos o surtiésemos |
| surtieras o surtieses | surtierais o surtieseis |
| surtiera o surtiese | surtieran o surtiesen |

#### Futuro imperfecto

| | |
|---|---|
| surtiere | surtiéremos |
| surtieres | surtiereis |
| surtiere | surtieren |

### TIEMPOS COMPUESTOS

*Pretérito perfecto:* haya surtido, etc.
*Pretérito pluscuamperfecto:* hubiera o hubiese surtido, etc.
*Futuro perfecto:* hubiere surtido, etc.

## MODO IMPERATIVO

| | |
|---|---|
| surte | surtid |

## FORMAS AUXILIARES

| SIMPLES | COMPUESTAS |
|---|---|
| *Infinitivo:* surtir | haber surtido |
| *Gerundio:* surtiendo | habiendo surtido |
| *Participio:* surtido | |

## 65. VERBOS IRREGULARES

Un verbo es *irregular* cuando en su conjugación altera las letras radicales o no respeta las desinencias que debían corresponderle, según los modelos regulares.

No deben considerarse irregularidades las modificaciones ortográficas que hayan de experimentar radical y desinencias en atención a los sonidos que han de representar. Así, por ejemplo, no son irregularidades las formas *yo coja,* del verbo *coger; yo mezo,* del verbo *mecer; yo llegue,* del verbo *llegar; yo cayera,* del verbo *caer; yo peque,* del verbo *pecar.* Tampoco será irregularidad que los verbos *reír, tañer, teñir, gruñir, mullir* y otros de las mismas terminaciones, en vez de escribirse *riió, tañió, tañieron, mullió, mullieron,* se escriban *rió, tañó, tañeron, mulló, mulleron,* etc., porque la *i* de la desinencia está de hecho absorbida en el lenguaje hablado por la *i,* la *ñ* o la *ll* del radical.

Por otra parte, es de observar, para el más fácil conocimiento de los verbos irregulares, que las irregularidades de estos vienen agrupadas por razón de su origen en tres series de tiempos, que son los siguientes:

*Grupo de los presentes* ............ { Presente de indicativo. Presente de subjuntivo. Presente de imperativo.

*Grupo del pretérito indefinido y derivados* ......... { Pretérito indefinido. Pretérito imperfecto de subjuntivo. Futuro imperfecto de subjuntivo.

*Grupo del futuro...* { Futuro imperfecto de indicativo. Potencial.

Cuando alguno de los tiempos de estas tres series se reconoce como irregular, también lo son los demás tiempos de la misma serie, con la misma irregularidad. Bastará, pues, atender al presente, al pretérito indefinido y al futuro imperfecto de un verbo para saber si este es o no irregular.

Las irregularidades de los verbos solo pueden tener una explicación racional —y sencilla las más veces— en la gramática histórica. En un manual elemental como el presente puede, sin embargo, ensayarse la exposición de los verbos irregulares clasificados en grupos naturales, aunque sin intentar una explicación científica de los hechos, que sería improcedente.

Los verbos irregulares pueden agruparse en las siguientes clases (14):

_____

(14) En los ejemplos de verbos irregulares que se incluyen en las páginas siguientes solo se indican los tiempos y personas que ofrecen irregularidad.

## 66. CLASE 1.ª: VERBOS QUE DIPTONGAN VOCALES RADICALES

Se incluye en este grupo un número considerable ·de verbos que, teniendo una *e* o una *o* en el radical, las convierten en los diptongos *ie* y *ue,* respectivamente. Esto ocurre en los presentes, pero solo cuando el acento cargue en las vocales indicadas.

Así, las anormalidades de los verbos *apretar* y *morder* serán las siguientes:

| Apretar | Morder |
|---|---|
| INDICATIVO | INDICATIVO |
| *Presente* | *Presente* |
| aprieto | muerdo |
| aprietas | muerdes |
| aprieta | muerde |
| aprietan | muerden |
| SUBJUNTIVO | SUBJUNTIVO |
| *Presente* | *Presente* |
| apriete | muerda |
| aprietes | muerdas |
| apriete | muerda |
| aprieten | muerdan |
| IMPERATIVO | IMPERATIVO |
| *Presente* | *Presente* |
| aprieta | muerde |

Los verbos más importantes de esta clase son: Con vocal radical *e:* *acertar, alentar, arrendar, atravesar, calentar, cegar, cerrar, comenzar, concertar, confesar, defender, descender, despertar, desterrar, empezar, encender, entender, enterrar, escarmentar, extender, fregar, gobernar, helar, manifestar, merendar, negar, nevar, pensar, quebrar, recomendar, regar, segar, sembrar, sentar, temblar, tender, tropezar.*

Con vocal radical *o: acordar, almorzar, apostar, aprobar, avergonzar, cocer, colar, colgar, consolar, contar, costar, doler, encontrar, forzar, llover, mostrar, mover, oler, poblar, probar, recordar, renovar, resolver, rodar, rogar, soler, soltar, sonar, soñar, torcer, tostar, tronar, volar, volcar, volver.*

94

A este grupo se añaden también *jugar, adquirir* y los terminados en *irir*, que, asimilándose a los anteriores, presentan *ue* y *ie*, en vez de *u* e *i*. Asimismo diptongan los verbos *poder* y *querer*, que ofrecen también las irregularidades de las clases 5.ª y 6.ª

**67. Clase 2.ª: Verbos que añaden consonantes al radical**

Estas consonantes son *z, g* e *y*. Examinemos cada caso:

*a)* Los verbos terminados en *acer, ecer, ocer* y *ucir* toman una *z* antes de la *c* del radical en los presentes (15). Exceptúase *cocer*, con sus compuestos. Los terminados en *ducir (conducir, producir, reducir,* etc.) añaden a esta la irregularidad del grupo 6.° Ejemplos: *envejecer, lucir.*

| Envejecer | Lucir |
|---|---|
| INDICATIVO | INDICATIVO |
| *Presente* | *Presente* |
| envejezco | luzco |
| SUBJUNTIVO | SUBJUNTIVO |
| *Presente* | *Presente* |
| envejezca | luzca |
| envejezcas | luzcas |
| envejezca | luzca |
| envejezcamos | luzcamos |
| envejezcáis | luzcáis |
| envejezcan | luzcan |

En este grupo se encuentran los verbos *aborrecer, agradecer, aparecer, apetecer, compadecer, complacer, conocer, crecer, fallecer, favorecer, merecer, nacer, obedecer, ofrecer, parecer, perecer.*

---

(15) Esto es exacto solo desde el punto de vista de la grafía; la diferencia gráfica que hay entre los radicales de *envejezco* y *envejeces* es, efectivamente, que en el primero está una *z* antes de la *c*. Pero fonéticamente, o sea, en la realidad de la lengua, el fenómeno es diferente. La pronunciación es *embejézko, embejézes;* las dos palabras se distinguen, pues, en que en la primera *al sonido z del radical le sigue un sonido k.* Por tanto, la «consonante añadida» es la *c* (= k) y no la *z.*

*b)* Los verbos *tener, poner, venir, valer, salir,* toman una g detrás de la *n* o *l* del radical en los presentes. Los mismos verbos tienen también las irregularidades de los grupos 5.º y 6.º Inclúyanse en este grupo los verbos *oír* y *traer. Hacer* y *decir* cambian la *c* en *g* (16).

<table>
<tr><td colspan="2" align="center">Venir</td><td colspan="2" align="center">Oír</td></tr>
<tr><td colspan="2" align="center">INDICATIVO</td><td colspan="2" align="center">INDICATIVO</td></tr>
<tr><td colspan="2" align="center">Presente</td><td colspan="2" align="center">Presente</td></tr>
<tr><td colspan="2" align="center">vengo</td><td colspan="2" align="center">oigo</td></tr>
<tr><td colspan="2" align="center">SUBJUNTIVO</td><td colspan="2" align="center">SUBJUNTIVO</td></tr>
<tr><td colspan="2" align="center">Presente</td><td colspan="2" align="center">Presente</td></tr>
<tr><td colspan="2" align="center">venga</td><td colspan="2" align="center">oiga</td></tr>
<tr><td colspan="2" align="center">vengas</td><td colspan="2" align="center">oigas</td></tr>
<tr><td colspan="2" align="center">venga</td><td colspan="2" align="center">oiga</td></tr>
<tr><td colspan="2" align="center">vengamos</td><td colspan="2" align="center">oigamos</td></tr>
<tr><td colspan="2" align="center">vengáis</td><td colspan="2" align="center">oigáis</td></tr>
<tr><td colspan="2" align="center">vengan</td><td colspan="2" align="center">oigan</td></tr>
</table>

**Traer**

INDICATIVO

*Presente*

traigo

SUBJUNTIVO

*Presente*

| | |
|---|---|
| traiga | traigamos |
| traigas | traigáis |
| traiga | traigan (17) |

*Tener* y *venir* diptongan en la misma forma que los verbos de la clase 1.ª, en las personas segunda y tercera de singular y

_____

(16) Estos dos verbos reúnen las irregularidades de las clases 2.ª, 5.ª, 6.ª y 7.ª; *decir* añade la de la clase 3.ª

(17) *Traer* tiene además pretérito fuerte (clase 6.ª).

tercera del plural del presente de indicativo: *tienes, tiene, tienen; vienes, viene, vienen.*

*c)* Los terminados en *uir,* menos *inmiscuir* (18), añaden una *y* entre las letras radicales y la desinencia. Ejemplo:

### Huir

#### INDICATIVO

*Presente*

| | |
|---|---|
| huyo | huye |
| huyes | huyen |

#### SUBJUNTIVO

*Presente*

| | |
|---|---|
| huya | huyamos |
| huyas | huyáis |
| huya | huyan |

#### IMPERATIVO

*Presente*

huye

Otros verbos de este grupo son *argüir, atribuir, concluir, construir, destruir, diluir, disminuir, influir.*

## 68. CLASE 3.ª: VERBOS CON DEBILITACIÓN VOCÁLICA

Comprende este grupo verbos que cambian las vocales *e* y *o* de sus radicales en *i* y *u*, respectivamente, en los presentes y en el pretérito indefinido y tiempos derivados. Esta debilitación ocurre, en el último caso, cuando sigue *i* átona (semiconsonante) en la desinencia. Están aquí incluidos *servir* y los terminados en

---

(18) *Inmiscuir* hoy se conjuga, en la práctica, igual que los de la misma terminación, por lo que las *Nuevas normas de prosodia y ortografía* de la Academia (Madrid, 1959), sin derogar la regla que le atribuía conjugación regular, autorizan las forman con *y: inmiscuyo,* etc. [En el *Esbozo de una nueva gramática* (1973), § 2.12.4, la Academia cita ahora el verbo *inmiscuir* exclusivamente como irregular.]

97

*ebir, edir, egir, eguir, eír, emir, enchir, endir, eñir, estir* y *etir.*
Ejemplos: *gemir* y *vestir.*

| **Gemir** | **Vestir** |
|---|---|
| INDICATIVO | INDICATIVO |

*Presente*

| gimo | visto |
|---|---|
| gimes | vistes |
| gime | viste |
| gimen | visten |

*Pretérito indefinido*

| gimió | vistió |
|---|---|
| gimieron | vistieron |

| SUBJUNTIVO | SUBJUNTIVO |
|---|---|

*Presente*

| gima | vista |
|---|---|
| gimas | vistas |
| gima | vista |
| gimamos | vistamos |
| gimáis | vistáis |
| giman | vistan |

*Pretérito imperfecto*

| gimiera o gimiese | vistiera o vistiese |
|---|---|
| gimieras o gimieses | vistieras o vistieses |
| gimiera o gimiese | vistiera o vistiese |
| gimiéramos o gimiésemos | vistiéramos o vistiésemos |
| gimierais o gimieseis | vistierais o vistieseis |
| gimieran o gimiesen | vistieran o vistiesen |

*Futuro imperfecto*

| gimiere | vistiere |
|---|---|
| gimieres | vistieres |
| gimiere | vistiere |
| gimiéremos | vistiéremos |
| gimiereis | vistiereis |
| gimieren | vistieren |

| IMPERATIVO | IMPERATIVO |
|---|---|
| *Presente* | *Presente* |
| gime | viste |

Principales verbos de este grupo: *competir, concebir, elegir, freír* (indefinido *frió, frieron*), *medir, henchir, pedir, reír* (indefinido *rió, rieron*), *rendir, seguir, servir*. Los verbos en *eñir (ceñir, reñir, teñir)* hacen en el indefinido *-iñó, -iñeron;* igualmente suprimen la *i* que sigue a *ñ* en el imperfecto y futuro de subjuntivo y en el gerundio.

**69. CLASE 4.ª: VERBOS CON DIPTONGACIÓN Y DEBILITACIÓN VOCÁLICA**

Los verbos terminados en *entir, erir* y *ertir; hervir, dormir* y *morir*, reúnen las irregularidades de la clase 1.ª en los presentes y las de la clase 3.ª en el presente y pretérito indefinido y derivados. Véanse, por ejemplo, los verbos *sentir* y *morir:*

| **Sentir** | **Morir** |
|---|---|
| INDICATIVO | INDICATIVO |
| *Presente* | *Presente* |
| siento | muero |
| sientes | mueres |
| siente | muere |
| sienten | mueren |
| *Pretérito indefinido* | *Pretérito indefinido* |
| sintió | murió |
| sintieron | murieron |
| SUBJUNTIVO | SUBJUNTIVO |
| *Presente* | *Presente* |
| sienta | muera |
| sientas | mueras |
| sienta | muera |
| sintamos | muramos |
| sintáis | muráis |
| sientan | mueran |

99

*Pretérito imperfecto*

sintiera o sintiese
sintieras o sintieses
sintiera o sintiese
sintiéramos o sintiésemos
sintierais o sintieseis
sintieran o sintiesen

*Pretérito imperfecto*

muriera o muriese
murieras o murieses
muriera o muriese
muriéramos o muriésemos
murierais o murieseis
murieran o muriesen

*Futuro imperfecto*

sintiere
sintieres
sintiere
sintiéremos
sintiereis
sintieren

*Futuro imperfecto*

muriere
murieres
muriere
muriéremos
muriereis
murieren

IMPERATIVO

*Presente*

siente

IMPERATIVO

*Presente*

muere

En este grupo figuran los verbos *adherir, advertir, arrepentirse, convertir, digerir, divertir, herir, mentir, pervertir.*

70. CLASE 5.ª: VERBOS CON FUTURO IRREGULAR

El futuro y el potencial simples se han formado en español con el infinitivo de cada verbo seguido del presente y pretérito imperfecto de indicativo del verbo *haber,* respectivamente. Así, de *amar+he* resulta *amar-é,* y de *amar+había* resulta la forma simplificada *amar+hía,* o sea *amar-ía.*

A veces, el infinitivo seguido del verbo *haber* sufría la pérdida de la vocal de la desinencia; como se ve, por ejemplo, en *poder + e = pod(e)ré = podré;* y esta pérdida da origen a tres tipos de irregularidad:

*a)* Simple pérdida de la vocal desinencial. Se ve en *poder, caber, querer, haber, saber.*

100

### Caber

INDICATIVO

*Futuro imperfecto*

| | |
|---|---|
| cabré | cabremos |
| cabrás | cabréis |
| cabrá | cabrán |

*Potencial simple*

| | |
|---|---|
| cabría | cabríamos |
| cabrías | cabríais |
| cabría | cabrían |

*b)* La pérdida de la vocal obliga a la introducción de una consonante epentética *d* para facilitar el sonido. Así ocurre en *valer, salir, tener, venir, poner:*

### Venir

INDICATIVO

*Futuro imperfecto*

| | |
|---|---|
| vendré | vendremos |
| vendrás | vendréis |
| vendrá | vendrán |

*Potencial simple*

| | |
|---|---|
| vendría | vendríamos |
| vendrías | vendríais |
| vendría | vendrían |

*c)* La desaparición de la vocal lleva consigo la síncopa de la consonante contigua. Ejemplo: *decir.* Inclúyase también *hacer.*

### Decir

INDICATIVO

*Futuro imperfecto*

| | |
|---|---|
| diré (19) | diremos |
| dirás | diréis |
| dirá | dirán. |

*Potencial simple*

| | |
|---|---|
| diría | diríamos |
| dirías | diríais |
| diría | dirían |

(19) La *i* en vez de *e* es etimológica.

## 71. CLASE 6.ª: VERBOS CON PRETÉRITO FUERTE

Todos los verbos regulares tienen sus pretéritos indefinidos acentuados en la sílaba final: *alabé, metí, surtí*. Algunos verbos conservan del latín un pretérito con acentuación en la penúltima sílaba; estos son los llamados *pretéritos fuertes*. Se encuentran en este caso:

| Infinitivo | Pretérito indefinido | Pretérito imperfecto de subjuntivo | Futuro imperfecto de subjuntivo |
|---|---|---|---|
| andar | anduve | anduviera | anduviere |
| tener | tuve | tuviera | tuviere |
| estar | estuve | estuviera | estuviere |
| poder | pude | pudiera | pudiere |
| haber | hube | hubiera | hubiere |
| poner | puse | pusiera | pusiere |
| caber | cupe | cupiera | cupiere |
| saber | supe | supiera | supiere |
| venir | vine | viniera | viniere |
| querer | quise | quisiera | quisiere |
| traer | traje | trajera | trajere |
| conducir | conduje | condujera | condujere |
| decir | dije | dijera | dijere |
| hacer | hice | hiciera | hiciere |

Con *conducir* se incluyen todos los acabados en *ducir*. Véase un ejemplo completo. Adviértase la *o* desinencia de la tercera persona de singular del pretérito indefinido, que es característica.

### Traducir

#### INDICATIVO

*Pretérito indefinido*

| | |
|---|---|
| traduje | tradujimos |
| tradujiste | tradujisteis |
| tradujo | tradujeron |

SUBJUNTIVO

*Pretérito imperfecto*

| | |
|---|---|
| tradujera o tradujese | tradujéramos o tradujésemos |
| tradujeras o tradujeses | tradujerais o tradujeseis |
| tradujera o tradujese | tradujeran o tradujesen |

*Futuro imperfecto*

| | |
|---|---|
| tradujere | tradujéremos |
| tradujeres | tradujereis |
| tradujere | tradujeren |

72. CLASE 7.ª: VERBOS CON ESPECIAL IRREGULARIDAD
EN LOS PRESENTES

Los verbos *hacer, valer, poner* y *salir,* además de las irregularidades de sus presentes, que ya hemos explicado, hacen sus imperativos *haz, val, pon* y *sal,* con apócope de la *e* final.

También hay que contar en este grupo *decir,* cuyo imperativo es *di.*

*Caber, saber* y *estar* ofrecen formas especiales (20).

| Caber | Saber |
|---|---|
| INDICATIVO | INDICATIVO |
| *Presente* | *Presente* |
| quepo | sé |
| SUBJUNTIVO | SUBJUNTIVO |
| *Presente* | *Presente* |
| quepa | sepa |
| quepas | sepas |
| quepa | sepa |
| quepamos | sepamos |
| quepáis | sepáis |
| quepan | sepan |

(20) Estos tres verbos presentan también la irregularidad 6.ª; *caber* y *saber* añaden la 5.ª El verbo *haber* tiene, además, formas especiales en los presentes (v. § 58) y ofrece las irregularidades 5.ª y 6.ª

### Estar

#### INDICATIVO

*Presente*

| | |
|---|---|
| estoy | estamos |
| estás | estáis |
| está | están |

#### SUBJUNTIVO

*Presente*

| | |
|---|---|
| esté | esté |
| estés | estén |

#### IMPERATIVO

*Presente*

está

## 73. OTROS VERBOS IRREGULARES

Quedan aún algunos verbos con características de tipo muy peculiar. Señálense, por ejemplo, para terminar: *dar, ir* y *ver* (21). He aquí sus formas irregulares:

### Ir

#### INDICATIVO

*Presente*

| | |
|---|---|
| voy | vamos |
| vas | vais |
| va | van |

*Pretérito imperfecto*

| | |
|---|---|
| iba | íbamos |
| ibas | ibais |
| iba | iban |

---

(21) Entre estos verbos de irregularidad especial figura el verbo *ser*, cuya conjugación se ha visto en el § 59.

### Pretérito indefinido

| | |
|---|---|
| fui | fuimos |
| fuiste | fuisteis |
| fue | fueron |

## SUBJUNTIVO

### Presente

| | |
|---|---|
| vaya | vayamos |
| vayas | vayáis |
| vaya | vayan |

### Pretérito imperfecto

| | |
|---|---|
| fuera o fuese | fuéramos o fuésemos |
| fueras o fueses | fuerais o fueseis |
| fuera o fuese | fueran o fuesen |

### Futuro imperfecto

| | |
|---|---|
| fuere | fuéremos |
| fueres | fuereis |
| fuere | fueren |

## Dar

## INDICATIVO

### Presente

doy

### Pretérito indefinido

| | |
|---|---|
| di | dimos |
| diste | disteis |
| dio | dieron |

## SUBJUNTIVO

### Pretérito imperfecto

| | |
|---|---|
| diera o diese | diéramos o diésemos |
| dieras o dieses | dierais o dieseis |
| diera o diese | dieran o diesen |

*Futuro imperfecto*

| | |
|---|---|
| diere | diéremos |
| dieres | diereis |
| diere | dieren |

## Ver

### INDICATIVO

*Presente*

veo

*Pretérito imperfecto*

| | |
|---|---|
| veía | veíamos |
| veías | veíais |
| veía | veían |

### SUBJUNTIVO

*Presente*

| | |
|---|---|
| vea | veamos |
| veas | veáis |
| vea | vean |

En resumen, podemos decir que las irregularidades que presentan los verbos en español —aparte de las exclusivas de uno o dos verbos: *quepa, iba, estoy...*— se reducen a estas:

Irregularidades:

- de los presentes
  - diptongación de la vocal radical *(aprieto, muerdo).*
  - adición de consonante al radical *(envejezco, vengo, luzco).*
- de los presentes y pretéritos
  - debilitación de la vocal radical *(gimo, gimió, sintió).*
- de los pretéritos
  - pretérito fuerte *(tuve).*
- de los futuros
  - síncopa de vocal *(cabré).*
  - síncopa de vocal y consonante *(haré).*
  - epéntesis de consonante *(tendré).*

106

## 74. . Conjugación de los verbos reflexivos

Estos verbos se conjugan como sus correspondientes modelos —regulares o irregulares—, pero acompañando a su conjugación las formas *me, te, se, nos, os, se*. Estas formas pueden ir inmediatamente después del sujeto, o bien pospuestas a las formas verbales y formando con ellas una sola palabra, aunque este último modo de expresión, salvo en el imperativo, que es obligatorio, tiene un uso considerablemente restringido.

## 75. Modelo de un verbo reflexivo

**Peinarse**

### MODO INDICATIVO

#### TIEMPOS SIMPLES

*Presente*

me peino (o péinome)
te peinas (o péinaste)
se peina (o péinase), etc.

*Pretérito imperfecto*

me peinaba (o peinábame)
te peinabas (o peinábaste)
se peinaba (o peinábase), etc.

*Pretérito indefinido*

me peiné (o peinéme)
te peinaste (o peinástete)
se peinó (o peinóse), etc.

*Futuro imperfecto*

me peinaré (o peinaréme)
te peinarás (o peinaráste)
se peinará (o peinaráse), etc.

*Potencial simple*

me peinaría (o peinaríame)
te peinarías (o peinaríaste)
se peinaría (o peinaríase), etc.

### TIEMPOS COMPUESTOS

*Pretérito perfecto*

me he peinado (o heme peinado)
te has peinado (o haste peinado)
se ha peinado (o hase peinado), etc.

*Pretérito pluscuamperfecto*

me había peinado (o habíame peinado), etc.

*Pretérito anterior*

me hube peinado (o húbeme peinado), etc.

*Futuro perfecto*

me habré peinado (o habréme peinado), etc.

*Potencial compuesto*

me habría peinado (o habríame peinado), etc.

## MODO SUBJUNTIVO

### TIEMPOS SIMPLES

*Presente*

me peine (o péineme), etc.

*Pretérito imperfecto*

me peinara o me peinase (peinárame o peináseme), etc.

*Futuro imperfecto*

me peinare (o peináreme), etc.

TIEMPOS COMPUESTOS

*Pretérito perfecto*

me haya peinado (o háyame peinado), etc.

*Pretérito pluscuamperfecto*

me hubiera o hubiese peinado (o hubiérame o hubiéseme peinado), etc.

*Futuro perfecto*

me hubiere peinado (o hubiéreme peinado), etc.

## MODO IMPERATIVO

*Presente*

péinate                          peinaos

## FORMAS AUXILIARES

| SIMPLES | COMPUESTAS |
|---|---|
| *Infinitivo:* peinarse | haberse peinado |
| *Gerundio:* peinándose | habiéndose peinado |
| *Participio:* peinado | |

Obsérvese que cuando las formas pronominales reflexivas van pospuestas se pierde la *s* de la primera persona del plural delante de *nos*, y en el imperativo plural se pierde la *d* delante de *os: peinémonos, peinaos,* en vez de *peinémosnos, peinad-os* (22).

Cuando el infinitivo y gerundio tienen en la oración un sujeto claro, llevan, según sea este, las formas *me, te, se,* etc.: *No sé peinarme; No sabes peinarte,* etc.; *Estamos peinándonos; Estáis peinándoos,* etc.

La conjugación de los verbos recíprocos coincide con la de los reflexivos. Es también aplicable a aquellos cuanto se acaba de decir sobre la posposición de los pronombres.

---

(22) Se exceptúa *idos,* imperativo de *ir.*

109

76. Conjugación de los verbos unipersonales

Los verbos unipersonales siguen en su forma los modelos regulares e irregulares a que les corresponde acomodarse; pero solamente se conjugan en las terceras personas de singular de cada uno de los tiempos, sin indicación alguna de sujeto pronominal ni sustantivo.

77. Modelo de un verbo unipersonal

**Llover**

### MODO INDICATIVO

#### TIEMPOS SIMPLES

*Presente:* llueve.
*Pretérito imperfecto:* llovía.
*Pretérito indefinido:* llovió.
*Futuro imperfecto:* lloverá.
*Potencial simple:* llovería.

#### TIEMPOS COMPUESTOS

*Pretérito perfecto:* ha llovido.
*Pretérito anterior:* hubo llovido.
*Pretérito pluscuamperfecto:* había llovido.
*Futuro perfecto:* habrá llovido.
*Potencial compuesto:* habría llovido.

### MODO SUBJUNTIVO

#### TIEMPOS SIMPLES

*Presente:* llueva.
*Pretérito imperfecto:* lloviera o lloviese.
*Futuro imperfecto:* lloviere.

#### TIEMPOS COMPUESTOS

*Pretérito perfecto:* ha llovido.
*Pretérito pluscuamperfecto:* hubiera o hubiese llovido.
*Futuro perfecto:* hubiere llovido.

110

## FORMAS AUXILIARES

| SIMPLES | COMPUESTAS |
|---|---|
| *Infinitivo:* llover | haber llovido |
| *Gerundio:* lloviendo | habiendo llovido |
| *Participio:* llovido | |

## 78. VERBOS DEFECTIVOS

Son verbos *defectivos* aquellos de los cuales solo se emplean algunas formas, unas veces por su especial significado, y en la mayor parte de los casos por dificultades de pronunciación.

Son de notar, entre ellos, *atañer,* que no se emplea más que en las terceras personas del presente y pretérito imperfecto de indicativo: *atañe, atañen, atañía,* etc.; *concernir,* que se usa en los mismos tiempos y también en el presente de subjuntivo: *concierna, conciernan,* y en gerundio: *concerniendo; soler,* utilizado en todas las personas del presente y pretéritos imperfecto y perfecto de indicativo, y acaso en los mismos tiempos del subjuntivo; y otros verbos, como *aterirse, aguerrir, abolir, despavorir, garantir,* etc., de los cuales se usan con seguridad y frecuentemente los participios pasivos y rara vez algún que otro tiempo en que aparezca la vocal *i.*

## 79. LOS PARTICIPIOS

Suelen considerarse dos clases de participios: uno es el llamado participio *activo,* que tiene como desinencia *ante, ente* o *iente,* que expresa el agente, causante o productor del fenómeno: *amante* (el que ama), *bullente* (el que bulle), *ardiente* (el que arde). Sin embargo, de esta forma carecen gran número de verbos, por lo que debe ser excluida de los cuadros de conjugación y considerada solamente como un adjetivo de origen verbal.

El otro participio, el llamado *pasivo,* es el que propiamente recibe el nombre genérico de *participio.* Termina en *ado* en los verbos de la primera conjugación, y en *ido* en los de las otras dos. Algunos son irregulares y terminan en *to, so* y *cho;* como *abierto, impreso* y *hecho,* de *abrir, imprimir* y *hacer,* respectivamente.

Algunos verbos tienen dos formas para el participio pasivo: una regular y otra irregular. Así ocurre en los siguientes, por ejemplo:

| Verbos | Participio regular | Participio irregular |
|---|---|---|
| atender | atendido | atento. |
| bendecir | bendecido | bendito. |
| concluir | concluido | concluso. |
| confesar | confesado | confeso. |
| convertir | convertido | converso. |
| despertar | despertado | despierto. |
| elegir | elegido | electo. |
| freír | freído | frito. |
| incluir | incluido | incluso. |
| maldecir | maldecido | maldito. |
| prender | prendido | preso. |
| proveer | proveído | provisto. |

El participio pasivo expresa *el que ha sido objeto del fenómeno;* tiene, por tanto, un sentido pasivo clarísimo. Así, por ejemplo: *amado* es «el que ha sido amado»; *bendito* es «el que ha sido bendecido»; *preso* es «el que ha sido prendido». Por otra parte, tienen los participios dos valores gramaticales: el uno es el que tienen formando parte como palabras, invariables o no, de las formas verbales compuestas, en unión de los verbos auxiliares; el segundo es el de actuar como adjetivos acompañando a los sustantivos, a los cuales añaden la cualidad más o menos durable que resulte de haber sido estos sustantivos objeto de los verbos de que se trata. Claro es que en esta modalidad los participios pasivos cambiarán de género y de número, adaptándose por concordancia —como adjetivos que son— a los sustantivos correspondientes. Así, en *un niño mimado; una casa quemada; un campo devastado por el huracán; mimado, quemada* y *devastado* son verdaderos adjetivos que expresan el hecho de que los sustantivos correspondientes han recibido los efectos de los verbos *mimar, quemar* y *devastar.*

Los participios que ofrecen dos formas —regular e irregular— es porque han hecho evolucionar doblemente su forma latina originaria en relación con la diversidad de significado, verbal o adjetivo. Por eso, las formas regulares se emplean para la formación de los tiempos compuestos, y las irregulares como adjetivos. Se exceptúan *frito, provisto* y *roto,* que emplean estas formas para ambos usos. En cuanto a *prendido,* más parece seguir la regla general —contra la opinión de la Real Academia *(Gramática,* § 164)—. Es más correcto decir: *Me han prendido los guardias,* que *Me han preso los guardias.*

Muchos participios pasivos —sean cualesquiera las causas— pueden llegar a adquirir significación activa; así, *una persona agradecida* es «una persona que agradece»; *un mozo porfiado* es «un mozo que porfía», entendiéndose las acciones de *agradecer* y de *porfiar* en sentido intransitivo. En el mismo caso están los participios *acostumbrado, presumido, atrevido, descreído,* etc. El curioso contraste entre la significación activa y pasiva en esta clase de participios origina efectos cómicos en el lenguaje popular: *Es más agarrado que un pasamanos; Es más mirado que el reloj de la iglesia.*

# VII. El adverbio

80. DEFINICIÓN

Comparemos las dos frases siguientes: *Pedro llegó* BUENO; *Pedro llegó* BIEN.

En la primera, *bueno* es un adjetivo calificativo que señala una cualidad de «Pedro»; en la segunda, *bien* parece expresar la misma cualidad; sin embargo, ya no se refiere a «Pedro», sino a «llegar». La palabra *bien* modifica, en efecto, al verbo *llegar*. Se comprueba fácilmente viendo que lo que se afirma en la segunda oración es que «la llegada fue buena». *Bueno* y *bien*, por consiguiente, son dos palabras modificativas que indican una misma cualidad, solo que el primero la expresa referida a un sustantivo con quien concierta, y el segundo referida a un verbo y sin posible alteración en su forma. *Bueno* es, como sabemos, un adjetivo calificativo; *bien* es un adverbio.

«Así como el calificativo califica al nombre, así el adverbio califica al verbo. El concepto de adverbio es el de un calificativo que no se aplica a un nombre, a un objeto, sino que encierra la calificación indeterminada: *bueno* solo puede decirse de un sustantivo concreto; *bien* es esa misma cualidad sin individualizar.» (Cejador.)

Este carácter no individualizado de la cualidad expresada por el adverbio hace que este sirva no solo para modificar a los verbos en todas sus formas, incluso las auxiliares, sino también a las palabras atributivas, esto es, a los adjetivos y a los mismos adverbios. Así, podemos decir: *Un hombre bien educado* o *Vive bien lejos,* ejemplos en los cuales el mismo adverbio *bien* modifica al adjetivo *educado* y al adverbio *lejos,* respectivamente.

Pero en este último caso la significación del adverbio *bien* no es la misma que en los anteriores: en el primer ejemplo, *bien*

114

señalaba una cualidad de la acción verbal; en el segundo, una modificación, cualitativa también, de la cualidad de *educado;* pero en el tercero, lo que atañe al adverbio *lejos* no es una indicación de cualidad, sino una modificación cuantitativa.

Hay, pues, dos tipos de adverbios, como había dos tipos de adjetivos: unos, que expresan cualidades *(calificativos),* y otros, que concretan circunstancias *(determinativos).*

Adverbio es, en resumen, la palabra que califica o determina al verbo o a las palabras atributivas.

## 81. Clasificación de los adverbios

La primera clasificación es en adverbios *calificativos* y *determinativos,* como ya se ha indicado. Calificativos serán, por ejemplo: *bien, mal, mejor, peor, graciosamente, lindamente;* frente a los determinativos *aquí, allí, hoy, ahora, apenas.*

Ahora bien: dentro de los determinativos hay que distinguir dos grandes grupos: los *pronominales* y los *nominales* (1). Si decimos: *El médico vive allí,* el adverbio *allí* indica una circunstancia de lugar; pero su significación no es fija y absoluta, sino variable en relación con la posición que tenga la persona que habla. Si esta se traslada hasta llegar junto a la casa del médico, ya no dirá: *El médico vive allí,* sino *El médico vive aquí. Aquí* y *allí* designan el mismo lugar, pero relativamente a la persona que habla. La indicación precisa sería, por ejemplo: *El médico vive en el hotel;* de modo que al emplear en vez de *hotel* los adverbios *aquí* y *allí,* no hacemos sino reemplazar un concepto sustantivo. Por esta razón, y por el sentido subjetivo que añaden,

---

(1) Se ha sustituido en el texto la palabra *adjetivos* por. *nominales* (lo mismo en las páginas siguientes). En primer lugar, ya vimos en el capítulo de los pronombres (§ 26) cómo lo pronominal y lo adjetivo no se oponen entre sí. En cambio, el término *nominal* sí encierra una oposición con el de *pronominal,* oposición que se basa en la distinta manera de designar los objetos. Las palabras *nominales* (nombre, adjetivo calificativo, adverbio calificativo y nominal) designan los objetos de una manera «simbólica», sin señalarlos: *lápiz, grande, bien;* mientras que las palabras *pronominales* designan los objetos «señalándolos», son verdaderas señales indicadoras de las cosas: *hoy, ahí, así, este, vosotros.* Por otra parte, todos los adverbios son «adjetivos», según el concepto que de ellos se ha expuesto más arriba.

los adverbios *aquí* y *allí* son verdaderos pronombres, equivalentes, por ejemplo, a expresiones de carácter pronominal demostrativo; como *en este lugar, en aquel lugar.*

Lo mismo podríamos decir del adverbio *hoy,* que sustituye a la designación sustantiva del día: diremos *hoy* si nos encontramos en 3 de julio de 1930, pero también diremos *hoy* el día 4; entonces el día 3 lo designamos por *ayer;* cuando estemos en el día 5, este será el *hoy;* el 4 habrá pasado a ser *ayer,* y el 3, *anteayer.* Los adverbios *hoy, ayer, anteayer* son, pues, también pronominales y tienen una significación variable en relación con el día en que habla el sujeto.

En cambio, en las expresiones *Hablaba alto, Se indignó mucho, Casi se muere,* los adverbios *alto, mucho* y *casi* no sustituyen a sustantivo alguno ni dicen referencia a las personas. Expresan cualidades o determinaciones absolutas. A estos adverbios —unos calificativos y otros determinativos— los llamaremos *nominales,* distinguiéndolos de los *pronominales.*

Pero entre los adverbios pronominales cabe una nueva distinción, correlativamente a las diferentes clases de pronombres. El adverbio pronominal *¿dónde?* va en lugar de un concepto sustantivo no conocido, por el cual se pregunta; será, por tanto, *interrogativo; aquí* es evidentemente *demostrativo,* por sustituir al nombre de un objeto señalado por el que habla; *donde* hace referencia a un antecedente nombre de lugar *(la casa donde nací)* y es, por tanto, *relativo; dondequiera* o *doquiera que* reúne al carácter relativo el de indefinido *(Se le encuentra dondequiera que se va).*

Lo mismo veríamos en los adverbios pronominales que expresan *tiempo,* en los que expresan *cantidad,* etc.; pero no todos comprenden los términos completos de la serie; esto es: *interrogativos, demostrativos, indefinidos, relativos* y *relativos indefinidos,* pues el adverbio español carece de bastantes formas para completar un cuadro de determinativos adverbiales.

Además de las clases de adverbios a que venimos aludiendo, por su significación, esto es, de *lugar, tiempo, modo, cantidad,* etcétera, existe un tipo de adverbios que pudiéramos llamar *oracionales,* por cuanto, en cierto modo, equivalen a una oración entera; pero, además, no se refieren, como los demás adverbios, a un verbo, a un adjetivo o a otro adverbio con sentido calificativo o determinativo, sino que se refieren a la oración entera, manifestando la apreciación subjetiva del que habla en cuanto a la realidad o no realidad de lo expresado en la oración. En este sentido, los adverbios *oracionales* ofrecen tres tipos: *afirmativos, negativos* y *dubitativos,* que podemos simbolizar por tres de ellos, que son característicos: *sí, no* y *quizá.*

Los dubitativos no son en realidad sino la forma indefinida de los adverbios afirmativos.

La correlación *interrogativo-demostrativo-relativo* es menos clara y tal vez más discutible en los adverbios oracionales que en los otros determinativos, y desde luego de índole diferente.

## 82. CUADRO GENERAL DE CLASIFICACIÓN DE LOS ADVERBIOS

Teniendo en cuenta todos los antecedentes expuestos, la clasificación total de los adverbios adoptará la forma del cuadro de la página siguiente.

Obsérvese la subdivisión que se hace de los adverbios de lugar, según se indique el matiz de reposo *(en donde)* o el de movimiento *(adonde).* Las indicaciones de «lugar de donde se viene», «lugar por donde se va», «lugar desde donde», «lugar hacia donde» y «hasta donde» carecen totalmente de formas especiales.

Nótese también que algunas veces se indican frases adverbiales en lugar de adverbios, tales como *alguna vez, en alguna parte, comoquiera que.* Del mismo modo podrían llenarse las casillas vacías del cuadro con frases adverbiales de tipo semejante a otras que en él se indican y formadas con preposiciones, adverbios o sustantivos. Este es el procedimiento que sigue el lenguaje para la expresión de relaciones que no tienen en español adverbios que las representen. Así, el «lugar por donde» se expresaría, por ejemplo, en cada uno de los matices prenominales, por las frases *¿por dónde?; por alguna parte; por aquí, por ahí, por allí; por donde* y *por dondequiera* o *por doquiera que.* Del mismo

|  |  | PRONOMINALES |  |  |  |  | NOMINALES |
| Carácter | Significación | Interrogativos | Indefinidos | Demostrativos | Relativos | Relativos indefinidos | |
| --- | --- | --- | --- | --- | --- | --- | --- |
| Calificativos | — | — | — | — | — | — | bien, mal, mejor, peor, alto, bajo, conforme, duro, buenamente, etc. (terminados en *mente*) |
| Determinativos | Lugar | ¿dónde? | en alguna parte | aquí, ahí, allí | donde | dondequiera que | encima, debajo, delante, detrás, dentro, fuera, lejos |
| | | ¿adónde? | a alguna parte | acá, ahí, allá, acullá | (a)donde | (a)dondequiera que | arriba, abajo, adelante, atrás, adentro, afuera |
| | Tiempo | ¿cuándo? | alguna vez, siempre, jamás, nunca | entonces, ahora, hoy, ayer, mañana | cuando | cuando quiera que | antes, después, mientras, pronto, tarde, temprano |
| | Modo | ¿cómo? | — | así, tal | como, cual | comoquiera que | |
| | Cantidad | ¿cuánto? | algo, nada | tanto, así | cuanto, como | cuanto quiera que | mucho, poco, bastante, demasiado, apenas, casi, más, menos, medio |
| | Oracionales | ¿sí? | acaso, tal vez, quizá | sí | si | — | necesariamente, absolutamente, ciertamente, también |
| | | ¿no? | | no | | | tampoco |

modo podrían hallarse formas para el «lugar hacia donde»: *¿hacia dónde?; hacia alguna parte; hacia aquí*, etc.

De modo semejante procederíamos con el *tiempo* para expresar otras relaciones temporales, como «desde cuándo», «hasta cuándo» y «en cuánto tiempo». Para esta última relación podemos utilizar el adverbio *pronto* (con gran rapidez o brevedad), confundido hoy con *temprano* (en tiempo anterior al oportuno o acostumbrado para algún acto).

Los adverbios *aquí, ahí* y *allí* son útiles para expresar el reposo o el movimiento; lo mismo ocurre con *acá, allá* y *acullá*. Sin embargo, entre los primeros y los segundos existe la diferencia de que aquellos designan lugares más concretos que los segundos; por eso en estos cabe relacionarlos con determinativos adverbiales: *más acá, más allá;* lo cual no puede hacerse con los primeros: no se diría, en efecto, *más aquí, más allí*.

### 83. APÓCOPE EN LOS ADVERBIOS

Cuando los adverbios *tanto* y *cuanto* van inmediatamente seguidos de un adjetivo o adverbio, pierden la sílaba final. Así, se dice *tan bueno, tan discretamente, cuán dulce* y *cuán noblemente*. No ocurre la apócope, sin embargo, ante *mayor, menor, mejor* y *peor: tanto mayor, tanto mejor*. Se dice, a pesar de ello: *Este hecho es increíble en un niño tan mayor,* porque *mayor*, en esta frase familiar, no tiene sentido comparativo.

El adverbio *mucho* toma (por apócope de *muito*, forma castellana primitiva del *multum* latino) la forma *muy* cuando va delante de adjetivo o adverbio. Se dice, así, *muy verde, muy poco, muy dignamente*. También se apocopa cuando precede a toda clase de frases más o menos largas que se perciben como dotadas de sentido adjetivo o adverbial: *muy de noche, muy a duras penas, muy sin escrúpulos*. También permiten, en cierto modo, esta flexibilidad los adverbios *tanto* y *cuanto: tan de cerca; cuán sin prisa*. En cambio, no debe decirse *tan es así, tan era cierto,* sino *tanto es así, era tan cierto,* porque en estos casos *tanto* no precede a expresiones adjetivas o adverbiales, sino a verbos.

119

84. Relaciones entre los adjetivos y los adverbios

Existen estrechas relaciones entre ambas partes de la oración, como era de esperar, advirtiendo el carácter atributivo que ambas tienen.

Hay, desde luego, un gran número de adjetivos, así calificativos como determinativos, que con forma invariable —la masculina siempre— se utilizan como adverbios. Así, tenemos: *alto, bajo, recio, quedo, mucho, poco,* etc.

Hay también un grupo nutridísimo de adverbios terminados en *mente;* como, por ejemplo, *sabiamente, dignamente, discretamente.* Estos adverbios están formados de la unión de adjetivos —*sabia, digna, discreta*— con el sustantivo *mente,* que significa «el entendimiento», y aquí está empleado con sentido figurado de «intención o propósito con que se hace una cosa, valor, sentido o significación que tiene». Así, pues, *sabiamente* significa «con sabiduría, con ánimo, con valor, con espíritu de sabio»; *dignamente,* «con carácter, intención o mira de dignidad», etc. El tratarse en estos adverbios del solo enlace de un sustantivo con un adjetivo es la razón por la cual, siendo femenino *mente,* los adjetivos que lo acompañan han de concertar en sus formas femeninas y singulares con él. La concurrencia de varios adverbios de este tipo origina que el sustantivo *mente* sólo forme compuesto con el último de ellos: *Obró sabia, noble y discretamente.*

En correlación con el tránsito de adjetivos a adverbios existe solo una corriente muy limitada de adverbios a adjetivos. Cuando decimos: *más pan, una cosa así, más* y *así* no son sino adjetivos.

Mucha mayor importancia tiene, en cambio, el uso de adverbios con carácter pronominal sustantivo que ya hemos explicado: *Los periódicos de hoy; Mañana es lunes; En aquel entonces; Los poetas de ayer.*

Los adverbios nominales pueden, por su parte, sustantivarse alguna vez en abstracto con el artículo neutro: *a lo lejos* (= en la lejanía).

No puede confundirse esta sustantivación del adverbio por medio del artículo neutro, con el uso de este mismo artículo acompañando a adverbios en frases como *Admira lo fácilmente que resuelve las cuestiones; No sabes lo lejos que vivo.* No hay ninguna relación entre un caso y otro. En los dos últimos ejemplos se trata de la expresión *lo que,* construida sobre el artículo *lo* intensivo (v. § 24, n. 9) y equivalente al pronombre relativo-cuantitativo *cuanto (lo que tienes = cuanto tienes); lo que,* en ejemplos como este, se adverbializa, igual que *cuanto* y también con el mismo sentido, con la particularidad de que el adjetivo o adverbio por él modificado se intercala entre los dos componentes de la expresión: *No olvidaré lo buena que has sido* (= cuán buena has sido); *Ya verás lo bien que trabaja* (= cuán bien o qué bien trabaja); *Entonces comprendí lo mucho que había envejecido* (= cuánto había envejecido).

Nótese que en las frases del tipo *No olvidaré lo buena que has sido,* en que *lo que* modifica a un adjetivo, no hay concordancia entre este y el artículo, lo cual confirma el carácter adverbial de la expresión. (V. Academia, *Gramática,* § 358*e*.)

Las relaciones que acabamos de explicar originan que ciertas palabras oscilen en sus significados entre el adjetivo, el pronombre sustantivo y el adverbio. No hay, sin embargo, motivo de confusión, con solo tener presente el carácter de cada una de estas tres partes de la oración. En este caso se encuentran, entre otras palabras, *mucho, poco, bastante, demasiado, tanto, cuanto,* etc. Véanse ejemplos comparativos que aclararán posibles dudas:

| | Pronombre | | Adverbio | Sustantivado |
|---|---|---|---|---|
| | Adjetivo | Sustantivo | | |
| mucho ... | Tardó mucho tiempo. | Aprendió mucho. | Se lo recomendaron mucho. | Lo mucho enfada. |
| bastante... | No tengo bastante pan. | Dijo bastante. | Su primo vino bastante malo. | No hay lo bastante. |
| tanto .... | No es capaz de tanto sacrificio. | No esperaba tanto de él. | Los niños no lloran tanto. | |
| cuanto ... | ¡Cuánto tiempo sin verte! | Bebió cuanto quiso. | ¡Cuánto te amo! | |
| algo ...... | | Debes tomar algo. | Es algo difícil la solución. | |
| nada ..... | | Nada le sirve. | No me gusta nada su aspecto. | |

121

La semejante naturaleza de adjetivo y adverbio justifica asimismo las siguientes particularidades que ofrecen los adverbios:

*a)* Ofrecen la formación superlativa absoluta en *ísimo: cerquísima, lejísimos, altísimo, bajísimo, muchísimo, poquísimo, tantísimo,* etc.: *Vive lejísimos; Habla bajísimo; Me alegro muchísimo* o *tantísimo; Es tempranísimo,* etc.

*b)* Admiten construcciones de tipo comparativo: *Golpeó más recio que antes; Se portó con él más noblemente de lo que merecía.*

*c)* Admiten las formaciones derivadas diminutivas y aumentativas, de que hablaremos más adelante: *cerquita, lejitos, prontito, tempranito, poquito, bajito, lejazos, muchazo.*

## 85. FRASES ADVERBIALES

Hemos visto antes expresiones formadas de varias palabras, como *en alguna parte, tal vez, un poco, cuando quiera,* etc., que tenían el valor de adverbios. Pues bien: estas expresiones, que suelen estar formadas de los elementos más variados, se llaman *frases adverbiales.* Muchas son característicos modismos, cuyo papel en la oración es el mismo de los adverbios. He aquí algunas frases adverbiales muy corrientes: *en efecto, con todo, por último, de pronto, en resumen, de vez en cuando, en fin, de nuevo, a la buena de Dios, a troche y moche, a la ventura, a pie juntillas,* etc. Es curioso el modismo adverbial *y todo,* propio del lenguaje familiar, que significa «hasta». Ejemplos: *¿Come usted y todo en esa casa? Fulano tiene una casa con jardín y todo* (2).

---

(2) A. Castro y S. Gili, en *Revista de Filología Española,* IV, 1917, 285. Análogo y opuesto a *y todo* es *ni nada,* empleado en frases negativas con el sentido de «ni aun, ni siquiera»: *No sabe escribir ni nada.*

# VIII. La preposición

## 86. Definición

Consideremos separadamente dos palabras, tales como *salimos* y *jardín:* una es un tiempo verbal, y la otra un sustantivo. Entre ellas no hay, de momento, ninguna relación gramatical, como no hay tampoco ninguna relación ideológica. Pero si ocurre que «el jardín» es el punto de partida, de llegada, de tránsito, de dirección, de límite de nuestro movimiento, de nuestro «salir», ya existe entre este acto nuestro y el jardín una relación ideológica. ¿Cómo se expresa esto en el lenguaje? Evidentemente, diríamos:

> salimos del jardín
> salimos al jardín
> salimos por el jardín
> salimos hacia el jardín
> salimos hasta el jardín

Así pues, para expresar las diversas relaciones que hallamos entre nuestro «salir» y «el jardín», enlazamos las palabras representativas de estos dos conceptos por otras nuevas palabras: *de, a, por, hacia, hasta.* Cada una de ellas expresa una relación determinada, que no puede expresarse de otro modo, y no se pueden intercambiar.

Estas palabras, que enlazan otras dos, expresando la relación ideológica que existe entre los conceptos que ambas representan, se llaman *preposiciones.*

La *preposición* no solamente enlaza un verbo con un sustantivo, como hemos visto en el ejemplo anterior; es decir, no solamente relaciona un fenómeno con un objeto ligado a él por una relación complicada (esto es, una relación no tan sencilla

123

como la que dijimos que unía al verbo activo transitivo con su objeto propio, el sustantivo en quien tiene cumplimiento la acción); también puede enlazar un sustantivo con otro: *libro de Juan; gato con guantes;* y asimismo puede unir un adjetivo con un sustantivo: *tardo de comprensión; útil para la enseñanza.* Es decir, que la *preposición* establece relaciones más o menos complicadas entre dos objetos, un fenómeno y un objeto o una cualidad y un objeto.

Las preposiciones españolas son: *a, ante, bajo, cabe* (junto a), *con, contra, de, desde, durante, en, entre, hacia, hasta, mediante, para, según, sin, so* (bajo), *sobre, tras* y otras menos usadas.

Pueden añadirse a esta lista *salvo, excepto, incluso,* aunque suelen ser consideradas como conjunciones (v. § 167). El adverbio relativo *cuando* funciona como preposición en casos como *cuando la guerra* (Bello, *Gramática,* § 1183). Lo mismo ocurre con *donde,* empleado como preposición en el habla vulgar: *donde Pedro* (= en casa de Pedro).

*Cabe* y *so* son arcaísmos. La primera se emplea solo y rara vez en literatura, y la segunda se conserva en frases fijas, como *so pretexto, so pena.*

## 87. Frases prepositivas

Confróntense las frases *La encontré debajo de la mesa* y *La encontré bajo la mesa; Estaba junto a la fuente* y *Estaba cabe la fuente; Lo dejó sobre la mesa* y *Lo dejó encima de la mesa.* Es indudable la igualdad de sentido de estas frases dos a dos, de la que claramente resultan las equivalencias:

bajo = debajo de
cabe = junto a
sobre = encima de

De aquí se deduce que estas frases *debajo de, junto a, encima de,* funcionan como preposiciones, equivalentes a otras de que ya dispone el lenguaje. Entre *sobre* y *encima de* hay, a lo sumo, un matiz diferencial; el segundo localiza de modo más concreto que el primero; pero la clase de relación que establece entre las dos palabras que enlaza es exactamente la misma.

Ahora bien: hay ciertas relaciones para cuya expresión estricta no dispone el lenguaje de preposición adecuada. Si entre el verbo *correr* y el sustantivo *unas matas* existe la complicada relación ideológica de que *las matas* son el lugar por donde se verifica el *correr*, venciendo las dificultades de atravesarlas, expresaríamos esta relación diciendo: *Corría por entre unas matas*, o quizá: *Corría a través de unas matas*. En ambos ejemplos, *por entre* y *a través de* actúan como verdaderas preposiciones en un caso en que el español no ofrecía ninguna forma prepositiva adecuada. Asimismo veríamos cómo en *Cogió el libro de sobre la mesa*, la relación de lugar de procedencia, indicada por la preposición *de*, está complicada con la de «posición sobre», resultando la doble relación expresada por la frase *de sobre*, que también pudo haberse dicho *de encima de*.

Las expresiones como *encima de, debajo de, junto a, delante de, detrás de, de sobre, para con, para desde, de por, desde dentro de, de detrás de, por encima de, respecto de*, etc., formadas, en general, por combinaciones más o menos complicadas de preposiciones entre sí o de adverbios y preposiciones, que realizan en la oración el mismo papel gramatical que una preposición sola, deben llamarse *frases prepositivas*.

Puede observarse, en este sentido, cómo muchos de nuestros adverbios y preposiciones están, en realidad, compuestos de preposiciones primitivas.

## 88. PREPOSICIONES POSPUESTAS

Es uso general que las preposiciones vayan siempre precediendo, como indica su nombre, al sustantivo al que relacionan con otra palabra. Sin embargo, a veces no se verifica así. Según Bello *(Gramática,* § 375), funcionan como preposiciones pospuestas: *abajo, arriba, adentro, afuera, adelante, atrás, antes, después*. Ello ocurre en casos como: *Siguió carretera arriba; De-*

sapareció la barquilla mar adentro; Lo conocí años atrás; Días antes de mi salida.

No está muy claro que se trate de preposiciones. El mismo hecho de ir pospuestas y el conservar todas intacta su forma de adverbios induce a pensar que no han dejado de ser tales adverbios.

# IX. La conjunción

89. CONJUNCIONES

Si las preposiciones enlazan palabras, las conjunciones enlazan oraciones enteras y establecen relaciones entre ellas (1). La relación de causalidad que puede existir entre los hechos expresados por las dos oraciones *Juan no vendrá* y *Juan está enfermo,* la expresaríamos diciendo: *Juan no vendrá porque está enfermo. Porque* es, pues, un nexo que indica la relación de causa existente entre la enfermedad de Juan y el hecho de no acudir donde le esperan. Y así como las preposiciones habían de sustituirse por frases prepositivas para la manifestación de relaciones que aquellas eran incapaces de expresar, del mismo modo tenemos también *frases conjuntivas,* locuciones más o menos complicadas que tienen el mismo valor gramatical de una conjunción, como, por ejemplo, *por más que, con tal que.*

El estudio de las relaciones establecidas por preposiciones y conjunciones solo puede hacerse con fruto en la Sintaxis. Aquí solo puede darse una clasificación provisional y algunas formas, tanto de conjunciones como de frases conjuntivas.

Las conjunciones pueden ser: COPULATIVAS: *y (e), ni;* DISYUNTIVAS: *o (u), ya... ya, bien... bien, ora... ora;* ADVERSATIVAS: *pero, sino, mas;* ILATIVAS: *conque, luego, pues, así pues, por consiguiente;* CAUSALES: *porque, pues, como, puesto que;* DETERMINATIVAS O ANUNCIATIVAS: *que;* FINALES: *para que, a fin de que;* CONSECUTIVAS: *que;* CONDICIONALES: *si, con tal que;* CONCESIVAS: *aunque, si bien, por más que.* También pueden considerarse conjunciones los adverbios relativos de lugar *(donde),* de tiempo *(cuando),* de modo *(como, según)* y de cantidad *(cuanto).*

---

(1) Las conjunciones enlazan también, dentro de la oración, elementos que desempeñan un oficio sintáctico equivalente. V. § 164.

# X. La interjección

## 90. INTERJECCIONES

Las palabras con las cuales expresamos, repentina e impensadamente, por lo general, la impresión que causa en nuestro ánimo lo que vemos, oímos, sentimos, recordamos, queremos o deseamos, se llaman interjecciones.

La interjección no es propiamente ninguna parte de la oración, sino que está al margen de ella. Las interjecciones corrientes son: *¡ah!*, *¡ay!*, *¡bah!*, *¡ea!*, *¡eh!*, *¡hola!*, *¡huy!*, *¡oh!*, *¡ojalá!*, *¡quia!*, *¡puf!*, *¡uf!* Además se usan como interjecciones muchas palabras que son nombres, verbos, adverbios, etc.: *¡anda!*, *¡bravo!*, *¡cómo!*, *¡cuidado!*, *¡demonio!*, *¡toma!*, *¡vaya!*, *¡ya!*, etc.

La interjección, junto con la entonación de la frase, constituye la expresión más palpable de la afectividad en el lenguaje. Sin embargo, no se limita a expresar los sentimientos: también desempeña, de manera rudimentaria, las otras funciones lingüísticas: la de *llamada* (propia del imperativo y del vocativo): *¡eh!*, *¡pst!*, *¡chist!*, y la de *representación* de un contenido: *¡zas!*, *¡plaf!*

# XI. Formación de las palabras

## 91. PALABRAS PRIMITIVAS Y DERIVADAS

El español es una lengua *romance, románica* o *neolatina;* esto es, derivada del latín. Puede definírsela como el estado actual de la evolución del latín vulgar —hablado por los colonos romanos— en el territorio de la Península. Pero sobre esta base fundamental existen también en el español diversos elementos, incorporados a la lengua en el curso de su evolución en todas las épocas: unos son procedentes de lenguas extranjeras que de modo más o menos directo han podido influir en el área española; otros son palabras de nueva formación, o *neologismos,* que terminan por tomar carta de naturaleza en el idioma, si responden a una necesidad sentida en él.

En todas las lenguas hay un fondo de palabras originales o *primitivas;* pero, como estas resultan insuficientes para las necesidades de la expresión, que cada vez son mayores en relación con la cultura de los pueblos, las lenguas van formando nuevas palabras sobre la base de las que ya tienen, por sencillos y ágiles procedimientos formativos, que son: la *derivación,* que origina las palabras *derivadas,* y la *composición,* que produce las palabras *compuestas.*

Del sustantivo *caballo,* vocablo primitivo español procedente del latín vulgar, y que no tenía el latín escrito o literario de Roma, se han formado las palabras *caballero, caballar* y *caballuno;* pues bien, estas tres palabras son *derivadas* respecto de la *primitiva, caballo.* Ahora bien: en las tres encontramos un mismo elemento común, *caball,* que está en la primitiva, y otros elementos añadidos: *ero, ar, uno,* que han servido para realizar la derivación, y que se llaman *sufijos.* A veces resulta dudoso distinguir entre palabras propiamente primitivas o derivadas. La

129

palabra *caballero*, por ejemplo, puede ser una palabra primitiva, si existía ya previamente en el latín vulgar una forma de la cual pudo proceder esta; mas como el sufijo *ero* que descubrimos en esta palabra vemos que ha servido y que sirve continuamente para formar otras nuevas: *herrero, camarero, hullero;* es decir, es un sufijo *vivo,* no habría inconveniente en que, para los que no conocen el latín, la palabra *caballero* siguiera considerándose como palabra derivada frente a la primitiva *caballo.*

Consideraremos, pues, palabras *derivadas* aquellas en que podemos reconocer un elemento primitivo y un elemento intercambiable derivativo dentro del español, aun cuando, examinadas a la luz de la gramática histórica, pudieran resultar palabras primitivas, pues lo que verdaderamente puede tener interés en este estudio es descubrir los medios por los cuales se ha enriquecido y se puede seguir enriqueciendo el lenguaje.

Puede incluso darse el caso de que hoy consideremos primitiva y derivada palabras que históricamente son al revés: *tizo y tizón,* a pesar de su apariencia, son un caso de esta derivación regresiva. Sin embargo, como en el caso de *caballero,* la conciencia de los hablantes considera a *tizo* primitiva y a *tizón* derivada, a semejanza de *hombre y hombrón, caja y cajón,* etc.

### 92. PALABRAS SIMPLES Y COMPUESTAS

Del modo que hemos visto formarse palabras derivadas por la añadidura de elementos intercambiables pospuestos, encontraríamos otras constituidas por elementos antepuestos; como *exclaustrar, irracional, bisabuelo.* Las palabras así formadas deben, en realidad, llamarse *palabras compuestas.* Sin embargo, propiamente conviene reservar este nombre para las que resultan de la unión más o menos íntima de dos o más palabras sencillas o *simples: taparrabos, aguardiente, hazmerreír.*

### 93. RAÍZ Y AFIJOS

Ya hemos visto cómo en *caballo, caballero, caballar* y *caballuno* descubríamos un elemento común que lleva dentro de sí el sentido fundamental y coincidente de todos estos vocablos. Este elemento —*caball*— común e invariable se llama *raíz*.

Del mismo modo, en *hacer, deshacer, rehacer* y *contrahacer* encontramos la raíz común *hac (er* es desinencia verbal), a la cual anteceden elementos intercambiables: *des, re, contra*. Estos elementos intercambiables que se añaden a la raíz, ya antepuestos, como en estos ejemplos, ya pospuestos, como en los anteriores, se llaman *afijos: prefijos,* en el caso de preceder a la raíz, y *sufijos,* en caso de seguirla.

La raíz hemos dicho que lleva en sí el vago sentido fundamental significativo de las palabras: *gatazo, gatito, gatera* y *gatear* llevan la raíz *gat,* de *gato.* Pues bien, en todas estas palabras hay algo que de algún modo se refiere a este animal: *gatazo* y *gatito* expresan determinaciones de tamaño; *gatera* significa «agujero para los gatos»; y *gatear* es «andar como andan los gatos». Los sufijos *azo, ito, era, ear,* son los que, sobre la base del significado de la raíz, expresan ideas variadas en que el primitivo interviene de algún modo.

Este sentido especial, más o menos vago, que el afijo añade a la raíz del primitivo, se ve comparando los derivados *sudoroso, aceitoso, tramposo* y *amoroso.* En todos ellos puede advertirse, en relación con el sufijo común *oso,* una vaga idea de *abundancia.* Del mismo modo, en *rehacer, retocar, retornar, releer,* que tienen el mismo prefijo *re,* encontramos una idea de repetición y reiteración que, lo mismo que la expresada por el sufijo *oso,* podemos transportar y aplicar cuando nos convenga a otras raíces. Así, si queremos expresar de una persona que posee un alto grado de habilidad, la llamaremos *habilidosa;* y para significar la nueva elección de una persona para un cargo, diremos que ha sido *reelegida.*

Este carácter vivo de los afijos, siempre prontos a la formación de palabras nuevas, es lo que da su enorme importancia a la derivación. Conviene, pues, conocer el valor morfológico de los afijos, no ya cuando forman derivados de raíces españolas, sino también cuando los descubrimos claramente en palabras constituidas sobre una raíz de forma latina, como en *invocar.*

## 94. Significación de los principales prefijos

A continuación se enumeran los prefijos más corrientes, acompañándolos de ejemplos característicos:

AB, ABS significa «privación, separación»: *abstener, abdicar.*

AD, A, «aproximación, unión»: *adyacente, acostar.*

AN, A, «privación, negación»: *analfabeto, asimétrico.*

ANTE, «anterioridad»: *anteayer, antepenúltimo, antebrazo.*

ANTI, «oposición»: *antimonárquico, antiespasmódico.*

BIS, BIZ, BI, «dos veces, doble»: *bisabuelo, biznieto, bicorne, bisílabo.*

CIRCUN, «alrededor»: *circumpolar, circunnavegación, circunvecino.*

CON, CO, «compañía, unión, asociación»: *copartícipe, compenetrarse, conciudadano, confraternidad, condominio.*

CONTRA, «oposición»: *contraveneno, contradecir, contraventana, contrapelo.*

DES, DE, «privación, negación, separación»: *deshacer, degenerar, demérito, desarraigar.*

DIS, DI, «desunión, separación»: *disculpar, disgustar, disconforme, difamar.* ·

EN, «interioridad, lugar en donde, adquisición de una cualidad»: *enjaular, encajar, ensimismarse* (derivado de la expresión *en sí mismo), enflaquecer, ennegrecer.*

ENTRE, «situación intermedia»: *entrefino, entretejer, entremeter, entresacar, entreacto.*

EX, ES, E, «dirección hacia fuera, privación, cesación de cargo»: *exculpar, expatriarse, exportar, ex-diputado, ex-presidente, estirar, escoger, emanar.*

EXTRA, «fuera de»: *extraordinario, extravagante.*

HIPER, «superioridad, exceso»: *hipertensión, hipercrítico.*

HIPO, «inferioridad»: *hipotensor, hipocloroso.*

IN, I, «negación», o bien «lugar en donde»: *improcedente, incauto, irracional, ilógico, ilegal, incorporar, imponer.*

INFRA, «inferioridad, defecto»: *infrascrito, infradotado.*

INTER, «situación intermedia»: *interceder, interponerse, intervenir, interlineal.*

POS, POST, «después, posterioridad»: *posponer, postdiluviano.*

PRE, «anterioridad, excelencia»: *precaver, presupuesto, predilección, preclaro.*

PRO, «delante, en vez de»: *prohombre, pronombre, procónsul.*

RE, «repetición, intensidad, retroceso»: *rehacer, reaccionar, reedificar, retornar.*

SOBRE, «superioridad, exceso»: *sobreponerse, sobrepasar, sobrecargar, sobresalir.*

SUB, SO, «debajo»: *subteniente, subsuelo, submarino, socavar, soterrar.*

SUPER, «superioridad, exceso»: *superponer, superabundancia, supersónico.*


## 95. SUFIJOS DE SUSTANTIVOS

Los sufijos que suelen encontrarse en la formación derivada de sustantivos pueden clasificarse así:

a) *Sufijos de nombres abstractos,* que indican cualidad:

| | |
|---|---|
| ANCIA .......... | *fragancia, répugnancia.* |
| ENCIA .......... | *demencia, carencia.* |
| DAD ............ | *seriedad, suavidad.* |
| EZ .............. | *candidez, idiotez.* |
| EZA ............ | *crudeza, bajeza.* |
| ÍA .............. | *cortesía, lozanía.* |
| OR .............. | *amargor, verdor.* |
| URA ............ | *dulzura, frescura.* |

b) *Sufijos de sustantivos verbales.* Se agregan a los verbos para formar sustantivos abstractos o concretos que expresan la acción, el resultado de la acción o el agente:

| | |
|---|---|
| ANZA .......... | *andanza, cobranza.* |
| DOR ............ | *ganador, cobrador.* |
| DURA .......... | *barredura, escurridura.* |
| CIÓN ............ | *combinación, reclamación.* |
| MIENTO ......... | *pensamiento, cocimiento.* |

c) *Sustantivos postverbales.* Algunos sustantivos, llamados postverbales, se derivan inmediatamente de las raíces verbales, con solo la añadidura de una *o,* una *e* o una *a.* Así, tenemos: *costo, costa* y *coste,* de *costar; pago* y *paga,* de *pagar; corta* y *corte,* de *cortar; desembarco* y *desembarque,* de *desembarcar; importe,* de *importar; toma,* de *tomar; abono,* de *abonar;* etc. Este grupo es numeroso y de la mayor importancia gramatical, pues los postverbales son formas sustantivas breves y ágiles de la acción verbal, fáciles de relacionar en la oración sintácticamente con otros elementos.

d) *Sufijos aumentativos,* o que indican, por lo general, aumento de tamaño en el objeto:

| | |
|---|---|
| ÓN ............ | *hombrón, culebrón, mujerona.* |
| AZO ........... | *animalazo, caraza, perrazo.* |
| OTE ........... | *librote, cabezota, muchachote* (1). |

e) *Sufijos diminutivos,* o que indican, por lo general, disminución del tamaño del objeto:

| | |
|---|---|
| ITO ............ | *arbolito, jaulita, nidito.* |
| ILLO ........... | *chiquillo, casilla, hornillo.* |
| ICO ............ | *arbolico, letrica, cosica.* |
| ÍN ............. | *espadín, peluquín, baldosín.* |
| UELO .......... | *rapazuelo, aldehuela, chicuelo.* |
| CITO .......... | *corazoncito, mujercita, capitancito* (2). |
| CILLO ......... | *jardincillo, rinconcillo, altarcillo.* |
| ECITO ......... | *florecita, cieguecito, geniecito.* |
| ECILLO ........ | *panecillo, huevecillo, hierbecilla.* |

Respecto de los aumentativos y diminutivos, formación característica y de gran importancia en español, conviene hacer varias advertencias. Debe observarse, en primer término, que muchas veces no implican aumento ni disminución de la significación del sustantivo, sino más bien una apreciación afectiva acerca del objeto por parte del sujeto que habla. Así, podemos decir: *Me ha costado tres durazos,* para ponderar familiarmente el importe de un objeto; o bien, por el contrario: *Me ha costado mil pesetillas,* para expresar que no lo consideramos costoso; los *durazos* no son más grandes que los *duros,* ni las *pesetillas* de menor tamaño que las *pesetas;* trátase solamente de que en estas expresiones manifestamos de algún modo la importancia mayor o menor que concedemos al gasto realizado (3).

---

(1) Algunos de estos sufijos pueden emplearse con el sentido de «golpe» o «acción violenta» —*cabezazo, puñetazo, tirón*— o de «agente», a veces con matiz caricaturesco o despectivo: *matón, mirón.*

(2) V. § 23.

(3) E. Benot, *Arquitectura de las lenguas,* Madrid, sin año, tomo I. Véase ahora A. Alonso, «Noción, emoción, acción y fantasía en los diminutivos», en *Estudios lingüísticos (temas españoles),* Madrid, 1951.

Nótese el sentido humorístico que ofrecen estas formas muchas veces; ello lo prueba el hecho de emplearse los aumentativos para expresar precisamente la privación visible de algo *(rabón, pelón)*. Por lo general, los diminutivos, más empleados que los aumentativos, presentan una larga escala de matices oscilantes —según la frase, la entonación y los interlocutores— entre el sentido despreciativo, la ironía y la expresión cariñosa: *mujerzuela* ofrece, por ejemplo, resueltamente, el primer carácter, mientras *picarilla*, no obstante el significado de *pícaro*, no presenta sino un sentido hipocorístico. En ciertos casos no está muy claro el verdadero matiz expresivo, como en la frase: *Caminito adelante, me voy a mi casita,* donde *caminito* y *casita* parecen subrayar un vago sentido de grata intimidad. Pero es evidente que los diminutivos, y a veces los aumentativos, son magníficos recursos que ofrece la lengua española para verter, en el marco lógico demasiado rígido que ofrece la gramática, todo el inmenso contenido afectivo que lleva consigo el sujeto al lenguaje.

Conviene advertir también cómo las diversas regiones españolas se especifican en general en su preferencia por determinadas formas características de diminutivo. Así, predomina la forma *ico* en Aragón; *iño,* en Galicia; *ino,* en Extremadura; *in,* en Asturias y León, e *illo,* en Andalucía.

Ya veremos después cómo los sufijos aumentativos y diminutivos son aplicables a los adjetivos. Pues bien: la riqueza y la flexibilidad de estas formaciones es tal, que pueden aplicarse a los gerundios, a los adverbios y hasta a frases enteras. Así, se dice: *callandito, muchazo, cerquita, lejitos, ahora mismito,* etc.

f) *Sufijos despectivos,* que indican idea de menosprecio:

| | |
|---|---|
| ACO ............ | *libraco, pajarraco.* |
| AJO ............ | *colgajo, migaja.* |
| UCO ............ | *frailuco, mujeruca.* |
| ACHO ........... | *vulgacho, hilacha.* |
| ASTRO ......... | *poetastro, camastro.* |
| ORRIO ......... | *villorrio, aldeorrio.* |
| UZO ............ | *gentuza, carnuza.* |
| UCHO ........... | *calducho, casucha.* |

135

Los despectivos comparten con los derivados de los dos grupos anteriores, aunque en límites más restringidos, la cualidad de ser medios claros de expresión de los afectos. A veces se combinan unos sufijos con otros, formando conjuntos que ofrecen, por lo general, sentido despectivo. Así, *pintarrajear* deriva de *pintar*, y se ha formado con los sufijos *arro* + *ajo*; *nubarrón* = *nube* + *arro* + *on*.

g) *Sufijos de profesión u oficio:*

| | |
|---|---|
| ANTE | *comediante, comerciante, estudiante.* |
| ARIO | *bibliotecario, boticario, tranviario.* |
| DOR | *aguador, bordador, cobrador.* |
| ERO | *vidriero, cajero, cocinero.* |
| ISTA | *telegrafista, almacenista, periodista.* |

h) *Sufijos de sentido colectivo:*

| | |
|---|---|
| AL | *arenal, peñascal, cerezal.* |
| EDO | *robledo, rosaleda, arboleda.* |
| AMEN | *maderamen, velamen, pelamen.* |
| AR | *aliagar, malvar, atochar.* |

## 96. SUFIJOS DE ADJETIVOS

Los sufijos más notables que dan lugar a la formación de adjetivos se pueden clasificar así:

a) *Sufijos que expresan posesión de las cualidades contenidas en el primitivo:*

| | |
|---|---|
| ADO | *barbado, colorado, violado.* |
| DERO | *crecedero, hacedero, asadero.* |
| IENTO | *hambriento, avariento, calenturiento.* |
| IZO | *pajizo, enfermizo, rollizo.* |
| OSO | *pringoso, gracioso, morboso.* |
| UDO | *panzudo, barbudo, narigudo.* |

b) *Sufijos gentilicios*, que indican el lugar de origen:

| | |
|---|---|
| ANO | *asturiano, zaragozano, orensano.* |
| ENSE | *tarraconense, bonaerense, melillense.* |
| EÑO | *extremeño, rondeño, madrileño.* |
| ÉS | *francés, inglés, portugués.* |
| INO | *bilbaíno, salmantino, alcalaíno.* |
| Í | *israelí, iraquí, marroquí.* |

c) *Sufijos aumentativos, despectivos y diminutivos:*

| | |
|---|---|
| ÓN ............. | *barrigón, cabezón, pelón.* |
| OTE ........... | *barbarote, ricote, gordote.* |
| ACHO .......... | *ricacho.* |
| UCHO .......... | *malucho, delgaducho, paliducho.* |
| ITO ............ | *guapito, negrito, tontito.* |
| ILLO ........... | *rubillo, pequeñillo, flojillo.* |
| CILLO .......... | *jovencillo, charlatancillo, haragancillo.* |
| CITO ........... | *mejorcito, pobrecito, cieguecito* (4). |

d) *Otros sufijos:*

ARIO y AL indican «lo que pertenece a alguna cosa o hace relación a ella»: *penitenciario, fraccionario, ordinario; ministerial, arbitral, criminal.*

BLE indica «capacidad o aptitud para alguna cosa»: *estimable, loable, deseable.*

97. SUFIJOS DE VERBOS

Los verbos nuevos que se forman en español se incorporan a la primera conjugación mediante diversos sufijos, o bien a la segunda, con el sufijo *ecer,* de valor *incoativo;* esto es, que indica que la acción verbal «empieza a verificarse». He aquí algunos ejemplos:

| | |
|---|---|
| AR ............... | *arañar, archivar, endulzar.* |
| UAR ............. | *exceptuar, conceptuar, situar.* |
| EAR ............. | *agujerear, alborear, jalear.* |
| IZAR ............ | *amenizar, tiranizar, catequizar.* |
| IFICAR ......... | *dosificar, crucificar, santificar.* |
| ECER ........... | *reverdecer, convalecer, humedecer.* |

98. COMPOSICIÓN

La composición consiste en que dos palabras, tales como *boca* y *calle,* que significan cosas distintas, se unen y forman

---

(4) El sufijo *ísimo* de los adjetivos en grado superlativo absoluto es un aumentativo más, según Bello. V. § 23.

una tercera, *bocacalle*, que tiene una significación única que no coincide con ninguna de las dos anteriores.

Las palabras compuestas resultantes pueden ser: sustantivos *(carricoche)*, adjetivos *(tontiloco)*, pronombres *(cualquiera)*, verbos *(manumitir)*, adverbios *(noblemente)*, conjunciones *(siquiera)*.

Unas veces las palabras simples se yuxtaponen simplemente para formar el compuesto *(mediodía, calabobos);* pero otras sufre el primer elemento alguna modificación, tal como cambiar en *i* su terminación o perder su letra final *(ojinegro, calofrío)*. Análogamente pasa en cuanto a la significación del compuesto: unas veces se trata solamente de la unión de dos elementos que han ido muchas veces inmediatamente juntos en la oración, y en este caso el sentido total es el resultante de la coordinación gramatical de lo que expresan los elementos simples *(bajamar, tragicómico, sacacorchos);* y otras veces, en cambio, el compuesto se ha formado de una sola vez (5), y representa una idea más complicada que la simple relación gramatical entre los componentes *(patitieso, zarzamora, agridulce)*.

Las palabras compuestas pueden estar formadas: de dos sustativos *(bocamanga);* de un sustantivo y de un adjetivo *(rabilargo);* de dos adjetivos *(verdinegro);* de un adjetivo y un sustantivo *(bajamar);* de un sustantivo y un verbo *(maniatar);* de un verbo y un sustantivo *(saltamontes);* de un verbo y un adverbio *(catalejo);* de dos verbos *(duermevela);* de adverbio y sustantivo *(bienandanza);* de adverbio y adjetivo *(malcontento);* de adverbio y verbo *(malcasar);* de oraciones enteras *(correveidile)* (6).

También se consideran compuestas las palabras formadas por prefijo y sustantivo, adjetivo o verbo *(anteponer, superproducción, disconforme)*, como se dijo en el § 92; sin embargo, en estos casos parece más apropiado el nombre de *prefijación* que el de composición.

Se llama *parasíntesis* la formación de palabras en que se combinan los dos procedimientos de derivación y composición. Así, son parasintéticos *ropavejero (ropa + vieja + ero)*, *embarrancar (en + barranco + ar)*, *descuartizar (des + cuarto + izar)*.

---

(5) R. Menéndez Pidal, *Manual de gramática histórica española*, § 88, 2.

(6) Un extenso estudio de don José Alemany sobre derivación y composición puede encontrarse en *Boletín de la Academia Española*, IV-VI, 1917-1919.

99. Plural de las palabras compuestas

Esta clase de palabras, cuando son sustantivos, adjetivos o pronombres, ofrecen algunas particularidades en relación con su plural. He aquí los plurales de algunas de ellas:

| Singular | Plural |
|---|---|
| el cortaplumas | los cortaplumas |
| el hijodalgo | los hijosdalgo |
| la vanagloria | las vanaglorias |
| la ricahembra | las ricashembras |

De la consideración de estos ejemplos resulta que las palabras compuestas pueden reunirse en cuatro grupos distintos, en relación con el plural:

1.º Las que no se alteran para formar el plural. En este caso están aquellos compuestos constituidos por una oración entera o cuyo segundo elemento ya está en plural: *tapabocas, hazmerreír.*

2.º Las que forman el plural solo en su primer elemento. En este caso importa considerar los pronombres *cualquiera* y *quienquiera*, cuyos plurales son *cualesquiera* y *quienesquiera*.

3.º Las que forman el plural en el segundo elemento solamente: *ojizarcos, ferrocarriles.*

4.º Las que forman el plural en sus dos elementos componentes: *gentileshombres, ricasdueñas.*

*Sintaxis*

# XII. *Elementos de la oración*

## 100. LA ORACIÓN Y SUS ELEMENTOS SINTÁCTICOS

Todo lo que nosotros pensamos, sentimos y queremos se especifica en juicios. El juicio consiste siempre en una relación que establece la mente entre dos términos: uno del cual juzga algo, y se llama *sujeto;* otro, lo que juzga sobre él, y se llama *predicado.* Si yo miro mi reloj y veo que está en movimiento, pensaré que «el reloj marcha»; asimismo, al ver un árbol cubierto de hojas, juzgaré que «el árbol es frondoso». Todo esto no pasará de ser una operación mental, mientras yo no manifieste al exterior estos pensamientos míos. Pero si los expongo haciendo uso del lenguaje hablado o escrito, tendremos una *oración.* *Oración* es, pues, como ya se dijo en los Preliminares (§ 2), *la expresión de un juicio.* Nuestros afectos y nuestros deseos también se producen en forma de juicios, y hallan, por tanto, del mismo modo su expresión en oraciones. Así, serán oraciones manifestación de juicios las frases *¡Hermosa noche!* o *¡César, aquí!;* pues en la primera están claros los dos términos del juicio, «noche» y «hermosa», y en la segunda, aunque no están especificados, la frase misma sugiere al que escucha la voluntad del que habla de que César acuda, en lo cual están ya implícitos los dos conceptos fundamentales del juicio.

Así como en el juicio encontramos siempre dos conceptos, *sujeto* y *predicado,* en la oración encontraremos siempre dos palabras fundamentales expresivas de cada uno de aquellos elementos, las cuales llamamos también *sujeto* y *predicado.* En términos estrictamente gramaticales, *sujeto* es la persona o cosa —concepto sustantivo— de quien se afirma algo: una cualidad, un accidente o fenómeno; y *predicado* es aquello —cualidad o accidente— que se afirma del sujeto.

143

Si decimos *El árbol es frondoso* o *¡Hermosa noche!*, «el árbol» y «la noche» son las cosas de las cuales se hace alguna afirmación; son, pues, sujetos; y lo que de ambos se afirma, del uno que es «frondoso», y de la otra que es «hermosa», no es sino *cualidades,* que ya sabemos que encuentran su expresión en los adjetivos. En cambio, en las frases *El reloj marcha, Daniel duerme, El perro morderá,* lo que se atribuye a los respectivos sujetos son cambios, accidentes, fenómenos, que descubrimos en los sujetos, lo cual se expresa en el lenguaje por medio de los verbos.

Existen, pues, dos clases de predicados. Uno, que atribuye cualidades al sujeto, y tiene carácter adjetivo. Se llama predicado *nominal.* Otro, que atribuye al sujeto fenómenos, y se llama predicado *verbal.*

Hay, sin embargo, que hacer una importante aclaración. En las oraciones *El hombre es mortal* y *El árbol está seco,* es claro que, siendo los sujetos el *hombre* y el *árbol,* nuestros juicios sobre ellos consisten en reconocerles a uno y a otro, respectivamente, las cualidades de *mortal* y *seco* que en ellos descubrimos. Sin embargo, estas cualidades predicativas no se aplican a los sujetos por simple yuxtaposición, como se veía en *¡Hermosa noche!,* sino mediante dos formas verbales: *es* y *está.* Estos verbos *ser* y *estar* son verbos que en esta clase de expresiones tienen un sentido sumamente vago de existencia y estado, respectivamente. Su valor en este caso es el de localizar en el tiempo las cualidades que se predican de los sujetos, señalándolas el verbo *ser* con un sentido de permanencia, de esencialidad, y el verbo *estar* con un carácter de estado accidental más o menos pasajero. *El hombre es mortal* es afirmación eterna; *El árbol está seco* es una realidad actual, que no lo fue antes; en *Mi vida aquí es grata,* la cualidad de *grata* se presenta como esencial o fundamental de la vida aquí; y en *Mi vida aquí está amargada por mil sinsabores,* la cualidad de *amargada* no afecta a lo esencial de *mi vida aquí,* que, a pesar de ello, puede ser grata o no, en conjunto; es un accidente pasajero. Estos verbos *ser* y *estar,* cuando enlazan un sujeto y un predicado nominal, se dice que son *cópulas,* esto es, se les considera como meros lazos de unión entre los verdaderos elementos del juicio oracional. Sin embargo, como se ve, no han perdido enteramente su valor predicativo, que aún conservan en expresiones como *Aquí fue la caída* (aquí ocurrió la caída); *Pedro estaba en Madrid* (Pedro se hallaba en Madrid). De todos modos, su valor como cópulas es muy reducido, comparativamente al que tiene el predicado nominal; por otra parte, dan carácter *temporal* a la predicación: *Mi vida era grata, Mi vida será grata, Mi vida había sido grata,* etc. De este modo se asimilan esta clase de oraciones con predicado nominal a las que tienen predicado verbal, ofreciendo ambas las mismas determinaciones verbales.

El predicado nominal puede no ser un adjetivo, sino también un sustantivo; como todo sustantivo, según ya se dijo en su lugar, no es sino un conjunto de cualidades, al predicarse un sustantivo de un sujeto, se atribuyen a este todas cuantas cualidades nosotros apreciamos en el sustantivo predicado: *Mi padre es albañil; La muchacha era poetisa.*

Cuando el predicado es un nombre o es un pronombre sustantivo o adjetivo, solo se puede emplear como verbo copulativo *ser.*

La distinción entre los copulativos *ser* y *estar* no radica solamente en el sentido de permanencia o accidentalidad que cada uno de estos verbos se atribuye a la cualidad predicada; en *Este hombre está muerto,* la cualidad de *muerto* es bien permanente, y sin embargo se usa *estar.* Este verbo indica una cualidad considerada como resultante de algo que le ha ocurrido al sujeto, mientras que *ser* considera la cualidad en su transcurrir. Véase la diferencia que hay entre *Juan está muy alto* y *Juan es muy alto:* en el primer ejemplo, la estatura de Juan es el resultado que observamos de un crecimiento; en el segundo no ha habido tal observación, sino que solo se hace constar esa cualidad en su permanencia.

## 101. El sujeto y su concordancia con el verbo

Según lo que llevamos dicho, el sujeto es, sin duda, un concepto sustantivo, que estará expresado fundamentalmente por un nombre, pero también por cualquier otra palabra que haga sus veces. Así, por ejemplo, en las oraciones que siguen podemos ver diferentes clases de sujetos:

145

| ORACIONES | | | El sujeto es |
|---|---|---|---|
| Sujeto | Cópula | Predicado | |
| La noche ............. | fue .......... | tempestuosa | Un sustantivo. |
| Algo ................. | ............... | faltaba ...... | Un pronombre. |
| Los ciegos ......... | fueron ...... | socorridos... | Un adjetivo sustantivado. |
| El madrugar ...... | es ............. | sano ......... | Un infinitivo. |
| Que nadie lo sepa. | ............... | conviene ... | Una oración entera. |
| Mañana .............. | es ............. | martes ...... | Un adverbio pronominal. |
| La del vestido azul. | ............... | se acerca ... | Una frase de sentido sus- |
| Un yo no sé qué. | ............... | (me) atrae... | tantivo. |

El sujeto y el verbo, así predicativo como cópula, de una oración deben hallarse en la misma persona y en el mismo número. Esta regla, que no ofrece excepciones, es de la mayor importancia para comprobar en casos dudosos experimentalmente el sujeto. Así, si el verbo está en primera persona de singular o plural, el sujeto no puede ser más que *yo* o *nosotros;* si está en segunda, *tú* o *vosotros,* y si en tercera, un sustantivo o expresión sustantivada o un pronombre que no sea ninguno de los cuatro citados. Para comprobar si en la oración *Me gustan las uvas* es *las uvas,* efectivamente, el sujeto, no hay sino ver que, caso de convertirse en singular, el verbo pasa automáticamente al número singular: *Me gusta la uva;* en cambio, en *Me trajeron las cestas, las cestas* no puede ser sujeto, porque al ponerlo en singular, el verbo continúa invariable en plural: *Me trajeron la cesta.*

No es preciso que el sujeto vaya delante del predicado. Muchas veces va, por el contrario, detrás. Generalmente se hace preceder el predicado cuando se quiere dar más relieve o añadir énfasis a lo que se predica: *Se acabó la broma; ¡Hermosa noche!; Dificilillo está el caso; Faltan tres; Me apasiona el teatro.*

## 102. EL PREDICADO

Si lo que se juzga y afirma del sujeto es un fenómeno, ya hemos dicho que el predicado vendrá expresado por un verbo, el cual, por naturaleza (§ 41), además de su sentido predicativo, lleva en sí la indicación del sujeto y de la época a que se refiere la predicación, y aun la modalidad que esta puede ofrecer (mandato, deseo, posibilidad, subjetividad, etc.).

Si lo predicado es una cualidad, esta vendrá expresada por un adjetivo o por un sustantivo; pero también por cualquier otra frase o expresión que de algún modo tenga sentido adjetivo o sustantivo. He aquí algunos ejemplos:

| ORACIONES | | | El predicado es |
|---|---|---|---|
| Sujeto | Cópula | Predicado | |
| Daniel ............... | está ......... | conforme ... | Adjetivo. |
| Ese muchacho ...... | será ......... | abogado .... | Sustantivo. |
| Tú ..................... | (no) eres ... | nadie ........ | Pronombre. |
| Eso ................... | es ............ | burlarse .... | Infinitivo. |
| Tú ..................... | eres ......... | así .......... | Adverbio adjetivado. |
| Esos hombres ...... | son .......... | los del otro día ........ | Frase sustantiva. |
| Mi padre ............ | es ............ | de Madrid.. | Frase de sentido adjetivo («madrileño»). |
| Mis esfuerzos ...... | fueron ...... | en balde ... | Frase de sentido adjetivo («baldíos»). |

Las expresiones de origen adverbial que con el verbo *ser* pueden emplearse como predicados nominales conservan su valor de adverbios cuando se construyen con el verbo *estar: Así está el asunto; En balde estuve junto a su puerta.*

103.  OMISIÓN DE LOS ELEMENTOS ORACIONALES.
ORACIONES IMPLÍCITAS

Ya dijimos al hablar del verbo que esta parte de la oración expresaba por sí sola el juicio mental, incluyendo sus dos términos esenciales: sujeto y predicado. De modo que en *corrimos* está no solamente la predicación de *correr,* sino asimismo la expresión del sujeto *nosotros,* que va implícita en la terminación *mos.* Del mismo modo, los sujetos de los verbos predicativos *salí, correrás, habíais andado* son, respectivamente, *yo, tú* y *vosotros.* Así pues, las formas verbales en primera y segunda persona no suelen llevar expreso su sujeto, mas no es que se omita por hallarse sobrentendido, sino porque está suficientemente expresado en la desinencia verbal.

Asimismo se omite el sujeto de un verbo en tercera persona cuando no ofrece confusión, por saberse de antemano a quién nos referimos. Aunque en la frase *Temía la reprimenda de mi padre* la forma *temía* puede ofrecer cierta duda, pues lo mismo puede ser tercera que primera persona, no se expresará de ningún modo el sujeto pronominal *él,* si por el contexto se deduce de algún modo cuál puede ser la persona o cosa a quien el predicado se refiere; como ocurriría, por ejemplo, si la frase completa fuera: *No se presentó el mozo en mi casa: temía la reprimenda de mi padre.* Nunca hubiéramos dicho, en español, *él temía.* En cambio, en la expresión *Disputaron marido y mujer: él no quiso transigir,* el pronombre *él* es indispensable para saber que nos referimos al marido. Esta omisión de los sujetos pronominales, expresados suficientemente en las desinencias verbales, es propiedad característica del español, que conviene tener muy en cuenta. Por la misma causa, los verbos unipersonales y los empleados con sentido impersonal no llevan sujeto pronominal explícito.

La presencia del pronombre personal sujeto ante el verbo es normalmente enfática. Entre *Ya sabes lo que pasó* y *Tú ya sabes lo que pasó,* la diferencia está en que en el primer caso se enuncia simplemente un hecho *(sabes),* y en el segundo se subraya el sujeto de ese hecho *(tú),* para destacar o afirmar su individualidad («tú solo», «tú mismo»), o bien para expresar variados matices afectivos (confianza, sorpresa, desprecio...).

Ese pronombre personal sujeto que acompaña al verbo supone exactamente el mismo énfasis que encierran las formas pronominales complementarias tónicas cuando se agregan a las átonas: entre *Me parece* y *A mí me parece* (o *Me parece a mí)* hay la misma diferencia que entre *Creo* y *Yo creo* (o *Creo yo).*

Ya hemos dicho antes el valor que debe atribuirse a la cópula en las oraciones con predicado nominal. De ello se deduce que no es indispensable, pero no porque al omitirla se sobrentienda, sino porque sujeto y predicado llevan en sí la esencialidad de la oración, y lo que añade la cópula —determinación temporal, vago matiz de cosa permanente o pasajera— no es sino meramente accidental y, por ende, prescindible. En *¡Hermosa noche!* no falta nada para la completa expresión del afecto que manifiesta. Análogamente, tienen cabal sentido las oraciones *¡Bonito porvenir!; ¡Qué locura la mía!; ¿Tú, autor de comedias?*

Cuanto al predicado, suele aparecer omitido, y a veces al mismo tiempo que el sujeto, en muchas oraciones, así exclamativas como de otros tipos, pues es suficiente a la oración que al oyente se le sugiera de algún modo la idea del sujeto y la del predicado, aunque lo que se exprese de modo explícito sean solo elementos accidentales de la oración. En una interjección como *¡ay!*, por ejemplo, no encontramos manifestación expresa de sujeto ni de predicado; en este sentido, no puede decirse que *¡ay!* sea una oración; sin embargo, en esa sencilla expresión instintivamente entendemos la existencia de una oración implícita, cuyos términos serían la persona que profiere la exclamación (sujeto) y el afecto más o menos vivo que la ha producido, expresado predicativamente (predicado) (1). También son *oraciones implícitas,* cada vez más complicadas, las siguientes: *¡Adelante!; Adiós; ¡Juan, aquí!; Mañana a las tres, en la esquina,* y otras muchas expresiones cortadas, en las que falta la indicación clara de sujeto y predicado, sin que por eso el resto de las palabras pronunciadas dejen de sugerirnos con precisión el pensar o el sentir del interlocutor. Así pues, la definición que se ha dado de la oración debemos entenderla en el sentido de que es la expresión explícita o implícita de un juicio lógico; bastando para la expresión implícita el hecho de que el sujeto y el predicado del juicio sean sugeridos al oyente por una o varias palabras que, o formen parte de la oración, o de modo indudable den a entender los términos de una expresión gramatical plena.

---

(1) En rigor, la interjección no equivale a una oración gramatical, pues si es cierto que en ella podríamos rastrear —como aquí se ha hecho— un sujeto y un predicado, es dudoso que en la persona que la emite haya habido intuición alguna de tales elementos. Por esta razón se ha observado que toda frase puede ser enunciada en estilo indirecto, pero la interjección no. Podríamos decir, a lo sumo, que la interjección es el embrión de una oración gramatical.

# XIII. Los complementos

## 104. COMPLEMENTOS Y RÉGIMEN

Complemento, en general, es todo aquello que completa o perfecciona alguna cosa. Si decimos, por ejemplo, *la noche de Pascua,* la expresión *de Pascua* es, gramaticalmente, complemento de la *noche,* en el sentido de que la significación sumamente general de la *noche,* aplicable a todas las noches habidas y por haber, es perfeccionada y completada por el sustantivo *Pascua,* auxiliado de la preposición *de,* llegándose así a la expresión *la noche de Pascua,* que tiene un sentido muy restringido. En la gramática tradicional se decía que «*noche* regía a *Pascua*» mediante una preposición. La relación de dependencia que existe entre ambas palabras se orientaba desde un punto de vista opuesto *(régimen).* Había en la oración ciertas palabras dominantes *(regentes),* de las cuales dependían otras subordinadas a ellas *(regidas).* Hoy entendemos que las palabras van determinándose y completándose mutuamente para formar un conjunto comprensible; y en este sentido, las unas son *complementos* de las otras. La sintaxis del *régimen* procedía de arriba abajo; la sintaxis de los *complementos* procede de abajo arriba.

Sin embargo, la gramática moderna no ha abandonado los nombres de *regente* y *regido;* solamente ha sustituido la palabra *régimen* por *rección.*

## 105. COMPLEMENTOS EN LA ORACIÓN

Hemos dicho que los elementos esenciales de la oración son *sujeto* y *predicado,* fundamentalmente representados por dos palabras. Dicho se está que, existiendo estos elementos, la oración está gramaticalmente completa. Ahora bien: si decimos *El hijo ha dado,* tendremos una oración a la que nada esencial falta, pues consta de un sujeto, *el hijo,* y de un verbo, *dar,* que expresa el cambio, alteración, accidente, fenómeno, que atribuimos a este sujeto. La oración —en lo esencial, y gramaticalmente hablando— está completa, y, sin embargo, no entendemos su sentido; mas nosotros no hablamos por oraciones esencialmente completas, sino por oraciones que sean perfectamente comprensibles, y la oración propuesta no lo es, porque así el sujeto como el predicado verbal se nos presentan como indeterminados, incompletos y confusos. No sabemos quién es el hijo ni qué sentido puede tener ese vago *dar* que a él se atribuye. En cambio, la oración tendría significación plena si dijéramos, por ejemplo: *El hijo de la lavandera de mi casa ha dado una limosna al ciego de la esquina.* Esta nueva oración tiene fundamentalmente el mismo sujeto y el mismo predicado que la anterior; sin embargo, tanto uno como otro nos son perfectamente comprensibles. La extensión ilimitada de la palabra *hijo* se ha restringido mediante la relación establecida por la preposición *de* con el sustantivo *lavandera; el hijo de la lavandera* tiene una significación mucho más limitada que *el hijo;* pero, como *lavandera* es también un sustantivo de significación indefinida, la expresión sigue inconcreta; será necesario completar *la lavandera* mediante la relación con la expresión *mi casa,* establecida también con la preposición *de.* Como *mi casa,* gracias al adjetivo determinativo posesivo *mi,* que dice relación a la persona que habla, designa ya un objeto bien conocido, también será conocida *la lavandera de mi casa,* y, por ende, *el hijo de la lavandera de mi casa,* que aparece de este modo ante nosotros como concepto bien determinado, tan determinado como pudiera serlo si estuviese manifestado por el nombre propio de la persona de que se trata: *Antonio, Pepe, Gutiérrez.* He aquí, pues, el mecanismo lingüístico por el cual podemos hablar de cosas concretas y fijas empleando nombres genéricos, siempre de extensión ilimitada (1). La inter-

---

(1) E. Benot, *Arquitectura de las lenguas,* ya citada, y *Gramática filosófica,* Madrid.

sección de dos conceptos de extensión indefinida es, como pudiéramos decir, lo que ocasiona conceptos determinados.

Por otra parte, la acción de *dar* señalada por el predicado exige, desde luego, referencia a un cierto objeto, sin el cual la acción no tiene efectividad, puesto que se trata de uno de los verbos que anteriormente llamamos *activos transitivos.* Recobrará su eficacia el predicado si decimos *ha dado una limosna;* pero la expresión total será aún más clara y comprensible si añadimos todavía algunos detalles o circunstancias que han acompañado al *dar* y que pueden ser interesantes para nosotros; por ejemplo: la expresión de la persona a quien se ha dado la limosna *(el ciego,* concretado por localización en *la esquina),* el momento en que esto ocurre, el lugar en que se desarrolló el hecho, etc.

Observamos, pues, que una oración gramatical ordinaria no contiene solamente los elementos esencialmente necesarios, sino también una serie de elementos accidentales, cuyo valor es aclarar, completar y dar eficacia a los componentes esenciales de la oración. *Las palabras que completan o determinan a los elementos oracionales se llaman complementos.*

Claro está que, desde el punto de vista lógico, en el juicio «el hijo de la lavandera de mi casa ha dado una limosna al ciego de la esquina», la mente concibe de una vez el sujeto «el hijo de la lavandera de mi casa», así como también el predicado, constituido por el «dar» con todas sus circunstancias. Sin embargo, al pasar de la categoría lógica a la categoría gramatical, la expresión ha de hacerse partiendo de las palabras esenciales —nombre y verbo—, mediante el encadenamiento sucesivo de otras palabras determinativas, en la forma que hemos visto.

## 106. Clasificación de complementos

Estudiando los complementos de la oración que venimos examinando, encontramos tres clases distintas de ellos:

1.ª Palabras que completan al sujeto estricto, *el hijo.* En este caso está el sustantivo *lavandera.*

2.ª Palabras que completan al predicado verbal; son estas: *limosna* y *al ciego;* y

3.ª Palabras que completan a otros complementos: *mi casa* es complemento de *lavandera; esquina* es complemento de *ciego.*

Existen, pues, *complementos del sujeto, complementos del predicado* y *complementos de otros complementos.*

### 107. COMPLEMENTOS PREDICATIVOS

Pero existe además una cuarta clase de complementos. Los que lo son al mismo tiempo de dos elementos oracionales. En la oración *El niño durmió tranquilo,* el adjetivo *tranquilo* se refiere tanto al sujeto como al predicado. La referencia al sujeto es clara en cuanto *tranquilo* es un adjetivo que va concertado con él. Se refiere también al predicado, pues lo que se afirma del sujeto no es solamente que *durmió,* sino que durmió *con tranquilidad;* lo cual podíamos haber expresado con un adverbio: *El niño durmió tranquilamente.* De modo que *tranquilo* modifica tanto al predicado, con su carácter adverbial, como al sujeto, con su carácter adjetivo. Por esta nota especial de completar o perfeccionar la predicación se dice que *tranquilo* es un *complemento predicativo.* Ya se entiende que una oración como *El niño durmió tranquilo* no es sino un término medio entre las oraciones con predicado nominal *(El niño estuvo tranquilo)* y las oraciones con predicado verbal *(El niño durmió),* ya que presenta un predicado mixto, cualitativo y verbal al mismo tiempo.

También es un complemento predicativo el adjetivo *difícil* en la oración *Pedro juzgó difícil el problema,* pues el adjetivo *difícil* forma evidentemente parte complementaria del predicado, ya que Pedro no *juzga* el problema, sino que *lo juzga difícil;* y, por otra parte, *difícil* se refiere asimismo a *problema,* sustantivo al que califica y con el cual concierta. Es, por tanto, *difícil* complemento mixto, no solo del verbo *juzgar,* sino del objeto de este verbo, *problema.*

Podemos definir, pues, el *complemento predicativo* como *un complemento mixto que, modificando al predicado oracional, se refiere asimismo a otro elemento de la oración.*

Si se recuerda lo que anteriormente se dijo en la Morfología (§ 18), se advertirá que los adjetivos de que hemos hablado en estos ejemplos son adjetivos *predicativos.* Pero los complementos predicativos no son siempre adjetivos. En el ejemplo *La ciudad eligió alcalde a Juan, alcalde* es un sustantivo.

108. VALOR DE LOS CASOS

Un sustantivo puede desempeñar en una oración distintos oficios: sujeto, predicado, complemento del sujeto, del predicado, de otro complemento, complemento predicativo. Estos oficios distintos se expresan unas veces por el lugar que ocupa en la frase; otras, por el uso de una preposición que enlaza al sustantivo con otros elementos de la oración; y aun hay también ocasiones en que no interviene ninguna preposición y el lugar de orden en la frase es indiferente. En cualquier circunstancia de estas, sin embargo, es sumamente práctica para el estudio gramatical la adopción de una nomenclatura convenida que sirva para distinguir con precisión el papel que el sustantivo, y también el pronombre, desempeñan en la frase.

Se apela para ello a la tradicional nomenclatura de los *casos*. Hay lenguas que tienen una *declinación,* esto es, que una palabra cambia de forma para expresar los distintos oficios que desempeña en la oración. Así ocurre, por ejemplo, en el latín, donde la palabra *mensa* («la mesa») tiene esta forma cuando es sujeto; pero tiene la forma *mensam* cuando es objeto de un verbo activo transitivo, y se convierte en *mensae* («de la mesa») cuando tiene que expresar que algo pertenece a la mesa. A cada uno de los distintos oficios o *casos* del sustantivo corresponde, en general, una forma distinta de la palabra, y el conjunto de todas ellas es la *declinación.*

En español, el sustantivo no cambia de forma según sus oficios en la oración, sino que, como se ha dicho, estos oficios se expresan, a lo más, o por su colocación, o por medio de preposiciones. Sin embargo, la clasificación en casos de los oficios gramaticales del nombre es útil y aplicable a los sustantivos españoles, aunque no con el sentido que tiene en las lenguas con declinación, sino solamente como medio de sistematización de las funciones sintácticas. Está, por otra parte, en relación directa con el desarrollo histórico del español y favorece el cotejo con lenguas declinables.

Las funciones sintácticas distintas que un sustantivo puede desempeñar en la oración pueden clasificarse en seis *casos: nominativo, genitivo, acusativo, dativo, vocativo* y *ablativo*.

Para desenvolver el significado de esta clasificación, vamos a examinar un cierto sustantivo sucesivamente en cada uno de los seis casos que acabamos de indicar. Sea el sustantivo propuesto el nombre propio *Andrés*.

La nomenclatura tradicional de los casos sintácticos ha sido atacada por diversos gramáticos desde hace más de un siglo; lo cual no impide que los mismos que la combaten la reconozcan como «medio rápido y cómodo de entenderse» e incluso la utilicen en sus obras.

## 109. NOMINATIVO

Se dice que una palabra está en caso nominativo cuando es sujeto o predicado nominal en la oración. Así, en las oraciones *Andrés tiene un coche* y *Ese es Andrés,* en que el sustantivo *Andrés* es, respectivamente, sujeto y predicado, diremos que *Andrés* está en caso nominativo. Como se ve, en ninguno de los dos ejemplos lleva el sustantivo preposición alguna, ni la lleva jamás ninguna palabra en nominativo.

## 110. GENITIVO

Observemos ahora la oración *El criado trajo la petaca de Andrés*. En esta oración el sujeto es *criado,* en caso nominativo, por tanto; el predicado es *trajo*. El sustantivo *Andrés* ya se advierte que no puede ser nominativo, pues no se muestra como sujeto ni como predicado nominal. La intervención que *Andrés* tiene en la oración es en relación con el sustantivo *la petaca,* con el cual está unido por la preposición *de*. *La petaca de Andrés* significa propiamente «la petaca que pertenece a Andrés», o, lo que es lo mismo, que «Andrés» es el poseedor de la petaca de que se está hablando. Entre *petaca* y *Andrés* existe, por tanto, una relación de poseedor a cosa poseída, una relación de posesión. *Andrés,* que es el poseedor, se dice que está en *caso genitivo.* Un fácil ensayo demostraría que solo la preposición *de* es capaz de expresar la relación de que se trata.

Si en vez de *la petaca de Andrés* hubiéramos hablado de *la conducta de Andrés,* entre *conducta* y *Andrés* descubriríamos una relación semejante a la anterior y expresada con la misma preposición. Sin embargo, como la «conducta» no es un objeto físico material, la relación con «Andrés» no puede ser de posesión, sino de mera *pertenencia.* También *Andrés* está ahora en caso genitivo; pero la relación ha variado de matiz al pasar de concreto a abstracto el sustantivo al que complementa *Andrés.*

También es *Andrés* genitivo de pertenencia en *La llegada de Andrés me impresionó* y *La contemplación de Andrés me impresionó.* En estos ejemplos, *Andrés* va como complemento de dos sustantivos verbales: *llegada* y *contemplación. Llegada* significa la acción de llegar, pero el que «llega» es «Andrés»; decimos por eso que *Andrés* es un *genitivo subjetivo; contemplación* indica la acción de contemplar; pero esta acción de «contemplar» la realizo «yo», y el objeto es precisamente «Andrés»; decimos por eso que *Andrés* es un *genitivo objetivo.* Decimos que un genitivo que depende de un sustantivo verbal es *subjetivo* u *objetivo* cuando aparece como *sujeto* o como *objeto* de la acción verbal que representa el sustantivo del cual dependen.

El complemento objeto de la acción expresada por el sustantivo verbal no siempre va en caso genitivo; a veces es dativo: *el amor al prójimo* (al lado del *amor de Dios,* que ofrece una interpretación ambigua). Cuando el sustantivo verbal es un infinitivo (§ 187), el sujeto se presenta en caso genitivo si predomina en la palabra el carácter sustantivo: *el dulce lamentar de dos pastores;* si el predominante es el carácter verbal, el sujeto va en nominativo: *el venir ayer tu padre.* El objeto, en cambio, va siempre en acusativo.

Los sustantivos de materia se usan como complementos en caso genitivo para expresar la materia de que está construido el sustantivo al que completan. Así, en *mesa de pino* y *escalera de mármol, pino* y *mármol* son genitivos de materia.

En conjunto, pues, podemos decir que un sustantivo está en caso genitivo cuando está ligado a otro mediante la preposición *de* por una relación de posesión, propiedad, pertenencia o materia de que está hecha una cosa.

Los pronombres indefinidos que indican vagamente cantidad suelen ir con un complemento genitivo etimológico. Así se ve en *muchos de los amigos,* esto es, *muchos* pertenecientes al grupo de los *amigos.* Esto puede extenderse a todos los demás pronombres de este tipo y aun de otros. Así tenemos el *genitivo partitivo: algo de fiera; quién de vosotros; algunos de los soldados.*

Un uso curioso del genitivo es el de realce de la cualidad, cuando va siguiendo a un adjetivo calificativo: *el idiota de Pedro; pobre de mí.* Esta construcción encierra siempre matiz despectivo o compasivo, tanto si el adjetivo en sí es depresivo como si no lo es: *el gracioso de Pepito; el bueno de Juan.*

111. ACUSATIVO

Al tratar en la Morfología (§ 42) de las diversas clases de verbos, dijimos que había algunos, llamados *activos transitivos,* que no solamente requerían un sujeto a quien se atribuyese la acción, sino también un objeto en el cual encontrase esta misma acción eficacia y cumplimiento. Así, en la frase *El hombre ha dado una limosna,* el verbo *dar* no supone solamente una persona que da, sino «algo que se da», y sin lo cual el *dar* no tiene verdadero sentido. Pues bien: este objeto indispensable a los verbos transitivos, esta palabra que completa, termina o da virtualidad a un verbo transitivo, se dice que está en caso *acusativo.* De modo que en la oración *Ayer ha visto mi madre a Andrés, Andrés,* que es el objeto de la acción de *ver,* lo que ha visto el sujeto *mi madre,* está en caso acusativo.

Ahora bien: en este ejemplo, el acusativo *Andrés* va relacionado con el verbo *ver* por la preposición *a;* en cambio, en el ejemplo anterior, el acusativo *una limosna* no va enlazado con el verbo *dar* por medio alguno. Pero es que en el ejemplo *Ayer ha visto mi madre a Andrés,* de no existir la preposición *a,* no se sabría concretamente cuál de los dos sustantivos, *mi madre* y *Andrés,* era el sujeto y cuál era el objeto. En cambio, en el ejemplo *Ese hombre ha dado una limosna,* aun cuando alterásemos el orden de los elementos oracionales, *Ha dado una limosna ese hombre,* no cabría duda sobre sujeto y objeto, porque el sentido deja ver que el sujeto es la persona y el objeto la cosa. A veces la colocación de los elementos determina cuál de ellos sea el sujeto y cuál el objeto, si ambos son nombres de cosa; no es lo mismo *La muerte de Juan ocasionó una gran desgracia* que *Una gran desgracia ocasionó la muerte de Juan.* Otras veces, como en *El negocio produjo un gran rendimiento,* o bien *Gran rendimiento produjo el negocio,* la colocación es indiferente: la mente advierte en el acto una relación tan estrecha entre el verbo y el objeto, que no hay peligro de confundir a este con el sujeto. En un caso o en otro, ya se ve que no hay necesidad de hacer intervenir ninguna preposición.

En cambio, la relación del verbo con un objeto nombre de persona no es tan íntima, y puede, por ello y por su carácter personal, confundirse fácilmente con el sujeto. Por eso el acusativo lleva en este caso la preposición *a,* y decimos: *Ayer vio mi madre a Andrés,* o *Ayer vio Andrés a mi madre,* si *mi madre* fuese el acusativo y *Andrés* el sujeto. A veces, sin embargo, un acusativo nombre de persona puede no llevar preposición; pero ello ocurre cuando se manifiesta en una vaga esfera de indeterminación, que en cierto modo le da un carácter objetivo que casi es asimilable a un nombre de cosa. Así, decimos *Necesito un buen empleado,* como diríamos *Necesito un buen local; Busco criado,* como diríamos *Busco casa.*

El uso de la preposición *a* con acusativo de persona empezó por la necesidad de evitar la ambigüedad que originarían construcciones como *Mira el padre el hijo,* y se generalizó a los demás casos en que no era necesario *(Vi a mi hijo, Respetad a los ancianos)* (1). La unión menos directa del acusativo de persona con el verbo, y la idea —propia del dativo— del interés de la persona en la acción (como en *Has pisado a este señor)*, favorecieron sin duda esta generalización.

Por la misma necesidad de evitar confusiones se emplea la preposición *a* cuando el sujeto y el complemento directo son nombres de cosas y la oración no se atiene al esquema sujeto + verbo + complemento directo : *Sostiene a la voluntad la esperanza*. Pero muchas veces no hay ambigüedad posible, y entonces no es precisa la preposición : *Destrozó la casa el temporal*.

Lenz formula la siguiente norma : «El complemento directo lleva la preposición *a* si es lógicamente posible considerarlo como sujeto de la oración» (2).

Suele enseñarse tradicionalmente en las escuelas a buscar el acusativo haciendo *con el verbo y el sujeto* las preguntas *¿qué cosa?* o *¿a qué persona?*, a las cuales debe responder el acusativo. Así, en *Mi abuelo ha comprado un reloj*, preguntaríamos : *¿qué cosa ha comprado mi abuelo?*, a lo que responde el acusativo *un reloj;* y en *Aquí espera mi madre a Andrés*, se preguntará : *¿a qué persona espera mi madre?*, a lo que satisface el acusativo *Andrés*. El procedimiento, sin embargo, está expuesto a graves errores y, sobre todo, tiene el inconveniente de desviar la atención del estudiante hacia indicios externos, con lo cual se le aleja en la misma medida del verdadero carácter gramatical del acusativo y de la auténtica comprensión del lenguaje.

## 112. DATIVO

En la oración *El cura ha regalado un libro a Andrés*, aparece nuevamente el sustantivo *Andrés*, pero en un caso distinto de los anteriores. El acusativo objeto del verbo *regalar* es ahora un *libro*. Pero la acción de *regalar* no ha quedado totalmente completa en el *libro*, pues el verbo *regalar* supone no solamente algo que se regala, sino también una persona a quien se *regala*, un segundo *objeto* o *término*, llamado *indirecto*, en oposición al

---

(1) E. C. Hills, «The accusative *a*», *Hispania*, III, 1920, 216.
(2) *La oración y sus partes*, pág. 51.

*objeto directo* o *acusativo*. Este objeto indirecto, que en el ejemplo presente es *Andrés*, se dice que está en caso dativo. La designación de término indirecto que se da al dativo no parece propia, pues no es *la persona o cosa que recibe indirectamente la acción del verbo*, como se acostumbra decir: *Andrés* no recibe los efectos de la acción de *regalar* por modo indirecto, como tampoco los recibe de modo directo el acusativo. No puede decirse que *el libro* reciba la acción de *regalar;* quien la recibe propiamente es *Andrés*, a cuyas manos viene a parar *el libro*. Lo que ocurre es que el acusativo complementa la acción del verbo, y el dativo complementa la acción del verbo después de incrementada en el acusativo. El dativo *a Andrés* es complemento, no de *regalar*, sino del conjunto *regalar un libro*, que forman el predicado y su acusativo.

Hay que rechazar, pues, la idea tradicional de que el acusativo y el dativo *reciben* directa o indirectamente la acción del verbo. Por lo demás, las denominaciones de *directo* e *indirecto* aplicadas a los complementos acusativo y dativo del verbo son legítimas. *Andrés* es complemento directo con relación al conjunto *ha regalado un libro*, pero indirecto con relación al verbo solo *ha regalado* (3).

Si decimos: *A Andrés (le) gustan (o no le gustan) las patatas*, el verbo *gustar*, intransitivo, cuyo sujeto es *las patatas*, expresa un cierto hecho cuyos efectos redundan, en cierto modo, en provecho o daño de Andrés. En este ejemplo, así como en *A Andrés (le) falta un duro* o *A Andrés no (le) sirve mi lápiz*, *Andrés* está también en caso dativo, y debe observarse que, lo mismo que en las oraciones anteriores, lleva inseparable la preposición *a*.

Ahora bien: si comparamos las expresiones *El maestro ha traído un libro a Andrés* y *El maestro ha traído un libro para Andrés*, se ve que en la segunda *Andrés*, que ahora lleva la preposición *para*, es complemento del conjunto *ha traído un libro*, lo mismo que en la oración primera. En ambas expresa la persona en quien tiene total cumplimiento el hecho verbal, y en ambas está, pues, *Andrés* en caso dativo. Sin embargo, en la

---

(3) Véase Gili Gaya, *Sintaxis*, § 158.

segunda hay una diferencia de matiz respecto de la primera: en esta, *a Andrés* indica el término natural del *traer* que se predica; en la segunda, con el *para Andrés* se da a entender que el libro traído por el maestro «se destina a Andrés». Esta misma idea de *destino que se da a una cosa* o de *fin que el sujeto se propone* se encuentra en los dativos de nombres de cosas de los siguientes ejemplos: *He comprado un collar para el perro; La chica se prepara para las oposiciones; Me dispongo para el viaje.*

La significación de *destino* o *fin* de que es susceptible el dativo en los ejemplos que hemos visto, hace que también podamos señalar como incluidos en el caso dativo sustantivos (v. § 132) que con las preposiciones *a* o *para* son naturales complementos de adjetivos que expresan *capacidad, aptitud* o *cualidad ordenada a un cierto fin*. Así, diremos: *útil para los negocios; preparado para la marcha; dispuesto a la resistencia; relativo a la gramática; tocante a estos asuntos.*

Según lo que llevamos dicho, un verbo activo transitivo puede relacionarse con dos objetos: uno, el llamado *caso acusativo,* y otro, el *caso dativo.* Sin embargo, no hay entre ellos diferencia esencial: el dativo puede a veces, con la misma idea verbal, pasar a convertirse en acusativo en otra frase semejante. Por ejemplo: en la oración *El comerciante pagó su deuda a Andrés, su deuda* es el acusativo nombre de cosa, y *Andrés* es el dativo nombre de persona. Sin embargo, en la oración *El comerciante pagó a Andrés, Andrés* ha pasado a ser acusativo, cuando en la expresión primera se perdió el interés por el acusativo de cosa *su deuda.*

Resumiendo todo lo anterior, diremos que está *en caso dativo* aquella palabra que, llevando indispensablemente las preposiciones *a* o *para,* exprese, en relación con verbos o adjetivos, la idea de objeto o término directo del hecho verbal, persona o cosa que recibe el daño o provecho resultante de lo que se predica, y fin que se propone o al cual tiende el sujeto o cualidad de que se trate. Todavía incluiremos más adelante, dentro de este caso, algún nuevo matiz.

## 113. VOCATIVO

En la oración *Andrés, coge ese libro,* debemos hacer observar que el sujeto no es *Andrés,* como a primera vista pudiera creerse, sino *tú,* como forzosamente exige la forma verbal de segunda persona, *coge.* No hay posibilidad de creer que *Andrés* esté en esta frase ni en nominativo, como acabamos de decir, ni en genitivo, ni en acusativo (lo es *ese libro*), ni en dativo, para todo lo cual se necesitarían incluso preposiciones adecuadas. Se trata, en efecto, de un nuevo oficio gramatical del sustantivo *Andrés,* no confundible con los explicados antes, y que se llama *caso vocativo. Andrés,* y lo mismo cualquier sustantivo en caso vocativo, es *el nombre de la persona (o cosa personificada) a quien dirigimos la palabra.*

Las palabras que desempeñan este oficio no llevan, por lo general, artículo *(¡Cielos, ayudadme!).* Por otra parte, comoquiera que no son complemento de los componentes de la oración ni están relacionados con ninguno de ellos, no requieren el auxilio de preposición alguna. Son palabras marginales de la oración que van siempre aisladas del resto de ella por medio de comas en el lenguaje escrito.

De lo expuesto se deduce que el vocativo no es precisamente un oficio del nombre, no es una verdadera función sintáctica, ya que el nombre en vocativo no forma parte de la oración. En cambio, llena —que no es lo mismo— una de las funciones del lenguaje: la de *llamada,* que ya señalamos también en la interjección (§ 90). Obsérvese que muchas veces el vocativo va asociado a la interjección: *¡Eh, Juan!* En cuanto a la entonación, tanto el uno como la otra son independientes de la del resto de la frase.

## 114. ABLATIVO

Examinemos todas las expresiones siguientes:

1. *Mi madre salió con Andrés.*
2. *Los amigos hablan de Andrés (o sobre Andrés).*
3. *Lola se quedó por Andrés.*

4. *El alcalde me ha mandado recuerdos por Andrés.*
5. *El establecimiento no marcha sin Andrés.*
6. *El perro salió corriendo tras Andrés.*
7. *Todo el mundo truena contra Andrés.*
8. *El policía se adelantó hacia Andrés.*

En todas las oraciones descubrimos la presencia del mismo sustantivo *Andrés,* que venimos estudiando en sus diferentes oficios. En todos los ejemplos, *Andrés* está relacionado con los distintos predicados verbales *(salió, habla, se quedó,* etc.), y las relaciones existentes entre los diversos predicados y *Andrés* son distintas. En el ejemplo 1, *Andrés* es la persona que acompañó al sujeto *mi madre* en su *salida;* la preposición *con* indica, pues, una relación que llamaremos *de compañía;* en el ejemplo 2, *Andrés* es el tema sobre el cual versa la conversación de *los amigos; de* y *sobre* corresponden, por tanto, a la relación que llamaríamos *de materia de que se trata* o *asunto;* en el número 3, *por* expresa la relación de *causa (Andrés)* a *efecto (quedarse);* en cambio, en el número 4 la misma preposición establece una relación *de medio* o *instrumento por el cual se hace alguna cosa,* ya que *Andrés* es el intermediario del saludo del *alcalde;* en el ejemplo 5, la preposición *sin* implica *separación* o *privación;* los ejemplos 6 y 8 ofrecen las preposiciones *tras* y *hacia,* que establecen entre los verbos *correr* y *levantarse* y el sustantivo *Andrés* una relación de *situación* respecto de la persona designada por *Andrés,* el uno, y dirección en un sentido designado también por *Andrés,* el otro, determinaciones ambas *de lugar;* por último, en el ejemplo 7, *contra* señala en el *tronar* un sentido de *oposición.*

Pues bien: en todas estas oraciones decimos que el sustantivo *Andrés* está *en caso ablativo.* Se encuentran, por tanto, *en caso ablativo* todos aquellos nombres que están relacionados con el predicado, completando a lo que predica mediante la añadidura de ciertas circunstancias que acompañan al hecho, tales como el *lugar* donde ocurrió, el *tiempo* en que se verificó, la *manera* de ocurrir, el *instrumento* o *medio* de que se hizo uso, la *causa* que lo originó, el *asunto* de que se trataba, la persona o cosa que *acompañaba* o que *faltaba,* etc.

Obsérvese como más notable la cualidad de expresar circunstancias de lugar, tiempo y modo, lo mismo que los adverbios. Así, podremos decir: *Pedro ha venido hoy* o *Pedro ha venido esta mañana; hoy* y *esta mañana* localizan en el tiempo el *venir;* el uno es adverbio; el otro es un sustantivo (determinado adjetivamente) en caso ablativo. Muchos adverbios y frases adverbiales no son, en realidad, sino antiguos sustantivos más o menos modificados a los que el uso sintáctico constante como ablativos ha inmovilizado en formas invariables.

Como los sustantivos que decimos estar en caso ablativo expresan tan gran diversidad de circunstancias, van unidos a los predicados por todas las preposiciones, pero asimismo pueden también ir sin preposición, como acabamos de ve' en el ablativo *esta mañana.*

Los sustantivos verbales, por el significado de *acción* que llevan consigo, suelen complementarse con sustantivos en caso ablativo, los mismos que llevaría el verbo del cual derivan. Así, diremos: *la salida del teatro; la llegada a Madrid; el viaje en coche.* Asimismo llevan también complementos ablativos otros nombres no verbales, quizá por elipsis de toda una oración: *árbol sin hojas* puede proceder de *árbol (que está) sin hojas.* De este modo, el ablativo *sin hojas* recoge todo el sentido adjetivo de la expresión *que está sin hojas,* y puede equivaler a un adjetivo morfológico, que unas veces posee la lengua (como en esta ocasión: *sin hojas = deshojado)* y otras veces no, como en *un día sin pan.* De aquí llegamos insensiblemente al concepto de un *ablativo de cualidad,* de origen latino, en el cual ya se ha perdido la idea de una primitiva oración elíptica: *el hombre del gabán; una moza de buenas carnes* (v. § 132).

El ablativo complemento de un nombre podría explicarse también, sin recurrir a una oración elíptica, como una construcción semejante a la del adjetivo atributo, del que es equivalente. En *fuente seca* no es necesario pensar en una oración sobrentendida, *fuente (que está) seca;* de la misma forma podemos pensar directamente la frase *fuente sin agua.*

115. Los casos y las preposiciones

Hemos visto cómo los oficios sintácticos de un sustantivo se han clasificado en seis grupos distintos; pero en todos el sustantivo *Andrés* ha permanecido invariable. Solamente la distinción de sujeto y objeto exigía alguna vez determinada colocación en la frase; en todos los demás casos, las preposiciones expresaban la relación necesaria con los demás elementos de la oración.

Nótese, sin embargo, que como el ablativo hace uso de todas las preposiciones, hay tres de estas, *de, a* y *para,* que sirven para más de un caso: *de,* para genitivo y ablativo; *a,* para dativo, acusativo y ablativo; *para* se usa en dativo y ablativo. Por tanto, conviene distinguir bien, cuando se encuentren en la oración estas preposiciones, la clase de relación de que en cada momento se trata.

116. Los casos en el pronombre

El pronombre sustantivo, como va en lugar de un nombre, tendrá, como este, ciertos oficios sintácticos en la oración, a los cuales es en un todo aplicable la nomenclatura de los casos. Sin embargo, en los pronombres personales hay que estudiar la cuestión más detenidamente.

Si el pronombre *yo* es sujeto, podremos decir, sin duda, *Yo busco a mi madre;* pero si el pronombre *yo* es objeto, no podemos decir *Mi madre busca a yo,* sino *Mi madre me busca;* y si *yo* ha de expresar compañía, no diríamos *Mi madre ha venido con yo,* sino *conmigo;* y si debe significar causa, no se dirá *Mi madre ha venido por yo,* sino *por mí.* Así pues, el pronombre *yo* tiene esta forma, en efecto, para el caso nominativo; pero se cambia en *me* cuando se halla en caso acusativo, y adopta las formas *conmigo* y *mí* en dos relaciones distintas del caso ablativo.

Luego si el pronombre *yo* tiene formas diferentes según los casos en que se encuentre, podemos decir que tiene una verdadera declinación. Lo mismo ocurre con *tú, nosotros, vosotros, él, ella, ello, ellos* y *ellas.*

117. DECLINACIÓN DE LOS PRONOMBRES PERSONALES

Las distintas formas que toman los pronombres personales pueden agruparse, prácticamente, de la siguiente manera:

DECLINACIÓN DE «YO»

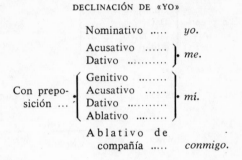

| Nominativo ..... | yo. |
| Acusativo ...... <br> Dativo ........... | me. |
| Con preposición ... { Genitivo ........ <br> Acusativo ...... <br> Dativo ........... <br> Ablativo ......... | mí. |
| Ablativo de compañía ..... | conmigo. |

DECLINACIÓN DE «TÚ»

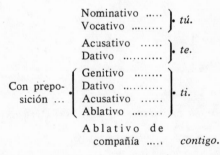

| Nominativo ..... <br> Vocativo ......... | tú. |
| Acusativo ...... <br> Dativo ........... | te. |
| Con preposición ... { Genitivo ........ <br> Dativo ........... <br> Acusativo ...... <br> Ablativo ......... | ti. |
| Ablativo de compañía ..... | contigo. |

DECLINACIÓN DE «NOSOTROS, NOSOTRAS»

| Nominativo ..... | nosotros, nosotras. |
| Acusativo ...... <br> Dativo ........... | nos. |
| Con preposición ... { Genitivo ........ <br> Acusativo ...... <br> Dativo ........... <br> Ablativo ......... | nosotros, nosotras. |

### DECLINACIÓN DE «VOSOTROS, VOSOTRAS»

Nominativo ..... }
Vocativo ......... } • *vosotros, vosotras.*

Acusativo ...... }
Dativo .......... } • *os.*

Con preposición ... • ⎰ Genitivo ........ 
Dativo .......... 
Acusativo ...... 
Ablativo ......... ⎱ • *vosotros, vosotras.*

### DECLINACIÓN DE LOS PRONOMBRES DE TERCERA PERSONA

| | SINGULAR | | | PLURAL | |
|---|---|---|---|---|---|
| | Masculino | Femenino | Neutro | Masculino | Femenino |
| Nominativo ............... | *él* | *ella* | *ello* | *ellos* | *ellas* |
| Acusativo ................. | *lo, le* | *la* | *lo* | *los* | *las* |
| Dativo ..................... | *le, se* | *le, se* | | *les, se* | *les, se* |
| Con preposición ⎰ Genitivo ......... <br> Acusativo ...... <br> Dativo .......... <br> Ablativo ........ ⎱ • | *él* | *ella* | *ello* | *ellos* | *ellas* |

### DECLINACIÓN DEL REFLEXIVO DE TERCERA PERSONA

No tiene nominativo.

Acusativo ...... }
Dativo .......... } • *se.*

Con preposición ... • ⎰ Genitivo ........ 
Acusativo ...... 
Dativo .......... 
Ablativo ......... ⎱ • *sí.*

Ablativo de compañía ..... *consigo.*

También podría ser práctica la siguiente agrupación de las formas:

| | |
|---|---|
| Formas que pueden servir para todos los casos, con preposición o sin ella ...... | *nosotros, nosotras.*<br>*vosotros, vosotras.*<br>*él, ella, ello, ellos, ellas.* |
| Formas que sirven para caso nominativo solamente ..................................... | *yo.* |
| Formas para nominativo y vocativo ...... | *tú.* |
| Formas para dativo y acusativo ............ | *me, te, nos, os, se, le.* |
| Formas para dativo exclusivamente ...... | *les.* |
| Formas privativas de acusativo ............ | *lo, la, los, las.* |
| Formas para casos con preposición ...... | *mí, ti, sí.* |
| Formas exclusivas para ablativo de compañía ...................................... | *conmigo, contigo, consigo.* |

## 118. LAS FORMAS PRONOMINALES ÁTONAS

De todas las formas que acabamos de ver, ofrecen un interés sintáctico excepcional las de dativo y acusativo *me, te, nos, os, le, la, lo, les, los, las, se,* llamadas formas átonas porque carecen de acento en la pronunciación, y por ello se pronuncian apoyándose en las palabras adyacentes, con las que, como ya veremos, forman a veces un compuesto. Frente a las formas de acusativo *me, te, nos, os, lo, la, los, las,* se encuentran, correlativas de estas, refiriéndose a los mismos conceptos sustantivos, las formas de dativo *me, te, nos, os, le, le, les, les.* He aquí ejemplos que aclararán el uso de estas formas en ambos casos:

| Acusativo | Dativo |
|---|---|
| Ese hombre *me* busca ......... | Ese hombre *me* busca un disgusto. |
| Tu padre *te* ha visto ............ | Tu padre *te* ha visto las cartas. |
| *Nos* ha traído la tía ............ | *Nos* ha traído la tía unos libros. |
| *Os* envidia la gente ............... | *Os* envidia la gente vuestra casa. |
| Ayer *lo (a él)* vi en la calle ... | Ayer *le (a él)* vi la cicatriz. |
| No *la (a ella)* conozco ......... | No *le (a ella)* conozco el nuevo vestido. |
| Pedro no *los (a ellos)* ha buscado .............................. | Pedro no *les (a ellos)* ha buscado casa. |
| La casa *las (a ellas)* ha pagado ya .............................. | La casa *les (a ellas)* ha pagado ya su sueldo. |

169

La forma *se,* que hemos visto entre los dativos de los pronombres *él, ella, ellos* y *ellas,* no debe confundirse de ningún modo con las formas del pronombre reflexivo de tercera persona. La forma *se* no es sino una pura evolución fonética de las formas *le* y *les* de dativo, cuando concurren con las demás formas de acusativo con *l.* Si decimos, por ejemplo, *Pedro ha traído un libro a Andrés, libro* es el acusativo, así como *Andrés* es el dativo; pero si en vez de emplear el sustantivo *libro* lo sustituimos, como cosa consabida, por el pronombre *él,* diremos: *Pedro* LO *ha traído a Andrés;* y si el dativo *Andrés* lo damos también por entendido, lo sustituiremos por el mismo pronombre de tercera persona en dativo, esto es, por *le.* Resultaría de este modo la expresión *Pedro* LE LO *ha traído.* Pero la evolución fonética de estos dos pronombres juntos (4) ha dado lugar a la forma *se lo: Pedro* SE LO *ha traído.* Los grupos *se lo* (= le lo, les lo), *se la* (= le la, les la), *se los* (= le los, les los) *se las* (= le las, les las), se explican de la misma manera.

Las formas átonas de dativo admiten una modalidad en su significado que se llama *dativo de interés,* por el cual se expresa la participación sentimental que una persona gramatical toma en el cumplimiento de lo que se predica. Si decimos *Se me murió mi madre,* no añadimos ningún informe nuevo a lo indicado por la oración *Se murió mi madre;* con el *me* expresamos sencillamente nuestra intervención *afectiva* en el hecho, el vivo interés sentimental que ofrece este para nosotros. Otros ejemplos: *No se os escape; Que no le falte el chico a clase, señor maestro; Siempre nos viene con disculpas.* Lo mismo tenemos en *Me comí una chuleta; Te fumaste un habano,* en donde el uso de dativos de interés da carácter reflexivo a los verbos *comer* y *fumar,* hecho que justifica la existencia de muchos verbos reflexivos.

---

(4) El latín *illi illu* (le lo) se convirtió en época muy remota en *lle lo;* de aquí procedía la forma medieval *ge lo* (pronunciada la *g* como en francés *genou),* que a su vez acabó por transformarse en el actual *se lo.*

## 119. Leísmo y laísmo

Así como en el plural está perfectamente clara la distinción entre la forma de dativo *les* para ambos géneros y las de acusativo diferenciadas *los* y *las,* no pasa lo mismo en singular respecto de las tres formas, *le, lo* y *la,* que ofrecen cierta confusión en su uso.

Ocurre esta en primer término entre el *le* y el *lo,* por el empleo muy extendido que se hace en la lengua corriente del *le* para el caso acusativo, diciendo: *Le conocí por el traje,* en vez de *Lo conocí por el traje; Le busqué y no le encontré,* en lugar de *Lo busqué y no lo encontré.* El motivo de esta confusión está, sin duda, en la necesidad instintiva que advierte el que habla de distinguir en el acusativo si se trata de una persona o de una cosa, empleando *le* para el primero y *lo* para el segundo. Así, decimos: *A Andrés le busqué y no le encontré;* en cambio, si se trata de un libro, por ejemplo, diríamos sin vacilar: *Ese libro lo busqué por todas partes y no lo encontré.*

Una razón muy semejante justifica la confusión entre *le* y *la.* La conveniencia que se siente de distinguir entre el dativo masculino *(a él)* y el dativo femenino *(a ella)* cuando no existe para ambos sino una forma indiferenciada *le,* hace que en el lenguaje familiar se habilite el acusativo *la* para el dativo femenino, reservando el *le* solo para el masculino. Así, se dice: *A Petra la he escrito una carta,* en vez de *A Petra le he escrito una carta; La besé la mano (a la duquesa),* en vez de *Le besé la mano (a la duquesa).*

Según el USO CULTO actual, el *leísmo* es correcto y el *laísmo* es incorrecto, en términos generales. He aquí la distribución de las formas por sus funciones sintácticas:

| | | | |
|---|---|---|---|
| Singular.. | Dativo. | (masculino y femenino) ...... | *le* |
| | Acusativo. | masculino ..... { personas ... | *le* (mejor que *lo)* |
| | | { cosas ........ | *lo* |
| | | femenino (personas o cosas). | *la* |
| Plural. | Dativo. | (masculino y femenino) ...... | *les* |
| | Acusativo. | masculino ...................... | *los* |
| | | femenino ...................... | *las* |

Los usos familiares y vulgares son diferentes:

| | | | | |
|---|---|---|---|---|
| Singular. | Dativo. | masculino | ....................... | *le, lo* (5) |
| | | femenino | ....................... | *la* |
| | Acusativo. | masculino ..... | personas ... | *le, lo* |
| | | | cosas ........ | *lo, le* |
| | | femenino (personas o cosas). | | *la* |
| Plural. | Dativo. | masculino | ....................... | *les (le)* (6) |
| | | femenino | ....................... | *las* |
| | Acusativo. | masculino | ....................... | *les, los* |
| | | femenino | ....................... | *las* |

De aquí se deduce que la tendencia natural del idioma es aprovechar las diversas formas existentes, no para la distinción de casos (dativo/acusativo), sino solo para la distinción de géneros (masculino/femenino). Así se uniforma en cierto modo la tercera persona con las otras dos, cuyas formas no diferencian el dativo del acusativo *(me; te; nos; os);* si bien estas, por su etimología, tampoco distinguen entre masculino y femenino (v. § 28).

Es decir, el hombre de la calle español no siente la diferente configuración sintáctica de estas oraciones: *La vi ayer por la tarde; La dije lo que quería.* Pero sí le interesa destacar que es *la,* a ella, a una mujer, y no a un hombre, a quien vio o a quien dijo algo.

La otra diferenciación posible (animado/inanimado) tiene realidad en la lengua, aunque poco firme: *No le* (o *lo*) *he visto* (a un hombre); *No lo* (o *le*) *he traído* (el libro). Recuérdese la escasa fijeza de normas en el empleo de la preposición *a* con acusativo (§ 111), que es el otro uso sintáctico que atiende a la distinción entre animado e inanimado.

## 120. Pronombres enclíticos

Las formas átonas *me, te, nos, os, se, le, la, lo, los, las,* de los pronombres personales, y *se* reflexivo, por su falta de acento prosódico, se enuncian, como ya hemos dicho, apoyados en las palabras adyacentes que tienen acento. Así, *me dicen, te lo*

---

(5) *Lo* con este valor es francamente vulgar: *¡Lo pego una bofetá!...*

(6) Este uso del pronombre dativo singular por plural es frecuente, pero solamente cuando ese pronombre va como anticipador del sustantivo: *DaLE a los chicos un abrazo.* Parece relacionarse con el tipo de concordancia *Mañana LLEGA Juan y su hermano,* corriente en la lengua hablada. Sin embargo, la confusión es mucho más rara en el acusativo.

*cuentan,* se pronuncian exactamente lo mismo que si se hubiese escrito *medicen, telocuentan.* Pero estos pronombres pueden ir también pospuestos a las formas verbales, y entonces no solamente se juntan a estas en la pronunciación, sino también en la escritura; dícese entonces que van *enclíticos: Dícenme; Pusiéronle un telegrama; Suprimióse la función.*

A veces concurren dos de estas formas en la oración, y entonces, lo mismo si van delante que detrás del verbo, el pronombre de segunda persona va siempre delante del de primera, y cualquiera de estos antes del de tercera; en cambio, la forma *se* (personal o reflexiva) precede a todas: *mándamelo* o *me lo mandas; tráeselas* o *se las traes; se me cayó* o *cayóseme.*

En cuanto a estas construcciones enclíticas, recuérdese también lo que se ha dicho sobre ellas al hablar de los verbos reflexivos en la Morfología (§ 74).

En el habla no se usan los pronombres enclíticos; literariamente tampoco abundan mucho. Solamente, pero con carácter obligatorio, se emplean con el imperativo, el infinitivo y el gerundio: *tráete, irme, saberlo, viéndonos.* Con el subjuntivo exhortativo, que equivale a un imperativo, también es necesaria la enclisis; la forma *Madre, me dé pan* se considera rústica.

# XV. Determinación del sustantivo

121. Determinación del sustantivo

Acabamos de ver los diferentes oficios sintácticos de un sustantivo en la oración, clasificados en seis casos. Según este estudio, un sustantivo puede ser sujeto, predicado nominal, complemento de otro sustantivo, de un adjetivo o de un verbo predicativo; y hemos visto también cómo, en el caso de ser complemento, los complementos sustantivos se clasificaban según ciertas relaciones.

Pero sea cualquiera el oficio que un sustantivo tenga en la oración, su significación no suele estar determinada, porque, lo mismo si es genérico que si es propio, si es abstracto o si es concreto, puede aplicarse a un número mayor o menor de individuos, y es indispensable, por tanto, determinarlo de suerte que hagamos concebir a nuestro interlocutor la idea clara del objeto de que se trate, a menos que intencionalmente lo queramos dejar indeterminado. Lo mismo que decimos del sustantivo es aplicable, en cierto sentido, a las demás partes de la oración. Vamos a estudiar sucesivamente por qué procedimientos llegamos a la determinación requerida en cada caso. En el sustantivo podemos hacer las siguientes distinciones:

1.ª Formas de indeterminación.
2.ª Determinación por referencia.
3.ª Determinación por atribución.
4.ª Determinación por relación.

122. Formas de indeterminación

Es la primera la que ofrecen los sustantivos sin artículo alguno. Ocurre tanto con los de materia como con los genéricos. Con los de materia da idea de cantidad indeterminada, como en *Dame pan, Bebimos vino, No tiene mesas;* en este caso, sin embargo, pero expresando la misma indeterminación de magnitud, pueden ir determinados los sustantivos: *Bebimos vino de Burdeos.* Sustantivos abstractos pueden dejarse en su indefinición natural: *No logró resultado, No tenía sueño;* también sustantivos concretos pueden emplearse del mismo modo con un sentido de cierta abstracción: *No tenía cama* (es decir, «donde reposar»); *Busco casa* (esto es, «lugar donde habitar»). A veces estos sustantivos pueden determinarse, pero siguen omitiendo el artículo por conservar cierto sentido de vaguedad, dentro de la mayor comprensión de cualidades que le presten los complementos añadidos: *No logró resultado favorable; Busco casa con cuarto de baño.* La indeterminación no se refiere ahora a *resultado* y a *casa,* sino a las frases completas *resultado favorable* y *casa con cuarto de baño.*

Un segundo grado de indeterminación es el que ofrecen los sustantivos afectados del artículo indeterminado. Este presenta a nuestra atención un objeto cualquiera de los designados por el sustantivo; pero lo presenta aislado, como un individuo desprendido ya de los demás de su especie: *Un día pasó por una alameda cercana a nuestra casa un caballero con una dama de gran hermosura.* *Día* y *caballero* son sustantivos indeterminados con artículo; *alameda* y *dama* llevan complementos que los determinan aumentando las cualidades que de ambos conocemos; pero, de modo semejante a lo que hemos dicho antes, los artículos indeterminados dejan en la indeterminación, no ya los sustantivos, sino las frases sustantivas *alameda cercana* y *dama de gran hermosura.*

Un tercer grado de indeterminación se nos presenta en los sustantivos afectados del artículo determinado en uso genérico o distributivo: *El viento arranca las hojas de los árboles; el viento* y *los árboles* se encuentran en este caso.

## 123. DETERMINACIÓN POR REFERENCIA

Si decimos *Dame el gabán,* el sustantivo *gabán* está bien determinado: se trata de un gabán ya consabido de las personas que hablan. Ha bastado el artículo *el* para dar a entender que el gabán que pedimos es «cierto gabán» que solemos usar. El gabán queda, pues, determinado con referencia a un conocimiento anterior. Otras veces es el contexto mismo el que determina el objeto de que se trata; por ejemplo: *En esa casa vivía una familia; el padre era leñador; la madre, lavandera, y tanto los hijos como las hijas trabajaban para subvenir al sustento de todos. Padre, madre, hijos* e *hijas* están determinados con referencia a la familia de que se viene hablando. En todos estos casos es indispensable el uso del artículo determinado, que nos inicia presentándonos ya al sustantivo dentro de una cierta esfera de determinación.

124. DETERMINACIÓN POR ATRIBUCIÓN

La determinación o indeterminación del sustantivo no depende, como acabamos de ver, de los complementos que lleve: *una bella dama de nobles ademanes y de señoril distinción* se nos presenta como indeterminada, por más que estos complementos añadidos nos hagan saber de ella sus cualidades de belleza, de gesto y de empaque. Por otra parte, hemos visto cómo *el gabán* o *el padre* se nos presentaban como objetos determinados, no obstante que los sustantivos no lleven aquí complemento alguno.

Sin embargo, no puede negarse que el mejor medio de concretar un sustantivo para que sirva a la expresión de un objeto determinado es declarar aquellas de sus cualidades que sean más características, o bien relacionarlo con otros objetos más o menos conocidos. Tenemos así la *determinación por atribución* y la *determinación por relación*.

En la determinación por atribución hay que distinguir la *adjetivación* y la *aposición*.

125. ADJETIVACIÓN

El complemento natural del sustantivo es el adjetivo, puesto que el papel de este es precisamente expresar las cualidades de

176

los objetos o concretarlas por la atribución de ciertas determinaciones. Hay que distinguir, pues, entre la adjetivación determinativa y la calificativa.

La primera, como es de suponer, alcanza, aunque en distinta medida, el mayor grado de especificación, y ello por distintos medios: por la cantidad, *muchas mesas;* por el número, *tres casas;* por el orden, *el primer día;* por multiplicidad, *triple gasto;* por división, *media rosca;* por distribución, *cada libro,* etc. Los adjetivos demostrativos y posesivos originan una determinación tan atributiva como de relación, puesto que, en realidad, establecen relaciones del objeto con las personas gramaticales: *este dinero; mi conciencia.* En cada caso se obtiene la determinación adecuada del sustantivo, sin necesidad de que el aditamento del artículo corrobore esta determinación mayor o menor.

La adjetivación calificativa pone de manifiesto cualidades más o menos características del objeto. Ya vimos en los adjetivos que había que distinguir entre los adjetivos *explicativos,* también llamados *epítetos,* y los *especificativos.* Sirva de ejemplo de los primeros *la cándida paloma,* y de los segundos, *las palomas mensajeras* (v. § 16).

126. Aposición

Si un sustantivo aclara o precisa el concepto de otro sustantivo, se dice que va en aposición con él. Ya señalamos en la Morfología (§ 25) cómo en *el soldado poeta* el sustantivo *poeta* concretaba la idea de *soldado,* atribuyéndole con carácter adjetivo cuanto contiene el concepto de *poeta.* Esta aposición la llamaremos *especificativa.*

Pero si decimos *Toledo, la ciudad del Tajo,* el sustantivo *ciudad* se refiere a *Toledo,* pero no con un sentido de especificación, sino de pura aclaración, más bien poética, puesto que dentro de nuestro concepto de *Toledo* está ya descontado su carácter de *ciudad.* Este último sustantivo está, pues, en aposición del primero; pero en aposición *explicativa,* no especificativa, como en el caso anterior.

177

Hay, pues, aposiciones explicativas y especificativas, como había adjetivos de uno y otro tipo y con un sentido semejante.

Si comparamos las expresiones *el divino río Danubio* y *Danubio, río divino,* observamos que, tanto en un ejemplo como en otro, hay la aposición de dos sustantivos: *río* y *Danubio.* Ambos sustantivos se refieren al mismo objeto, solo que el primero es su nombre genérico, y el segundo, su nombre individual, específico. Teniendo en cuenta esto, claro es que en *el divino río Danubio* habrá una aposición especificativa, mientras que en *Danubio, río divino,* tendremos una aposición explicativa.

Los objetos que conviene designar por dos nombres, genérico y específico, se expresan mediante una aposición especificativa. Así, decimos: *los montes Pirineos; el río Guadiana; mi primo Alberto; el señor don Andrés Gómez.* Pero, por lo general, se coloca el nombre específico en genitivo, construcción característica española: *la provincia de Burgos; el teatro de Apolo; la calle de Alcalá; el golfo de Lepanto; el año de 1913; el mes de marzo.* Hay, sin embargo, evidente tendencia a suprimir la preposición, diciendo: *teatro Lope de Vega; avenida Alfonso XIII; Instituto Infanta Beatriz.*

Esta corriente va ganando rápidamente terreno, y así hoy resulta raro ver u oír *año de 1954* en lugar de *año 1954,* y los edificios e instituciones nuevos se nombran ya todos por yuxtaposición: *Universidad Menéndez Pelayo, cátedra Manuel de Falla, edificio España.* A esta generalización puede haber contribuido el deseo de distinguir en muchos casos de la posesión el mero título.

No es tan general esta tendencia en las denominaciones de calles y plazas; al menos no la aceptan el lenguaje culto, el oficial ni siquiera el medio. Las formas *calle Toledo, plaza Santa Cruz,* son características o del habla vulgar (compárese *voy a casa mi tía; el chico el carpintero*) o de la telegráfica economía de los anuncios de periódico. Fuera de estos casos, el decir *calle Calvo Sotelo* o *calle Arenal* es extranjerismo.

Los sustantivos en aposición pueden ir en diferente género y diferente número: *Perdieron a su madre, único apoyo que les quedaba a aquellos huérfanos, miserable lastre que la fortuna arrojó de su lado.* Son aposiciones *madre* y *apoyo, huérfanos* y *lastre.*

127. DETERMINACIÓN POR RELACIÓN

Un sustantivo puede determinarse con otro sustantivo en caso genitivo o ablativo, con el cual va relacionado mediante las preposiciones que correspondan. Recuérdese a estos efectos cuanto hemos dicho del caso genitivo y lo que se ha expuesto sobre los ablativos complementos de sustantivos verbales o no, y ablativos de cualidad (§§ 110 y 114). Así, tenemos como ejemplos diversos de uno y otro caso: *el sombrero del niño; la resistencia de la columna; la petición de amnistía; unos pendientes de perlas; los periódicos de ayer; gato con guantes; el hombre de la cicatriz; un viaje a la República Argentina; un estudio a fondo; las máquinas de vapor; un paseo en coche; la lucha por la vida; un día sin pan.*

128. FRASES SUSTANTIVAS

En las expresiones *el azul del cielo; un sueño de oro; el árbol sin hojas; el gato con guantes; el caballero de la máscara,* los genitivos y ablativos *del cielo, de oro, sin hojas, con guantes y de la máscara* son equivalentes a adjetivos, como *celeste, dorado, deshojado, enguantado* y *enmascarado* (§ 114). En la frase *un hombre sin vergüenza,* por ejemplo, el ablativo ha constituido, en unión de su preposición, un adjetivo morfológico: *sinvergüenza.* Pues bien: aunque no siempre hay equivalencia de estos genitivos y ablativos con los adjetivos morfológicos, se percibe siempre en ellos su sentido adjetivo y sufren por ello con frecuencia el proceso, tan común, de la sustantivación, en que interviene esencialmente el artículo determinado. Así, son *frases sustantivas: el de la capa; la de los claveles dobles; los de Aragón; los sin patria.*

Pero, en general, debemos llamar frase sustantiva a la constituida por un sustantivo, cualquiera que sea su función sintáctica, y todo aquel conjunto de determinaciones que le acompañan. Así, en el ejemplo *Aquel glorioso hijo de la república romana, César, fue alevosamente asesinado; aquel glorioso hijo de la república romana, César,* constituye una frase sustantiva, en la que puede advertirse el sustantivo *hijo,* los adjetivos *aquel* y *glorioso,* la aposición *César* y el complemento por relación en genitivo *república romana,* que es, por su parte, otra frase sustantiva.

# XVI. Determinación del adjetivo

## 129. MEDIOS DE DETERMINACIÓN

Un adjetivo puede ser en la oración sujeto, predicado nominal o complemento predicativo; pero, cualquiera que sea su oficio, se refiere siempre al sustantivo, ya con carácter atributivo, ya predicativo.

Ahora bien: muchas veces no bastan los adjetivos morfológicos para expresar la cualidad o la determinación, unas veces por falta o sobra de intensidad en aquellos, otras por el carácter relativo o restrictivo que queremos dar a la atribución. En ambos casos se modifica gramaticalmente el adjetivo, adecuándole al matiz que debe expresar, por medio de la añadidura de complementos apropiados. En este sentido podemos hablar de una *determinación* de los adjetivos.

Esta puede ser:
1.º Por modificación de la intensidad.
2.º Por comparación.
3.º Por relación.

## 130. MODIFICACIÓN DE LA INTENSIDAD

La intensidad de un adjetivo se modifica, en primer término, por medio del adverbio, uno de cuyos oficios como parte de la oración es precisamente este. Así, la cualidad de *duro* permite diferentes matices, como *muy duro, bien duro, bastante duro, demasiado duro, extremadamente, horriblemente, enormemente, extraordinariamente duro, algo duro, un poco duro, poco duro, nada duro, casi duro,* etc. También puede echarse mano, como

se sabe (§ 23), de la formación morfológica de *superlativo absoluto: durísimo.*

Por lo general, el adverbio que acompaña a un adjetivo lo
hace modificando su intensidad. Sin embargo, otras veces agre-
ga una cualidad sobre otra cualidad: *ridículamente cursi; audaz-
mente juvenil.*

131. Determinación por comparación

También por adverbios —los adverbios *más, menos* y *tan*—
se llega a las formas adjetivas *más duro, menos duro* y *tan duro,*
que tienen solo un valor relativo, como que solo nacen de la
comparación de un objeto con otro, en cuanto a la cualidad de
«dureza», de lo cual salen tres tipos de expresiones comparativas:
el de superioridad, el de igualdad y el de inferioridad: *Esta madera es más dura* o *menos dura que aquella; Esta madera es tan
dura como aquella.*

Recuérdese, a este efecto, lo dicho en la Morfología (§ 23)
acerca de la *gradación* de los adjetivos.

132. Determinación por relación

A veces la cualidad queda restringida o concretada mediante
la relación con un sustantivo, que establece una preposición.

Esta relación es de las comprendidas en los casos dativo y
ablativo (§§ 112 y 114). Con dativo tenemos, por ejemplo: *dispuesto para el estudio; apto para el ejército; inclinado al bien;
ágil para la carrera; dócil a las advertencias; difícil para nosotros.*
Con ablativo encontramos: *procedente de Burgos; liberal con
los amigos; docto en Medicina; práctico en taquigrafía; harto de
esperar; conforme con su suerte.* Nótese que muchos de estos
adjetivos no hacen sino tomar, por su origen verbal, los complementos que corresponderían a los verbos de donde proceden,
incluso los adverbios; de este tipo tenemos, en general, el gran
número de participios pasivos de que constantemente se hace

uso: *Pedro es un muchacho estimado por todos sus vecinos; Llegó rendido de fatiga.*

Estos complementos llevan generalmente la misma preposición que si lo fuesen del verbo: *conforme con su suerte (conformarse con su suerte); procedente de Burgos (proceder de Burgos).*
El adjetivo puede ser completado no solo por un nombre dativo o ablativo, sino también, a veces, por un genitivo: *amante de las flores; ansioso de noticias.* Este complemento se da en adjetivos de sentido verbal, y tiene valor de objeto de la acción contenida en la cualidad. Es, pues, un genitivo objetivo (v. § 110). Como se ve, aquí no se da la correspondencia de preposiciones que hay en los otros complementos: *amante de las flores* (pero *amar las flores); ansioso de noticias* (pero *ansiar noticias*).

La expresión *una moza pequeña de cuerpo* procede de *una moza de cuerpo pequeño.* La cualidad de *pequeño* ha pasado a la *moza,* que es en quien concurre realmente. Pero de aquí se ha extendido a otras frases no tan fáciles de explicar: *una moza, pequeña de boca, pero recia de voz.*

### 133. FRASES ADJETIVAS

Determinados los adjetivos en esta forma, un adjetivo acompañado por sus diversos complementos constituye un total más o menos complicado que en conjunto se atribuye al sustantivo correspondiente: *Dimos fin a aquella tarea, para nosotros sumamente enojosa. Para nosotros sumamente enojosa* es una *frase adjetiva,* complemento de *tarea.* Claro es que estas frases admiten la sustantivación con el artículo: *El designado ayer por nosotros no acepta el cargo. Designado ayer por nosotros* es una frase adjetiva sustantivada.

# XVII. Determinación del pronombre

## 134. DETERMINACIÓN DEL PRONOMBRE

Funcionando como sustantivo, puede el pronombre llenar en la oración todos aquellos oficios que hemos reconocido en el nombre. Asimismo puede intervenir en la determinación de sustantivos y adjetivos como un nombre cualquiera.

Véanse, para comprobación, algunos ejemplos de los distintos hechos gramaticales explicados: aposición de nombre y pronombre: *Yo, vuestro coronel, os felicito;* aposición de dos pronombres: *Todos nosotros estamos a vuestro lado;* adjetivación predicativa: *Vosotros, incautos, le habéis creído; Yo soy feliz con mis hijos;* determinación por relación: *Alguno de esos lo sabe; Aquellos de la boina tuvieron la culpa.* Asimismo encontramos los pronombres como complementos de sustantivos y adjetivos: *la tierra de todos; la vida sin ti; semejante a ellos; contento con lo suyo.*

De los pronombres adjetivos (adjetivos determinativos) como complementos de los nombres, ya se ha hablado en el § 125.

# XVIII. *Determinación del verbo*

## 135. Los complementos verbales

Excluyendo el infinitivo, el participio y el gerundio, formas verbales auxiliares (§ 50), de los cuales hablaremos oportunamente (§§ 186 y ss.), una forma verbal no puede tener en la oración más valor que el de predicado. Sin embargo, el verbo por sí solo expresa casi siempre el hecho predicado de modo tan vago, que es preciso completarlo con la añadidura de un número mayor o menor de complementos.

Los complementos del verbo son unos *por atribución* (adverbios) y otros *por relación*. Sin embargo, su abundancia, tanto de un tipo como de otro, los ha hecho objeto de particular atención, y así, la gramática los ha clasificado tradicionalmente en tres grupos: *complementos directos, complementos indirectos* y *complementos circunstanciales*. Vamos a examinar cada una de las tres clases.

## 136. Complementos directos

Llámase *complementos directos* a los sustantivos que completan la acción de los verbos activos transitivos. Dicho se está que en cada oración no puede haber sino uno solo de estos complementos. Todo cuanto hemos dicho sobre el acusativo (§ 111) es directamente aplicable aquí.

## 137. Complementos indirectos

Son *complementos indirectos* los que se muestran en caso dativo, aunque realmente debe distinguirse entre complemento o

185

término indirecto de la acción de un verbo transitivo y complementos en las distintas especies de caso dativo que vimos anteriormente. Lo que entonces se dijo sobre este caso (§§ 112 y 116), lo mismo en los sustantivos que en los pronombres, encuentra aquí oportuna aplicación.

## 138. Complementos circunstanciales

Dentro de los *complementos circunstanciales* se incluyen dos clases de complementos: unos por atribución y otros por relación.

Son complementos por atribución los adverbios, cuyo uso principal, como se vio en Morfología (§ 80), es precisamente la calificación y determinación del verbo.

Son complementos por relación los ablativos, ligados a los verbos, como se sabe (§ 114), por distintas preposiciones, y aun, a veces, yuxtapuestos sin preposición intermedia.

De una y otra clase de complementos se ha dicho anteriormente cuanto hay que decir.

## 139. Caracterización de la oración

El sujeto, el predicado y las tres clases de complementos de este, llamados directos, indirectos y circunstanciales, constituyen lo que caracteriza a cada oración. De ahí que estos complementos se enumeren aparte, entre los elementos constitutivos de la oración. Así, en la expresión *El hijo de la lavandera de mi casa ha dado esta mañana una limosna al ciego de la esquina,* señalaremos como sujeto la frase sustantiva *el hijo de la lavandera de mi casa;* como predicado, la forma verbal *ha dado;* y como complementos, el directo *una limosna,* el indirecto *al ciego de la esquina* —frase sustantiva— y el circunstancial de tiempo, ablativo, *esta mañana.*

140. DETERMINACIÓN POR VERBOS AUXILIARES. FRASES VERBALES

Muchas veces no hallamos en la conjugación, para el predicado de nuestro juicio, forma verbal adecuada que se acomode al preciso matiz de expresión que necesitamos, unas veces en cuanto a determinaciones temporales, otras en cuanto a modalidades de la acción verbal, etc.

En este caso se determina el predicado fundamental por medio de otros verbos o formas verbales auxiliares, resultando de este modo perífrasis muy dignas de notar, y que podremos llamar *frases verbales,* en correlación con las frases *sustantivas, adjetivas, adverbiales, prepositivas, conjuntivas,* etc.

El verbo predicativo queda entonces reducido a las formas de infinitivo y gerundio, y es el verbo auxiliar (como sucede en los tiempos compuestos) el que señala todos los necesarios accidentes verbales, enlazándose al verbo predicativo con preposiciones y aun conjunciones.

Los verbos *comenzar, empezar, principiar, echar, ponerse* y otros semejantes forman con la preposición *a* y los infinitivos expresiones que indican iniciación de la acción verbal. Así, diremos: *Andrés ha comenzado a planear el negocio; Estando en esto, empezó a llover; Huyendo del peligro, echó a correr; comenzó a planear, empezó a llover, echó a correr* son, evidentemente, perífrasis verbales de valor incoativo. En cambio, la terminación de la acción verbal se indica con *acabar de, terminar de,* etc., y un infinitivo: *Este libro acaba de publicarse; Cuando hubieron terminado de comer, levantaron los manteles.* La reiteración del hecho verbal se significa con *volver a* y el infinitivo: *La enfermedad volvió a presentarse con mayor gravedad; Han vuelto a notarse en Extremadura movimientos sísmicos.*

La duración, persistencia, progresión de la acción verbal se expresa con el gerundio del verbo predicativo y ciertos verbos auxiliares. En la oración *Pedro está escribiendo un drama* se da al predicado *escribir* un sentido *durativo,* mediante la perífrasis *está escribiendo,* bastante más expresiva que el simple presente, *escribe. La epidemia va desarrollándose, sigue desarrollándose, viene desarrollándose,* indica progreso sucesivo en la acción verbal predicada *(desarrollarse)* por medio de los verbos auxiliares *ir,* que señala la progresión desde el presente; *seguir,* en el presente, y *venir,* hasta el presente.

Otras frases verbales indican modalidades subjetivas de la acción verbal. La *posibilidad* se expresa con *poder* como auxiliar y el predicado en infinitivo: *Yo no puedo creer eso;* la *voluntad,* por medio de *querer* como auxiliar y el infinitivo: *Yo no quiero aceptar eso.* La *obligación* se significa con el infinitivo predicado auxiliado del verbo *deber: Yo no debo permanecer aquí.*

Esta misma obligación halla un medio de expresarse con mayor intensidad en la perífrasis *haber de* con infinitivo, y aún es más perentorio el matiz obligativo en la frase formada por *tener que* y el mismo infinitivo. Compárese: *Debo estar a las tres en el museo, He de estar a las tres en el museo* y *Tengo que estar a las tres en el museo.* En las dos primeras predomina más bien el sentido de obligación que nos hemos impuesto a nosotros mismos; en la tercera, el de obligación que nos viene de fuera. La perífrasis unipersonal *Hay que estar a las tres en el museo* tiene el mismo sentido de la última frase examinada, solo que la obligación se extiende a un sujeto absolutamente indefinido.

*Deber de,* como auxiliar de un infinitivo, indica probabilidad; pero sensiblemente se va confundiendo esta construcción con la obligativa que acaba de indicarse del mismo verbo *deber* e infinitivo, pero sin preposición intermedia. *Pedro debe estar en el museo* indica que Pedro está obligado a hallarse allí; *Pedro debe de estar en el museo* expresa, por el contrario, la probabilidad de que Pedro se encuentre en aquel lugar.

La confusión de estos dos usos es tan general que a veces llega a la lengua literaria, y de ello hay ejemplos desde muy antiguo. Por otra parte, es curioso observar que la lengua hablada muestra una vaga tendencia a la distinción de las dos formas, pero en sentido diametralmente opuesto al que se tiene por correcto. Así se puede oír: *Lo que tú debes de hacer es esto* (obligación); *Me voy, que debe ser muy tarde* (probabilidad). Este reajuste de usos en el habla popular lo reflejan algunos escritores: por ejemplo, en *La casa de Aizgorri,* de Pío Baroja, aparecen cinco casos de frases verbales con *deber;* de ellos, dos indican probabilidad con *deber*+infinitivo, y los otros tres obligación con *deber de*+infinitivo.

Sin embargo, es tal vez más general el *deber* solo con infinitivo para los dos significados; hasta algunos lingüistas y gramáticos lo emplean a veces.

Hemos visto el sentido que tenía la frase verbal *haber de* + infinitivo. Ofrécese, sin embargo, otras veces un matiz subjetivo de *intención* o *propósito futuro: Si eres juicioso, he de llevarte al teatro.* Pero este mismo sentido lo expresa de modo más eficaz la perífrasis formada con *ir a* y un infinitivo: *El año que viene voy a comprar estos terrenos.* Ha formado un modismo corriente la expresión *ir a ver si: Cuando venga el verano, voy a ver si me voy a Santander; ir a ver* se abrevia comúnmente por *a ver: A ver si escribes.*

Resumiendo lo anterior, pueden clasificarse las perífrasis verbales estudiadas del modo siguiente (1):

(1) Véanse sobre este tema R. Lenz, *La oración y sus partes*, Madrid, 1920, §§ 256, 267-70; S. Gili Gaya, *ob. cit.*, §§ 91 y ss., y J. Roca Pons, *Estudios sobre perífrasis verbales del español*, Madrid, 1958.

No debe creerse que siempre que encontremos combinaciones de formas del modo que acabamos de decir estaremos en presencia de perífrasis verbales de las explicadas. Comparemos, a este propósito, las expresiones *Poco a poco voy escribiendo un libro* y *Voy corriendo a casa de Pedro.* En el primer ejemplo, *voy escribiendo* constituye una frase verbal de sentido progresivo que integra un todo sintáctico; en el segundo, *voy* y *corriendo* son dos formas verbales sintácticamente separadas, como que pertenecen a distintas oraciones. Nótese la diferencia de que el verbo *ir* en el primer ejemplo ha perdido todo su sentido, sinónimo de *moverse, caminar,* para convertirse en un mero verbo auxiliar, mientras que en el segundo lo conserva plenamente. Por las mismas razones, no hay perífrasis verbales en los ejemplos siguientes: *El chico fue a visitar a su tía; Iba cogiendo flores; Viene echando venablos.*

Los verbos *poder, querer, deber* y algunos otros conservan en las perífrasis su sentido propio; pero como su empleo más característico es precisamente en tales frases, pueden ser considerados como verdaderos auxiliares.

Las frases verbales de ambos grupos apuntados en el cuadro pueden, a su vez, combinarse entre sí y unas con otras, resultando de este modo perífrasis cada vez más complicadas: *tener que volver a (leer); no poder seguir (trabajando); volver a tener que (estudiar); ir a tener que (marcharse); acaba de comenzar a (llover);* etc. Las formas se complican todavía en modismos: *no poder menos de (callar).*

Suelen indicarse como expresiones perifrásticas las formadas por *tener* y un participio pasivo: *Yo tengo escrito un drama.* Sin embargo, en realidad, la frase no parece tener otro sentido nuevo que el que le presta la presencia del participio adjetivo *escrito,* complemento predicativo en la oración. El empleo del verbo *tener* en español, en vez de *haber,* como auxiliar *(Tengo visto a Pedro* = «he visto a Pedro») es regional.

Las frases verbales pueden, en general, ser interpoladas de expresiones de carácter adverbial entre los verbos auxiliares y los infinitivos o gerundios que las constituyen. Así, se dice:

*Ha comenzado ya a llover; Voy, a ratos perdidos, preparando
un libro; Iba anoche a acostarme cuando faltó la luz.*

Se citan también frases verbales constituidas por un verbo auxiliar y
un participio, cuyo sentido general es perfectivo, o de acción terminada,
y son las formadas por verbos como *llevar, traer, quedar, dejar,* etc.:
*Llevo mucho andado; Queda suspendida la sesión.* Pero nótese que estos
verbos, igualmente privados de su significado propio, pueden ir también
con adjetivos: *Le trae mártir; Me dejas frío.* Las frases verbales con participio, pues, vienen a ser oraciones cualitativas (v. § 143), meras variantes de las oraciones con *ser* y *estar.*

# XIX. *Oraciones simples*

## 141. ORACIONES SIMPLES Y COMPUESTAS

Se acaba de estudiar cómo se determinan unas a otras las diversas partes de la oración y el papel que cada una de ellas representa en la oración misma. Corresponde ahora estudiar la estructura variable que esta puede ofrecer, atendiendo tanto a sus circunstancias de fondo como de forma.

Llamamos *oración simple* a la que consta de un sujeto y un predicado; *oración compuesta,* a la que tiene más de un sujeto y más de un predicado. *Pedro vino en el correo* es una *oración simple; Juan supone que Pedro vino ayer en el correo* es una *oración compuesta.* Como los términos sujeto y predicado son correlativos, y cada correlación de sujeto y predicado supone una oración, expresión de un juicio, podemos decir que la oración compuesta es realmente la que está formada por dos o más oraciones simples.

## 142. CLASIFICACIÓN DE LA ORACIÓN SIMPLE

Para clasificar la oración simple puede partirse de dos puntos de vista: uno es la naturaleza del predicado, y otro, la modalidad del juicio que representa la oración.

Atendiendo a la naturaleza del predicado, hay que distinguir las oraciones en dos grupos fundamentales, según que su predicado sea nominal o verbal. A las del primer grupo las llamaremos *oraciones cualitativas,* y a las del segundo, *oraciones predicativas* (1). Estas últimas ofrecen diversidad de tipos, en re-

---

(1) Lenz *(La oración y sus partes,* §§ 25 y 27) llama a unas y otras oraciones *atributivas* y *predicativas,* respectivamente. Sin embargo, el primer títu-

lación con las distintas especies de verbos que pueden constituir su predicado, correlativos siempre de determinadas clases de sujeto. Así tendremos: *oraciones activas transitivas e intransitivas, oraciones de verbo de estado, oraciones pasivas, reflexivas, recíprocas e impersonales.*

Con respecto a un punto de vista subjetivo, las oraciones pueden ser: *afirmativas, negativas, interrogativas* y *exclamativas;* así como en cuanto a la modalidad del predicado pueden ser *indicativas, de posibilidad, dubitativas, exhortativas* y *optativas.*

Esta clasificación puede resumirse en el siguiente cuadro:

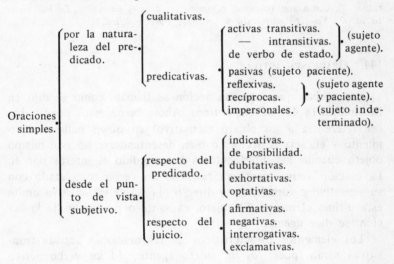

143. ORACIONES CUALITATIVAS

Como ya se ha indicado, son aquellas oraciones en que lo que se atribuye al sujeto es una cualidad, expresada por un sustantivo o un adjetivo. El predicado nominal puede ir o no enlazado

---

lo parece impropio, pues la cualidad que se atribuye al sujeto no es con carácter atributivo, sino predicativo. Tampoco parece muy propio el segundo; pero no se halla fácilmente otro más expresivo.

193

al sujeto por una cópula, constituida por algún tiempo de los verbos *ser* o *estar,* llamados en este caso *copulativos* (v. § 100).

Los elementos característicos de esta oración son: *a)* sujeto; *b)* predicado nominal. Como elemento eventual: *c)* verbo copulativo o cópula.

He aquí algunos ejemplos de *oraciones cualitativas: La noche ha sido tranquila; En los almacenes de la casa está dispuesto para su envío todo el material disponible; ¡Qué locura la mía!; Sé bueno, Pepito.*

También se usan como copulativos otros verbos que a su función de cópula añaden algún matiz de significado o aspecto (incoativo, reiterativo...), como son *volverse, permanecer, seguir, parecer: ¿Te has vuelto loco?; Yo sigo dispuesto a servirte; Parece difícil.*

144. ORACIONES ACTIVAS

Los verbos que expresan acción se llaman, como se dijo en Morfología (§ 42), verbos *activos*. Ahora bien: estos pueden hacer referencia a un objeto (acusativo) en quien halle cumplimiento y eficacia la acción, o bien desentenderse de este mismo objeto cuando los interlocutores han perdido el interés por él. La oración activa transitiva contiene un verbo completado con su acusativo o complemento directo; la activa intransitiva omite este último elemento. El sujeto, causante o productor de la acción, se dice *agente*.

Los elementos característicos de las oraciones activas transitivas serán, pues: *a)* un sujeto agente; *b)* un verbo activo como predicado; *c)* un acusativo, complemento directo.

Eventualmente puede haber en estas oraciones: *d)* un complemento término indirecto, dativo; *e)* un complemento predicativo. Aparte, naturalmente, de otros complementos de los explicados anteriormente, que pueden recibir, como todas las demás clases de oraciones.

Véanse tipos de oraciones activas transitivas: *El alumno no ha traído a clase sus libros; Guardaremos la merienda de Pepito; Ya la viste en misa.* Con término indirecto: *El secretario ha presentado al director la dimisión de su cargo; A los amigos no les daremos la noticia todavía.* Con complemento predicativo sustantivo o adjetivo (concertado con el acusativo): *El coronel ha nombrado ayudante al oficial más joven; Cualquiera llama a eso una felonía; No te considero capaz de tanto.*

La oración activa intransitiva solo se diferencia del tipo anterior en que la acción del verbo parte del sujeto y no señala ningún objeto determinado en quien halle cumplimiento (cf. § 42). En *Andrés ama a Petra con locura,* el hecho de *amar* se cumple en *Petra;* en cambio, en *Andrés ama con locura,* se manifiesta como indiferente para los interlocutores el objeto en quien ponga Andrés su amor: el predicado equivale simplemente a *tener amor.*

Componentes fundamentales de la oración activa intransitiva solo pueden señalarse, entre diversos elementos complementarios, los dos siguientes: *a)* sujeto agente; *b)* verbo predicado activo intransitivo. Ejemplos: *En el río lavaban las mujeres del pueblo; El campanero toca a misa; Hoy no comen en casa los señores; La niña no bailó en toda la noche.*

### 145. ORACIONES DE VERBO DE ESTADO

Existen verbos, como se dijo en su lugar, que hacen solamente referencia a un sujeto, del cual expresan fenómenos no relacionados con ningún objeto, un simple modo de ser más o menos estable. Esta clase de verbos constituyen oraciones cuyos elementos característicos son, como en las intransitivas explicadas antes: *a)* un sujeto agente; *b)* un predicado verbo de estado. Sin perjuicio, claro está, de otros complementos que puede recibir el hecho verbal. El sujeto, aunque no es propiamente en estos verbos causante ni productor del fenómeno, sino la persona en quien este se descubre, a quien se atribuye, puede seguir llamándose *agente,* en oposición a los sujetos de los verbos en la voz pasiva.

Eventualmente, puede presentarse en esta clase de oraciones un complemento predicativo concertado con el sujeto. Véanse algunos tipos de oraciones de verbo de estado: *Mis primos viven ahora en Madrid; El año pasado fui a tomar baños de mar; Los árboles crecen en primavera.* Con complemento predicativo: *Nos quedamos pasmados de su habilidad; Llegó el niño cansadísimo; El hombre nace desnudo.*

A veces, los verbos de estado presentan un acusativo artificial, que los asimila a los verbos transitivos; este acusativo, que se llama *acusativo interno,* está sacado de la propia significación del verbo. *Vivir la propia vida, morir una muerte gloriosa,* señalan modalidades transitivas de verbos de estado; nótese que los determinativos que acompañan al acusativo interno son la verdadera razón de existencia de este.

## 146. ORACIONES PASIVAS

La oración pasiva es una oración activa en que el verbo predicativo se ha puesto en la voz pasiva. Ya se ha visto en la Morfología (§ 56) cómo se forma esta voz en español.

Si vemos la escena campestre de la siembra, podemos expresar nuestro juicio acerca de lo que vemos, diciendo: *El labrador esparce la semilla;* oración en la cual la expresión parte del sujeto para terminar en el objeto. Tenemos así una oración activa. Pero también pudimos haber expresado nuestro juicio partiendo del objeto, y entonces hubiéramos dicho: *La semilla es esparcida por el labrador.* Esta es la oración pasiva. En ella aparece de sujeto el que antes era objeto; esto es, aquello que completaba, que recibía —en términos de la gramática tradicional— la acción del verbo; por eso, a este sujeto —*la semilla*— se le llama *paciente.* En cambio, el antiguo sujeto, el que de hecho realiza la acción verbal, lo encontramos con la preposición *por* en caso ablativo; se llama por ello *ablativo agente.* En la oración activa transitiva y en la pasiva hay los mismos elementos, pero dispuestos en orden inverso. Los esquemas de una y otra son:

*Oración activa:* Sujeto + voz activa verbal + objeto.
*Oración pasiva:* Objeto + voz pasiva verbal + sujeto.

Y en cuanto a los casos:

*Oración activa:* Nominativo + verbo + acusativo.
*Oración pasiva:* Nominativo + verbo + ablativo.

Nótese, pues, que —salvo estos cambios indispensables de caso y de voz verbal— *oración activa* y *oración pasiva* no son sino anverso y reverso de una misma forma de expresión.

Hemos partido de la consideración de una oración activa transitiva, y hemos llegado, cambiando de voz, a una oración equivalente que se llama *primera de pasiva* y que, como se ve, consta de tres elementos fundamentales. Pero hay también oraciones de verbos en voz pasiva en que el agente no se expresa, correspondiendo a una actitud de los interlocutores de indiferencia o de ignorancia respecto del posible causante o productor de la acción. Llegamos así al tipo de oración: *La carta fue expedida a tiempo,* que, careciendo de ablativo agente, se llama *segunda de pasiva.*

He aquí modelos de ambas clases de oraciones pasivas: *El centinela había sido relevado dos horas antes; La comida le fue suministrada por un hotel; Será restringida la entrada al parque; Por la Dirección han sido dictadas normas generales para el caso; Tu proposición hubiera sido acogida por todos con gran cariño.*

Aunque no con frecuencia, se halla en las oraciones primeras de pasiva, a veces, un ablativo agente con la preposición *de,* en vez de *por,* que hemos visto en los ejemplos. Puede verse en *Mi padre ha sido siempre muy estimado de todos.* Nótese, de paso, en esta expresión cómo entre los dos componentes de la voz pasiva —verbo *ser* y participio— pueden colocarse expresiones adverbiales, como en este caso: *siempre muy.*

Los elementos que dan carácter a las oraciones de pasiva primeras son, pues: *a)* sujeto paciente; *b)* verbo en voz pasiva; *c)* ablativo agente con las preposiciones *de* o *por.* Las segundas tienen los elementos *a)* y *b),* pero carecen del *c).* Unas y otras admiten complemento predicativo, concertado con el sujeto paciente: *Mi padre ha sido nombrado alcalde del pueblo.*

La correlación vista entre oraciones activas y pasivas ha hecho que pueda pasarse de un tipo a otro de oración, lo cual puede hacerse siempre que se tenga en cuenta la correlación de casos antes expuesta, en especial si en las oraciones intervienen pronombres personales, en que, como se sabe, el cambio de caso implica cambio de forma. La oración activa *Siempre te amé* se convertiría en la pasiva *Siempre fuiste amada por mí.*

Pero esta correlación hace pensar también en que los términos de sujeto y objeto son intercambiables, y que, en realidad, lo que ocurre es que la acción verbal se relaciona con dos objetos, de los cuales uno u otro, según convenga, aparece como punto de partida o sujeto del juicio. De este modo, la distinción entre verbos intransitivos (así activos como de estado) y verbos transitivos está solo en que los primeros hacen relación a un solo objeto, y los segundos a dos.

La voz pasiva no se emplea mucho en español; el habla familiar no la utiliza jamás, y en la expresión literaria o culta está sometido su uso a ciertas limitaciones. La prensa, con sus traducciones serviles del inglés, es la que más contribuye hoy a su conservación y difusión.

### 147. LA PASIVA REFLEJA

En español no solamente se puede expresar la voz con el verbo *ser* y el participio pasivo del verbo de que se trate, sino que, en el caso de que el sujeto sea nombre de cosa, se puede sustituir aquella voz pasiva por una formada con la voz activa del verbo y el pronombre reflexivo *se.* Se llama, por esto, *refleja.* Así, en vez de *La carta fue recibida oportunamente,* diríamos *La carta se recibió oportunamente;* y en lugar de *Hoy han sido cerradas las Cortes,* se puede decir *Hoy se han cerrado las Cortes.*

La voz pasiva refleja es en español mucho más frecuente que la formada con el verbo *ser,* que, por su parte, es una construcción prácticamente rara. Las oraciones de pasiva refleja no ofrecen en lo demás distinción respecto de las oraciones de pasiva antes explicadas, y pueden ser, por tanto, *primeras* o *segundas,* según tengan o no ablativo agente. Véanse algunos ejemplos de una y otra: *Desde mi casa se ve la torre de la iglesia; Estos asuntos no se han resuelto todavía; Por la Dirección se han tra-*

*mitado ya las órdenes oportunas; La proposición se rechazó por todo el mundo; Se suspenden las representaciones.*

En la forma usual, estas oraciones ofrecen de ordinario el tipo *Se alquilan locales,* en el cual el sujeto va en marcada preferencia detrás del predicado. Este hecho, la semejanza con las oraciones impersonales francesas con el pronombre *on* y el claro sentido objetivo que se advierte en el sujeto, van marcando una doble corriente, de un lado, erudita, y de otro, popular, por la cual estas oraciones se van sintiendo como impersonales, y el sujeto como un complemento. Sin embargo, el uso histórico y la concordancia, que aún se conserva, de sujeto y predicado, mantienen todavía en cierto modo el tipo primitivo (v. § 154).

### 148. ORACIONES REFLEXIVAS

Como síntesis de las oraciones activas, en que el sujeto es agente, y de las oraciones pasivas, en que el sujeto es paciente, tenemos las *oraciones reflexivas,* en que el sujeto es *agente* y *paciente* a la vez. De ahí la denominación de *reflexivas* que llevan estas oraciones y los verbos que las forman: de que la acción verbal vuelve, como un rayo de luz en su espejo, sobre el origen de donde procedió: *Yo me lavo* es oración de este tipo, en que el sujeto *yo* es también el propio objeto de la acción verbal. Sin embargo, a veces el sujeto no es el objeto, sino el término indirecto de la acción verbal: la acción vuelve sobre el sujeto también, pero indirectamente. Así tenemos un segundo tipo de oración reflexiva: *Yo me lavo la cara.*

Hemos partido de la consideración de un caso particular de un verbo activo transitivo para dar idea de la oración reflexiva, porque de este modo se percibe perfectamente la reflexión que da nombre a estos verbos. Pero, como se vio en la Morfología (§ 42), hay otras dos clases de verbos reflexivos: los que no tienen más formas que la reflexiva, esto es, los verbos reflexivos propiamente dichos, y los verbos de estado usados eventualmente con forma reflexiva. Claro está que en las oraciones constituidas por estas dos clases de verbos no habrá posibilidad de percibir el fenómeno gramatical de la reflexión. Ahora bien: como acabamos de decir hablando del caso dativo (§ 118), las formas pronominales átonas *me, te, se, nos, os* y *se* pueden percibirse como dativos de interés, que refuerzan el valor subjetivo y afectivo de la frase: *Yo voy a casa de Fulano* indica simplemente el hecho de *ir; Yo me voy a casa de Fulano* indica una resolución adoptada por mi libre voluntad y en provecho mío. Entre *Yo muero* y *Yo me muero* hay una diferencia de intensidad afectiva en favor de la segunda expresión. Lo mismo podríamos interpretar los tipos reflexivos propios: *Yo me arrepiento, Yo me quejo,* aunque falta en ellos un término de comparación, por ser esta la única forma que pueden adoptar estos verbos; pero el significado mismo de todos ellos *(atreverse, jactarse, dignarse, vanagloriarse, ufanarse,* etc.) da indicio de un vivo contenido afectivo.

De la intervención activa y afectiva del sujeto en la acción verbal se pasa gradualmente a la meramente afectiva. La única participación del sujeto en la acción es entonces el interés, dejando de ser sujeto lógico para convertirse en sujeto afectivo. En *Me he hecho un traje* hay todavía cierta participación, aunque no directa, del sujeto *yo* en la acción del verbo, pues, por encargo mío, alguien me ha hecho un traje; pero si decimos *Luis se rompió una pierna,* o *Luis se mató en su coche,* solamente significamos que sufrió la fractura o la muerte, sin que él tuviese la menor intención de ello.

El extremo de esta evolución lo constituyen oraciones reflexivas con sujeto inanimado tan curiosas como *El cubo se sale* (el líquido es el que se sale del recipiente) y *El tejado se llueve* (la lluvia cala el tejado).

A veces, la forma reflexiva carece de todo matiz afectivo, para indicar solo comienzo de la acción: *dormirse* es empezar a *dormir.*

En cuanto a la forma, ya se sabe (§ 74) que caracteriza a los verbos reflexivos el uso en su conjugación de las formas pronominales *me, te, se, nos, os* y *se.* Ello servirá para reconocer formalmente las oraciones reflexivas. Sin embargo, puede haber confusión por la coexistencia de otras formas átonas. Téngase en cuenta, para evitar un error por atender solo a indicios exteriores, que las formas pronominales reflexivas han de ser correlativas de los sujetos, en la siguiente forma:

200

```
yo    .....................................    me
tú    .....................................    te
él  (o  expresión  sustantiva  singular)  ...    se
nosotros    ..........................................    nos
vosotros    ..........................................    os
ellos  (o  expresión  sustantiva  plural)  ......    se
```

Los elementos característicos de la oración reflexiva son, pues: *a)* sujeto agente y paciente; *b)* predicado verbal reflexivo. Eventualmente pueden tener: *c)* un complemento directo, cuando así lo requiera el verbo, y *d)* un complemento predicativo concertado con el sujeto. Además de diversos complementos, como los que pueden llevar las demás oraciones.

Véanse algunos ejemplos: *No te me escapes, Juan; Se deslizó suavemente el deportista hasta el barranco; Se esparcen las noticias con demasiada facilidad; Nos hemos ido a Suiza a pasar las vacaciones.* Con complemento directo: *¿Os habéis traído los libros?; Usted se tiñe el pelo; Nosotros los tres hermanos nos estudiamos muy bien las lecciones.* Con complemento predicativo: *Ante aquella desgracia, mi padre se vio perdido; Los arroyos se despeñan rumorosos desde la cumbre; Todos nos quedamos atónitos.*

## 149. ORACIONES RECÍPROCAS

Verbos recíprocos son aquellos que tienen por sujeto dos o más personas, cada una de las cuales ejerce una acción sobre las otras y la recibe de ellas. Oraciones recíprocas son, pues, las constituidas por verbos de este tipo. Los llamados verbos recíprocos tienen la misma forma de los verbos reflexivos, de los que se distinguen por el sentido, añadiendo, en caso de duda, expresiones como *mutuamente, uno a otro, recíprocamente. Ambos nos miramos al espejo* será una oración reflexiva: tanto *él* como *yo,* separadamente, nos miramos en el espejo; pero *Ambos nos miramos con sorpresa* es una oración recíproca, pues se entiende que «yo le miré a él» y «él a mí»: la acción fue, por tanto, mutua.

Claro es que «el sentido recíproco», esto es, la idea de relación mutua entre dos o más objetos, no solo puede expresarse por medio de los pronombres reflejos, sino que aparece, según Cuervo, hasta en la forma activa transitiva o intransitiva. Así, tienen sentido recíproco las expresiones *alternar en el oficio; concordar en una opinión; casar a dos personas*. Podemos añadir también que el significado recíproco se halla en oraciones como *Juan se escribe con Pedro,* en que la reciprocidad se establece con un verbo de forma reflexiva entre el sujeto y un ablativo con la preposición *con*. Sin embargo, la gramática no debe atender sino a las formas de expresión, y en este sentido, oraciones recíprocas deben considerarse solo aquellas que se construyen con verbos de forma recíproca y un sujeto de carácter colectivo. Sus elementos son, pues: *a)* sujeto plural; *b)* predicado verbal recíproco. Pueden llevar: *c)* un complemento directo; *d)* un complemento predicativo. Ejemplos: *Los chicos se quieren; Se pegaron los cinco terriblemente;* con complemento directo: *Ambos se escriben cartas muy enérgicas;* con complemento predicativo: *Nos miramos asombrados.*

150. ORACIONES IMPERSONALES

Dentro de este grupo se incluyen clases de oraciones muy diversas, pero que tienen un carácter común: la indeterminación del sujeto. Indeterminación que puede proceder de la naturaleza del hecho verbal, del desconocimiento del sujeto por parte del que habla o de la falta de interés por expresarlo.

Tenemos así cuatro tipos, que podemos llamar:

1.º Oraciones impersonales naturales.
2.º Oraciones impersonales gramaticales.
3.º Oraciones impersonales eventuales.
4.º Oraciones impersonales pasivas.

Vamos a examinar sucesivamente cada uno de estos grupos.

151. 1.º ORACIONES IMPERSONALES NATURALES

Los verbos que expresan los fenómenos de la naturaleza, *llover, tronar, diluviar, relampaguear, nevar, amanecer, anochecer*, etc., no ofrecen propiamente posibilidad de que se les atribuya un sujeto gramatical, gracias a su especial significado de hechos naturales, en los que es difícil personificar un agente, causante o productor. Por eso se usan todos ellos sin expresión alguna de sujeto, exclusivamente en la *tercera persona de singular* de cada tiempo, lo cual les hace recibir, en Morfología (§ 42), el nombre de *unipersonales*. Realmente, en estos verbos lo que hay es un *sujeto interno*, sacado de su propia raíz; así, *la lluvia es la que llueve* y *el trueno es el que truena*. Compárese este posible sujeto interno con el acusativo interno que admitían los verbos de estado (§ 145).

Las oraciones impersonales naturales ofrecen, pues: *a)* sujeto indeterminado (implícito un *sujeto interno); b)* predicado *verbo de la naturaleza,* y por ende, *unipersonal*. Ejemplos: *Llueve a cántaros; Ha estado nevando toda la noche; ¡Ya amanece por fin!*

Claro está que estos verbos de la naturaleza tienen acepciones figuradas, con las que pierden su sentido natural y su forma unipersonal. Dejan de constituir entonces oraciones impersonales. No lo son, por este motivo, las expresiones: *En el despacho tronaba la voz del director; Amanecimos empapados de lluvia.*


152. 2.º ORACIONES IMPERSONALES GRAMATICALES

Los verbos *haber, hacer* y *ser* adoptan —como se dijo en la Morfología—, aunque impropiamente, el mismo carácter de *unipersonales* que los verbos de la naturaleza, y se asimilan entonces a la construcción impersonal de aquellos, que acabamos de explicar.

Resultan así oraciones del tipo *Hay noticias, Hace tres meses, Es tarde.*

En la primera, en que se muestra la forma *hay,* privativa del verbo *haber* para su construcción unipersonal, el sustantivo *noticias* que le acompaña es evidentemente un caso acusativo, porque no puede ser sujeto (no concierta con *hay*) y porque el verbo *haber* conserva en esta construcción un vago sentido etimológico de *tener,* que completa y determina el sustantivo *noticias.* El sujeto, no expresado gramaticalmente, es vago y confuso, como que en esta manera de expresarse solo importa la existencia objetiva de *las noticias* y no interesa la persona de quien procedan.

Este interés limitado a la existencia del objeto acusativo explica construcciones vulgares, como *Habíamos solo tres personas,* en las que el complemento directo se ha convertido en sujeto, y por ello concuerda con él el verbo. Lo mismo ocurre con las impersonales de *hacer: Hicieron grandes calores.* En unas y en otras el verbo impersonal ha vuelto a ser personal, pero ya no con sentido propio, sino con el de «existir», «estar», «darse».

El segundo tipo ˙de expresión, *Hace tres meses, Hizo frío, Hacía una temporada,* muestra una construcción idéntica con acusativo. En cuanto a las oraciones impersonales con *ser,* ofrecen variedad: *Era de noche, Es invierno, Es tarde.* En estas clases de oraciones, el sujeto implícito sería, según los casos, «el tiempo», «la época», «la estación», o «el día», «mes» o «año» de que se trate. Cuando estos sujetos implícitos se manifiestan, la oración deja de ser impersonal. No serán impersonales, por tanto, las expresiones *Hoy hace tres años, La hora era de noche.*

*Me pesa de haberos ofendido* y alguna otra rara expresión semejante conservan una construcción unipersonal de tipo impersonal. En cuanto a las que se forman con los verbos *convenir, importar* y *parecer,* no son impersonales, aunque así las considere la Academia (2). Entre *No conviene que vengas* y *No conviene tu proposición,* no hay la menor diferencia de sentido ni de forma. La segunda es una oración de verbo de estado; la primera también, solo que su sujeto es la oración entera *que vengas.*

---

(2) La *Gramática* de la Academia (§ 284) incluye estas oraciones entre las «unipersonales impropias», al lado de las de *haber, hacer, ser.* Contra lo que cree Gili Gaya *(Sintaxis,* § 62, nota), no ha cambiado de opinión en la edición última. [Pero sí ha rectificado ya en el *Esbozo de una nueva gramática* (1973), § 3.5.7.]

Este sujeto oracional es el que mantiene al verbo en tercera persona de singular; no es, pues, tampoco unipersonal el verbo de la primera oración, como no lo es el de la segunda, en la que podemos decir: *No convienen tus proposiciones.*

### 153. 3.º ORACIONES IMPERSONALES EVENTUALES

Hemos visto verbos que por su propia naturaleza o cuando adquirían un cierto sentido se construían en tercera persona de singular con un sujeto implícito por no determinado.

Pero hay casos en que tenemos que expresar una acción o un estado cuyo sujeto desconocemos, o cuyo sujeto queremos callar, o cuyo sujeto no importa decir. Esta indeterminación, necesaria o voluntaria, del sujeto se expresa en español en general con todos los verbos activos y de estado poniéndolos en la tercera persona del plural. Los verbos reflexivos no admiten esta construcción (3).

Si alguien llama en nuestra casa decimos: *Llaman a la puerta;* el verbo *llaman* en plural no significa que forzosamente sean varias las personas que «llamen»; la «llamada» es de una sola. Decimos *llaman* en tercera persona del plural para manifestar precisamente nuestro desconocimiento del sujeto.

Por otra parte, en la expresión *Me han escrito de Burgos,* el verbo *han escrito* simboliza también indeterminación del sujeto, la cual es aquí intencionada, pues quien habla sabe perfectamente qué persona «de Burgos» le «ha escrito». Lo que ocurre es que no estima necesario o conveniente que lo sepa su interlocutor.

También está el sujeto indeterminado en *Me han despachado eso en la botica.* Evidentemente, el sujeto —conocido— de la oración no ofrece el menor interés; por eso se deja en la vaguedad, ateniéndose solamente a lo objetivo, a lo que ha sido despachado.

El tipo general de estas oraciones constará de: *a)* sujeto implícito (por indeterminación real o intencionada), y *b)* predicado

---

(3) La impersonalidad se expresa en estos verbos por medio del pronombre indefinido *uno, una: Allí se pasea uno por donde quiere.*

verbal en tercera persona del plural, como símbolo de la indeterminación del sujeto. Si el verbo es activo transitivo, podrá llevar también la oración elementos *c)* complemento directo, y *d)* complemento predicativo.

He aquí algunos ejemplos: oraciones transitivas: *Trajeron a hombros el cadáver; Cuentan verdaderos horrores de su crueldad; Ahí fuera te buscan.* Con complemento predicativo: *Me llaman «la Primorosa»; En tu casa te suponen enterado de todo.* Oraciones activas intransitivas: *Allí bailan sin elegancia; En Cuba fuman a todas horas.* Oraciones de verbos de estado: *Por las calles andan a tiros; En tu pueblo no viven pensando en las elecciones.*

154.  4.º  ORACIONES IMPERSONALES PASIVAS

La falta de interés por el sujeto agente o su desconocimiento, expresados en las oraciones impersonales eventuales, pueden tomar también la forma de oraciones segundas de pasiva, tanto normales como reflejas. Aunque en estos casos hay sujeto gramatical, no lo hay agente, y por ello equivalen a oraciones transitivas impersonales: *El coche ha sido robado* (= han robado el coche); *Se cuentan verdaderos horrores de su crueldad* (= cuentan verdaderos horrores de su crueldad).

Cuando el sujeto gramatical (paciente) de la pasiva refleja es una cosa, no puede existir confusión con la expresión reflexiva o recíproca: en *Se vendieron las tierras,* nadie puede pensar que las tierras se vendieron a sí mismas. Ahora bien: si, paralelamente, dijésemos *Se insultaban los ancianos,* cabría la duda de si los ancianos eran insultados o si ellos se insultaban mutuamente. Por esta razón se hace necesario emplear la preposición *a* ante la persona, para indicar que es objeto, no sujeto, de la acción verbal; pero entonces, al dejar de verse en la persona la forma de sujeto, se siente como sujeto el *se.* Así desaparece la concordancia del verbo con el sujeto paciente: *Se insultaba a los ancianos.*

La segunda de pasiva refleja, con sentido impersonal, se convierte, pues, en activa impersonal, que puede emplearse con cualquier verbo, transitivo o no: *Se bailó hasta las tres; Se es cristiano o no se es cristiano; Se vive bien en Madrid; Aquí no se respira; Se habla de un nuevo Gobierno.* El pronombre *se* equivale en estos casos a *uno, alguien, la gente* (como el francés *on* y el alemán *man*). Esto explica el uso vulgar moderno de *No se admite propinas* (4).

---

(4) Véase Américo Castro, «La pasiva refleja en español», *Hispania*, I, 1918, 81.

## XX. La oración simple
### desde el punto de vista subjetivo

### 155. INTERVENCIÓN DEL SUJETO HABLANTE

La intervención del sujeto que habla en la oración simple se refiere a dos aspectos distintos. El primer aspecto es el modo de considerarse la predicación por parte del que habla; el segundo corresponde a la actitud del sujeto respecto al juicio. Desde el primer punto de vista, las oraciones pueden ser *indicativas, de posibilidad, dubitativas, exhortativas* y *optativas*. Desde el segundo punto de vista, se clasifican en *afirmativas, negativas, interrogativas* y *exclamativas*.

### 156. LA ORACIÓN SEGÚN EL CARÁCTER SUBJETIVO
DEL PREDICADO

La persona que habla expone un juicio. Ahora bien: lo que en este juicio se predica puede ser, desde el punto de vista subjetivo, un hecho real, un hecho solamente posible, un hecho dudoso o probable, un deseo o bien una orden, un ruego.

La *oración indicativa* presenta lo predicado como un hecho real, porque así se lo figura el que habla. Se expresa, por tanto, con el verbo en modo indicativo, en sus tiempos absolutos: *Andrés vino anoche, ha venido anoche, viene hoy* o *vendrá mañana*.

La *oración de posibilidad* expone lo predicado como un hecho que el que habla considera solo como posible. Esto se expresa, por lo general, poniendo el verbo en potencial; pero el uso admite también otras formas. La posibilidad en el presente se expresa con la forma simple: *Esto no te lo figurarías*. La posibilidad en el pasado se indica con el potencial compuesto: *Eso no te lo habrías figurado;* o bien con pluscuamperfecto de subjuntivo: *Cualquiera lo hubiera considerado como una estafa.* La posibilidad en el futuro se manifiesta con el verbo en la forma simple del potencial: *Mañana mismo me marcharía a mi casa.* También se puede expresar la posibilidad con el verbo en infinitivo y el verbo *poder* como auxiliar: *Pedro podía venir ahora* y *Pedro podía venir mañana.*

La probabilidad en el presente se indica con el futuro de indicativo: *Serán las cuatro;* en el pretérito, con el potencial: *Serían las cuatro;* en el futuro se puede emplear también el de indicativo, aunque necesita un auxilio adverbial: *Probablemente vendrá Miguel mañana.* También se puede expresar la probabilidad con la frase verbal *deber de,* seguida de infinitivo, como se explicó en su lugar (§ 140), o bien con el verbo *poder* como auxiliar de un infinitivo: *Podían ser las cuatro.*

La *oración dubitativa* expresa la duda en el ánimo del que habla respecto de lo que se predica en la oración. La duda en el presente y en el futuro se expresa con los adverbios de duda *acaso, quizá, tal vez* y el presente del subjuntivo: *Acaso esté enfermo Andrés; Tal vez venga mi padre más tarde.* La duda en el pasado se expresa con el pretérito perfecto de subjuntivo: *Quizá haya escrito Miguel.*

La *oración exhortativa* es aquella en que se expresa un mandato, un ruego o una exhortación del que habla. Comprende diversos matices, desde la orden terminante hasta la humilde súplica; pero lo mismo mandatos que ruegos van siempre dirigidos por la persona que habla a su interlocutor, o sea a la segunda persona. En todo caso se emplean las dos únicas personas del imperativo: *Juan, vete a tu casa; Compadeceos de nosotros.*

Con la segunda persona de respeto, designada por el *usted,* o simplemente con la tercera persona, se usan las formas del presente de subjuntivo. Así, *Tenga usted compasión de mí; Descuiden los señores.* También puede tener sentido exhortativo la primera persona del plural del subjuntivo presente: *Estudiemos, amigos.*

Puede ocurrir que el mandato se refiera a una tercera persona, o no sea de ejecución inmediata. Entonces se emplea el indicativo en presente o en futuro: *Vas a mi casa y me traes el gabán; Ya me dirás el precio; El chico irá a la tienda y recogerá el encargo* (v. § 52).

Si la oración exhortativa es negativa, el verbo ha de ir en presente de subjuntivo: *No lo creas; No vayáis ahora* (v. § 159). Además de las enunciadas aparecen en la lengua hablada otras formas de expresar el mandato. La más frecuente es el infinitivo con valor de imperativo plural: *Sentaros; Venir aquí, niños.* Este infinitivo demuestra cierto sentido impersonal en frases como *Callarse, Marcharse* (= callaos, marchaos), y cuando va precedido de *a: ¡A callar!* El gerundio también puede emplearse como un imperativo impersonal, frecuente en el habla popular: *¡Andando!* (= anda o andad); *¡Ahuecando!* (= ahueca o ahuecad [el ala], marchaos). En realidad es una oración elíptica, cuya forma plena también constituye un tipo de exhortativa frecuente en la lengua popular: *¡Ya estás ahuecando!* (Compárese con el presente de mandato visto unas líneas más arriba y en el § 52.)

La *oración optativa* es aquella en que la persona que habla manifiesta el deseo de que se verifique un hecho. Este estado subjetivo se expresa por medio del presente de subjuntivo: *Alabado sea Dios; Ojalá llueva pronto; Dios me perdone.* Para expresar un deseo irrealizable o muy lejano de la realización se hace uso del pretérito imperfecto de subjuntivo: *¡Ojalá me tocase la lotería!*

Cuando el deseo se refiere a un hecho que debe ser pasado, pero cuya realización o no realización ignoramos todavía, se usa el pretérito perfecto de subjuntivo: *¡Ojalá me haya tocado la lotería!* Cuando el deseo recae sobre algún hecho cuya oportunidad pasó sin que se realizase, el tiempo empleado es el pluscuamperfecto de subjuntivo: *¡Ojalá me hubiese tocado la lotería!*

157. LA ORACIÓN SEGÚN LA ACTITUD DEL SUJETO
RESPECTO DEL JUICIO

Independientemente de que lo predicado se manifieste como un hecho real, posible, dudoso, ordenado o deseado según el punto de vista de la persona que habla, esta manifiesta asimismo en la oración si lo que se predica, en opinión suya, debe efectivamente afirmarse del sujeto o, por el contrario, negarse; o si, ofreciéndole perplejidad la conformidad del predicado con el sujeto, manifiesta esta actitud con una pregunta. Tenemos así los tres tipos de oraciones *afirmativas, negativas* e *interrogativas.*

### 158. ORACIONES AFIRMATIVAS

Son aquellas en que lo predicado se atribuye desde luego al sujeto. No ofrecen ninguna forma especial: *Tu padre se alegraría mucho de verte; Creced y multiplicaos.*

### 159. ORACIONES NEGATIVAS

En estas oraciones se niega la conformidad del predicado con el sujeto. La expresión negativa se logra, en términos generales, por medio del adverbio *no,* que, como se sabe, se refiere con carácter subjetivo a la oración entera.

Este adverbio va siempre delante del predicado, cualquiera que sea su modalidad subjetiva. Así, diremos: *Andrés no ha estado en París; Yo no comería; Tal vez no venga mi padre; ¡Ojalá no aceptase el cargo Andrés!*

La negación puede reforzarse con otras palabras de sentido negativo; por ejemplo: los adverbios *nunca* y *jamás,* los indefinidos *nadie, ninguno, nada,* y aun otras expresiones con elementos intercambiables que, aunque en rigor no tienen significación negativa, han llegado a adquirirla por un uso constante en oraciones de este tipo. Así ocurre con *en mi vida, en tu vida, en su vida, en la vida, en toda la mañana, el día, la noche.* Se dice, pues: *No le he visto nunca; No hagas tal cosa jamás; Ojalá no venga nadie; No habrás comido nada; Andrés no ha estudiado en su vida; No ha llovido en todo el día.*

*Alguno,* pronombre indefinido, tiene valor de refuerzo negativo cuando funciona como adjetivo pospuesto y el nombre por él determinado sigue al verbo: *No he visto a hombre alguno* significa lo mismo que *No he visto a hombre ninguno* o *ningún hombre.* Fuera de estas condiciones no se emplea con tal valor.

Si las palabras o expresiones de significación negativa van delante del verbo, este no necesita llevar el adverbio *no*. Así, diremos: *Nunca lo he visto; Jamás hagas tal cosa; En mi vida me ha pasado cosa semejante; En todo el día ha llovido*. Si hay concurrencia de varios elementos negativos, uno ha de ir siempre delante del verbo.

Las oraciones exhortativas construidas con imperativo cambian este modo en presente de subjuntivo para hacerse negativas. Las oraciones negativas correspondientes a *Ven aquí, Venid aquí*, son *No vengas aquí, No vengáis aquí*.

Cuando concurren varios verbos en la oración, conviene distinguir a cuál de ellos corresponde la negación. No es lo mismo *Pedro no puede saber eso* que *Pedro puede no saber eso*. En el primer caso, el *no* se refiere al *poder,* es decir, se niega a Pedro la posibilidad de que sepa; en el segundo caso, la negación afecta al *saber:* se afirma la posibilidad de que Pedro *no sepa eso*.

La expresión *no sin* constituye un curioso uso estilístico que afirma con discreta timidez: *Hablaba no sin cierta ironía*.

160. ORACIONES INTERROGATIVAS

En estas oraciones, la persona que habla vacila entre la conformidad y la discrepancia del predicado con el sujeto, no solo por razón de ellos mismos, sino por razón de cualquiera de los elementos complementarios de la oración, y manifiesta su perplejidad consultando su juicio a otra persona por medio de una pregunta. En la oración interrogativa *¿Ha salido Andrés?,* la persona que habla se informa de su interlocutor si el predicado *ha salido* puede atribuirse afirmativamente al sujeto *Andrés*.

Como se ve, la oración interrogativa *¿Ha salido Andrés?* no se diferencia de la oración afirmativa *Ha salido Andrés* sino en los signos interrogantes ¿? de la escritura y en la entonación especial del que habla, aunque, por lo general, la interrogativa lleva delante el predicado, lo cual no ocurre muchas veces en la afirmativa.

212

Ahora bien: en esta oración la duda recaía sobre el predicado mismo de la oración; pero puede recaer también sobre el sujeto, porque no se le conozca a él o a sus cualidades y no se sepa, por ello, si atribuirle o no la predicación, o sobre cualquiera de los demás elementos de la oración, cuyo desconocimiento implique en la persona perplejidad sobre el establecimiento de un juicio afirmativo o negativo.

Entonces se sustituye aquello que no se conoce y sobre lo cual recae la pregunta, por los pronombres y adverbios interrogativos adecuados a cada caso, que se colocan siempre en la oración en primer lugar, precedidos solamente de preposiciones, cuando deban llevarlas. De este modo las formas que adoptarán las oraciones interrogativas según lo que se pregunte serán las siguientes:

| Oraciones interrogativas | Se pregunta por |
| --- | --- |
| ¿*Quién* ha venido? | El sujeto. |
| ¿*Qué* es eso? | El predicado nominal. |
| ¿*Qué* gente ha venido? | Una cualidad del sujeto. |
| ¿A *quién* buscas? | Un complemento directo de persona. |
| ¿*Qué* quieres? | Un complemento directo de cosa. |
| ¿A *quién* has regalado el libro? | Un complemento término indirecto. |
| ¿Con *quién* vas? | Un complemento de compañía. |
| ¿De *qué* hablas? | Un complemento de asunto. |
| ¿Por *qué* dices eso? | Un complemento de causa. |
| ¿*Dónde* vives? | Un complemento de lugar. |
| ¿*Cuándo* te casas? | Un complemento de tiempo. |
| ¿*Cómo* estás? | Un complemento de modo. |
| ¿*Cuántos* somos? | Una determinación del sujeto. |
| ¿*Cuántos* hijos tienes? | Una determinación del objeto. |

El sentido interrogativo puede referirse a las oraciones indicativas, a las de posibilidad y a las dubitativas; pero no a las exhortativas ni optativas, por su especial naturaleza. En las dubitativas, la modalidad interrogativa es solo un artificio para manifestar de modo más eficaz el estado de indecisión de la persona en cuanto al establecimiento del juicio, pero no una pregunta dirigida a otra persona con ánimo de esperar una respuesta. Las caracteriza a veces también el empleo del adverbio de duda *si: ¿Hábrá venido Pedro?; ¿Qué hora será?; ¿Si me habré equivocado de piso?*

Suele emplearse el adverbio *no*, con carácter enfático, para hacer resaltar más la respuesta afirmativa que se espera: *¿No sería mejor que nos fuésemos?; ¿No lo crees tú así?* O simplemente: *¿No?*

161. ORACIONES EXCLAMATIVAS

En este tipo de oraciones, la persona que habla manifiesta la sorpresa o la admiración que le produce el juicio que expresa. Su forma es la misma de las oraciones interrogativas, de las que se diferencian solo en la entonación y en los signos ortográficos ¡!, con que se escriben. He aquí algunos ejemplos: *¡Qué solos nos dejan los muertos!; ¡Cuántos disgustos me habéis dado en vuestra vida!; ¡Cómo corre!*

Las oraciones exclamativas, igual que las interrogativas, podrían dividirse en dos tipos, según recayese la sorpresa sobre el predicado o sobre algún otro elemento de la frase. Pertenecerían al primer tipo: *¡Trabaja muy bien!; ¡Estás hecho un artista!;* y al segundo, los ejemplos que se han citado más arriba.

No solo se expresa con esta clase de oraciones sorpresa o admiración, sino cualquiera de los infinitos sentimientos y matices de que es capaz el alma humana. Lo afectivo, por otra parte, encuentra expresión por otros muchos medios, distintos de la oración exclamativa; por ejemplo, la interjección (v. § 90), el diminutivo (v. § 95).

En la oración exclamativa se manifiestan sentimientos, más o menos tumultuosos, que en cierto modo predominan sobre el elemento lógico o nocional de la frase. Estos sentimientos hallan su expresión en la entonación exclamativa, diferente de la enunciativa o normal. En esta última también cabe la expresión de la afectividad, pero en forma más moderada. Podríamos decir, por consiguiente, que la diferencia entre una oración enunciativa y una exclamativa está en el grado de afectividad (1).

_____

(1) Sobre los diferentes tipos de entonación, v. §§ 216 a 219.

# XXI. *Oraciones compuestas*

## 162. Coordinación y subordinación

Ya hemos dicho que la oración compuesta está formada de la unión de dos o más simples. Pero esta unión puede ser de dos maneras distintas. Si examinamos la oración compuesta *Yo saldría a dar un paseo, pero hace demasiado calor,* observaremos que las dos oraciones simples de que el período se compone son *Yo saldría a dar un paseo* y *Hace demasiado calor.* Ambas están completas, como puede verse, y ofrecen un sentido perfecto absolutamente independiente la una y la otra. Entre las dos, sin embargo, hay un único lazo de unión, que es la conjun-

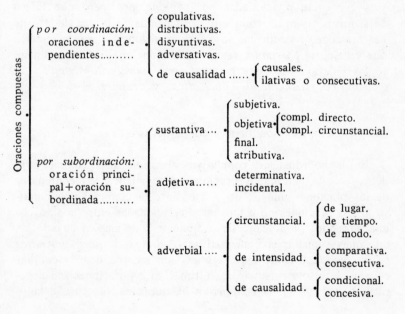

Oraciones compuestas

por coordinación: oraciones independientes ..........
- copulativas.
- distributivas.
- disyuntivas.
- adversativas.
- de causalidad ......
  - causales.
  - ilativas o consecutivas.

por subordinación: oración principal + oración subordinada ..........
- sustantiva ...
  - subjetiva.
  - objetiva
    - compl. directo.
    - compl. circunstancial.
  - final.
  - atributiva.
- adjetiva ......
  - determinativa.
  - incidental.
- adverbial ....
  - circunstancial.
    - de lugar.
    - de tiempo.
    - de modo.
  - de intensidad.
    - comparativa.
    - consecutiva.
  - de causalidad.
    - condicional.
    - concesiva.

215

ción *pero,* correlativa de una relación que nuestra mente ha establecido entre los dos juicios. En este caso decimos que las dos oraciones están coordinadas.

Ahora bien: si decimos *Pedro anhela que su obra triunfe,* la oración simple *que su obra triunfe* está enlazada con *Pedro anhela* de modo tan íntimo que es, en realidad, uno de sus elementos indispensables. La primera oración, cuyo predicado es *anhela,* tiene sentido completo, pero solo mediante la añadidura de la segunda, cuyo predicado es *triunfe,* y esta no puede tener significación sino unida a la oración a la que completa. La primera se llama *oración principal,* y la segunda *oración subordinada,* llamándose *subordinación* el lazo íntimo que enlaza a una y otra de modo inseparable.

### 163. ORACIONES COORDINADAS

Llamamos *oraciones coordinadas* a aquellas oraciones simples que están relacionadas por conjunciones, pero que tienen en sí mismas sentido completo e independiente la una de la otra. Las oraciones coordinadas se clasifican según la clase de relación que las une y, por tanto, según las conjunciones que formalmente las enlazan. Así, hay las oraciones *coordinadas copulativas, distributivas, disyuntivas, adversativas* y *causales.*

### 164. ORACIONES COORDINADAS COPULATIVAS

En la coordinación copulativa, el medio más rudimentario de enlace de los juicios oracionales, se añaden los contenidos de las oraciones unos a otros mediante la conjunción copulativa *y.* Las oraciones no están, pues, relacionadas entre sí sino por una pura idea de adición. La conjunción *y* se emplea cuando las oraciones sumadas son afirmativas *(Pedro come poco y Andrés bebe mucho).* Cuando las oraciones son más de dos, la conjunción se pone solo entre las dos últimas. Si las oraciones son negativas, se suman por la conjunción *ni,* que suele repetirse delante de las oraciones que se coordinan *(Ni Pedro come ni Andrés bebe).*

Si las oraciones tienen elementos comunes, estos se enuncian una sola vez y la coordinación solo se establece entre los elementos desemejantes. Aparecen entonces las conjunciones enlazando aparentemente palabras, no oraciones. Así, la expresión *El padre, la madre y los niños salieron de casa a primera hora,* resulta de la coordinación de tres oraciones: *El padre salió de casa a primera hora, La madre salió de casa a primera hora* y *Los niños salieron de casa a primera hora.* Esto, que es lo que en resumidas cuentas había que haber dicho, sería insoportablemente lento y trabajoso, y el lenguaje lo simplifica mediante la coordinación exclusiva de los sujetos, *el padre, la madre* y *los niños,* seguidos de los elementos comunes en la oración. De este modo, la conjunción *y,* en vez de enlazar las oraciones, viene así enlazando tres sustantivos. Análogamente, veríamos en *Los árboles florecen, fructifican y dan sombra* que se coordinan solo los predicados; y en *El mozo sacó de su bolsillo un pedazo de pan negro y seco,* que la coordinación se limita a los adjetivos *negro* y *seco,* únicos en que difieren las oraciones enlazadas.

La explicación que precede es una explicación lógica; pero es dudoso que se ajuste a la realidad de la lengua. Para el que dice una frase, siempre hay en ella algo que se dice y alguien de quien se dice: *un* sujeto y *un* predicado. Pero ese sujeto puede ser una suma de elementos que desempeñe la función de sujeto, y el predicado puede ser una suma de elementos que desempeñe la función de predicado. De igual manera, cualquier complemento, sea del sujeto o del predicado, puede ser una suma de elementos con esa función. Lo mismo que en matemáticas, esos sumandos han de ser homogéneos, es decir, han de tener un valor sintáctico equivalente (v. § 89, nota). Los ejemplos expuestos se analizarían así:

| Sujeto | Predicado |
|---|---|
| *El padre* + *la madre* + *los niños* ... | salieron de casa a primera hora. |
| Los árboles .............................. | *florecen* + *fructifican* + *dan sombra.* |
| El mozo ................................. | sacó de su bolsillo un pedazo de pan *(negro* + *seco).* |

Cada uno de estos sujetos, predicados y complementos complejos (o sumas), recibe el nombre de *sintagma no progresivo*, por oposición al *sintagma progresivo*, que es el sujeto, predicado o complemento simple (1).

La coordinación de sujetos, predicados y complementos plantea cuestiones de concordancia. Un predicado que es común para varios sujetos coordinados debe ponerse en plural y concertar de preferencia con la primera, o si no, con la segunda persona, caso de que las haya. Así, se dice: *Andrés y yo nos entendemos; Tú y Andrés os entendéis.* Los adjetivos que se refieren a varios sustantivos coordinados van en plural concertando de preferencia con el masculino, lo mismo si dichos adjetivos son predicados nominales que complementos predicativos en la oración: *Tu hermano y tú sois excesivamente benévolos conmigo; Ella y su hija son estimadas de todos; Andrés y su madre viven tranquilos en la aldea.* Sin embargo, estos usos no dejan de tener derogaciones literarias.

Por razones fonéticas, la conjunción *y* cambia en *e* delante de palabra que empieza con *i: Andrés e Ignacio; Pérez e hijos.*

Este cambio solo ocurre cuando la *i* es vocal plena, no semiconsonante: *oro y hierro.* La conjunción *y* tampoco se convierte en *e* cuando es tónica, al desempeñar función adverbial interrogativa: *¿Y Inés?*

Por elegancia, la conjunción *y* se omite en varias oraciones sucesivamente coordinadas *(asíndeton);* otras veces, en cambio, se repite en todas ellas *(polisíndeton): Dolores, penas, miserias forman el tejido de su vida; Hubo para ellos vacación y fiesta y regodeo y holgorio.*

El *asíndeton* o *yuxtaposición* es la forma más sencilla de enlace en la oración compuesta, al consistir precisamente en la ausencia de conjunción. La relación mental que hay entre las oraciones yuxtapuestas es generalmente copulativa, pero también puede ser cualquiera de las demás expresadas por la coordinación o la subordinación. Ejemplos: *Tengo*

---

(1) Dámaso Alonso, «Sintagmas no progresivos y pluralidades», en *Seis calas en la expresión literaria española,* Madrid, 1951.

*hambre; dame de comer* (relación causal); *Trabajo mucho; gano poco* (relación adversativa); *Ordena: te obedeceré* (relación condicional). Obsérvese que también la forma copulativa puede expresar casi todas esas relaciones.

Una forma especial de yuxtaposición es la que ofrecen las oraciones *coordinadas distributivas.*

## 165. Coordinadas distributivas

Son oraciones caracterizadas por la enumeración sucesiva de varios sujetos, predicados, acciones, tiempos, lugares, etc. Estas oraciones no se enlazan entre sí por conjunción, sino que van simplemente yuxtapuestas, y la coordinación entre ellas se establece por el empleo de palabras correlativas o por la repetición de una misma palabra de cualquier valor gramatical. En las expresiones: *Estos se quejan, aquellos se regocijan; Unos hallan su contento en el campo, otros en los atractivos de la ciudad,* la coordinación está establecida por la correlación de *estos... aquellos; unos... otros;* en cambio, en *Tan pronto gime, tan pronto rompe en carcajadas histéricas, tan pronto destroza cuanto halla a su lado,* las oraciones se enlazan por la repetición de la expresión adverbial *tan pronto.* En *Ora de día, ora de noche, siempre está estudiando; Bien por mí mismo, bien por mi familia, no dejaré de hacer el encargo; Ya en la paz, ya en la guerra, su vida es una lucha,* las palabras de valor distributivo *ora... ora, bien... bien, ya... ya,* han venido a ser, por adecuación, verdaderas conjunciones.

Pero entre los cuatro últimos ejemplos y los anteriores existe una diferencia significada. En las dos primeras expresiones propuestas, las oraciones que se coordinan se hallan en una relación copulativa; pero en los demás ejemplos hay entre los elementos coordinados un sentido de alternativa o de exclusión. Las oraciones no se suman: lo que en ellas se afirma no se verifica al mismo tiempo; cada una de ellas excluye a las demás, bien momentáneamente, siguiendo un turno alternativo, bien por vía de una opción, definitivamente. En este caso, la coordinación distributiva alcanza el sentido y aun la forma de la *disyuntiva* con la añadidura de la conjunción *o (o bien... o bien; o ya... o ya).* El período distributivo ofrece, pues, un tipo de transición entre el período copulativo y el disyuntivo.

### 166. ORACIONES COORDINADAS DISYUNTIVAS

La coordinación propiamente disyuntiva se establece con la conjunción *o,* cambiada fonéticamente en *u* ante la palabra que empieza con *o.* En las oraciones disyuntivas se significa que una de ellas ha de alcanzar eficacia con exclusión de las demás: *O tú o yo sobramos en el mundo;* se entiende que si yo sobro, tú no, y al revés; *Acabas o me voy;* al interlocutor se le deja opción para preferir uno u otro hecho.

La conjunción *o* suele repetirse en dos oraciones coordinadas, delante de cada una de ellas. Sin embargo, muchas veces no sucede así.

Las oraciones coordinadas disyuntivas admiten el mismo proceso de simplificación que las copulativas, de modo que la conjunción enlace solamente los elementos dispares de las oraciones simples sin necesidad de repetir todo lo que en ellos es común (2). Así, resultan oraciones compuestas con sujetos, predicados o complementos coordinados, en los cuales son asimismo válidas las indicaciones que antes se hicieron sobre concordancia: *El chico tenía diez u once años; El burro, el rey o yo ¿no moriremos?; O tú o yo estamos equivocados.*

El valor de opción que presentan las coordinadas disyuntivas ha hecho que se emplee la conjunción *o* para sustituir una expresión por otra equivalente, que, por lo general, es más clara, mejor explicada o más precisa: *Holanda o Países Bajos; las lenguas romances o neolatinas.*

---

(2) Téngase presente, no obstante, lo dicho en el § 164 (letra pequeña).

167. ORACIONES COORDINADAS ADVERSATIVAS

De dos oraciones coordinadas adversativas, una expresa una idea que de algún modo contradice lo que se afirma en la otra. En efecto: en las oraciones *Los árboles no tienen hojas, pero ya las tendrán; Haya justicia, mas no por mi casa,* es claro este sentido de contradicción.

Hay, sin embargo, que distinguir dos matices en la expresión adversativa: la *restricción* y la *exclusión,* según que la oposición existente entre las oraciones coordinadas tenga un sentido de simple limitación o de total incompatibilidad.

La coordinación *restrictiva* se logra con las conjunciones *pero, mas, aunque, no obstante, con todo, fuera de, excepto, salvo, menos, sino.* Ejemplos: *Yo no soy su padre, pero lo defiendo; El chico es arriscado, mas nunca creí que lo fuese tanto; Nació en el siglo XVIII, aunque se ignora el año; Encontró dificultades; no obstante, su constancia las venció; Para ese cargo no tiene condiciones; con todo, no le falta cierta discreción; Aquí tienes todos los libros necesarios, fuera de (excepto, salvo, menos) la Física; Todos reían, sino Blas, que lloraba.*

La coordinación *exclusiva* se obtiene fundamentalmente con la conjunción *sino.* Aparte de su uso restrictivo, que acabamos de ver, esta conjunción contrapone de ordinario una oración afirmativa a otra negativa, excluyendo enteramente lo afirmado en esta: *No lo hice yo, sino mi criado (lo hizo); Esta no es mi opinión, sino (esta es) la de Pedro; A ninguno se premió, sino (se premió) a mí.* También tienen uso de conjunciones exclusivas *antes* y *que no;* por ejemplo: *No se arredró por esto, antes (o antes bien) se creció con el peligro; Esas son aspas de molino, que no gigantes.* En este último caso se ve primero la oración afirmativa, y después, la negativa.

En la coordinación adversativa, la segunda oración es frecuente que vaya elíptica, es decir, con sus elementos sobrentendidos, que se hallan en la primera oración. Esto ocurre especialmente, como acabamos de ver, con *sino.*

*Mas* es exclusivamente literario. En el habla siempre se dice *pero*. *Que no*, según la Academia *(Gramática*, § 334), equivale a «*y no*»: *Esto es gato, que no liebre = ...y no liebre*. Pero nótese que ese *y*, a pesar de ser una conjunción copulativa, tiene aquí sentido adversativo. *Aunque* es normalmente conjunción concesiva. El que se pueda emplear a veces como adversativa es consecuencia del estrecho parentesco que existe entre un tipo y otro de relación. Como norma práctica para distinguir un uso del otro, podría proponerse la siguiente: es adversativa cuando se puede sustituir por *pero*. Sin embargo, aun en estos casos el matiz no es idéntico, pues lo que ocurre en realidad es que la expresión se encuentra a mitad de camino entre lo concesivo y lo adversativo-restrictivo.

### 168. ORACIONES COORDINADAS CAUSALES

La coordinación causal se establece con oraciones entre las cuales hay un lazo de *causalidad*, esto es, una relación de causa a efecto. Ahora bien: según que la segunda oración exprese la causa o el efecto (consecuencia) de la primera, la coordinación será *causal* o *consecutiva*. En *Hoy os invito, pues tengo dinero*, la segunda oración es coordinada causal de la primera, pero en *Tengo dinero; así pues, os invito*, la relación se ha invertido: la segunda oración es coordinada consecutiva de la primera.

La coordinación causal se establece con las conjunciones *porque, puesto que, pues, que*, etc. Ejemplos: *No te rías, que no tengo gana de bromas; Verdad será, puesto que tú lo dices; Tendré convidados, pues hoy es mi santo*.

Véase la diferencia entre la coordinación y la subordinación causal en el § 172.

La coordinación consecutiva se expresa con *así que, así es que, y así, luego, conque, pues, en efecto, por tanto, por consiguiente, por ende*, etc.: *Tengo mucho que hacer, así es que no me esperes hoy; No estuviste presente, luego no puedes hablar de ello; Yo no lo he visto, conque poco puedo decir; ¿No quieres trabajar?, pues lo sentirás; El alumno no ha contestado; por consiguiente, no hay razón para darle el diploma*.

No debe confundirse la coordinación consecutiva, también llamada *ilativa*, con la *subordinación consecutiva*, de tipo adverbial (§ 184).

La oración que expresa la causa puede a veces enunciarse antes que la otra oración con quien se coordina. Lleva entonces delante la conjunción correspondiente: *Puesto que tú lo dices, verdad será*. A veces la conjunción va intercalada entre los elementos de la oración: *No existen estadísticas; resulta, pues, difícil calcular la extensión del mal*.

# XXII.   *Oraciones subordinadas*

### 169.   CLASIFICACIÓN

La expresión *Mi íntimo amigo Pedro gestiona ahora esa concesión* podríamos haberla especificado más extensamente diciendo: *Mi amigo Pedro, con quien tengo gran intimidad, gestiona, cuando escribo estas líneas, que se le otorgue esa concesión.* La primera es una oración simple, y la segunda, una oración compuesta; pero, cotejando una y otra, se observa que la diferencia entre ambas estriba en que el adjetivo *íntimo* de la primera oración se ha sustituido por la oración simple *con quien tengo gran intimidad;* el adverbio *ahora* se ha reemplazado con la oración entera *cuando escribo estas líneas,* que precisa la misma determinación temporal; y en vez del sustantivo complemento directo *esa concesión,* encontramos *que se otorgue esa concesión,* oración simple con que se aclara más el sentido. De suerte, pues, que en la oración compuesta hallamos tres oraciones simples, que desempeñan dentro de ella el mismo papel que tres palabras contenidas en la primitiva oración simple. La correlación entre los términos de ambos ejemplos es esta:

*con quien tengo gran intimidad* sustituye al adjetivo *íntimo;*
*cuando escribo estas líneas*      »      » adverbio *ahora;*
*que se otorgue esa concesión*     »      » sustantivo *esa concesión.*

Estas tres oraciones están, evidentemente, subordinadas dentro de la oración total, que sin ellas no tiene sentido, como ellas tampoco lo tienen por sí. La primera está en la oración modificando al sustantivo *amigo,* como pudiera hacerlo el adjetivo *íntimo;* la llamamos oración *adjetiva;* la segunda modifica al verbo *gestionar,* con auténtica equivalencia en este caso al adverbio *ahora;* decimos que es *adverbial;* y la tercera, que hace el mismo papel de complemento directo que el sustantivo *esa concesión*, recibe el nombre de *sustantiva*.

Las oraciones subordinadas pueden ser, por tanto, *sustantivas, adjetivas* o *adverbiales*, según que en la oración principal desempeñen el oficio de un sustantivo, un adjetivo o un adverbio, respectivamente.

## XXIII. Oraciones subordinadas sustantivas

### 170. SUS CLASES

Estas oraciones desempeñan en la oración compuesta las mismas funciones sintácticas que el sustantivo en la oración simple; por consiguiente, pueden ser en ellas *sujeto (oraciones subjetivas), complemento directo* o *circunstancial (objetivas), indirecto (finales)* y *aposición, complemento con preposición de un adjetivo o sustantivo,* etc. *(atributivas).* Vamos a examinar sucesivamente cada uno de los casos.

### 171. *a)* SUBJETIVAS

La oración sustantiva en este caso va introducida por la conjunción subordinante *que;* pero si es interrogativa no lleva conjunción; tanto en un caso como en otro hay a veces sustantivación expresa por medio del artículo. He aquí algunos ejemplos aclaratorios: *No me gusta que andes con esa gente; Cómo se hizo el negocio no importa a nadie; El que no estuviera presente el alcalde llamó mucho la atención; El por qué se abandonó la empresa, se ignora.*

### 172. *b)* OBJETIVAS

Es este el grupo más nutrido e importante, ya que comprende no solo el uso de las oraciones como complementos directos, sino también como complementos circunstanciales en general.

En las oraciones que hacen el papel de un acusativo hay que distinguir el estilo directo del indirecto (1). En el primero, el que habla reproduce literalmente las palabras de otro; en el segundo se limita a dar una referencia personal de lo dicho por otro. Véanse uno y otro tipo en las oraciones *El orador dijo: Consideradme como un hermano vuestro* y *El orador dijo que se le considerase* (o *dijo que le considerasen los presentes) como un hermano suyo.* La oración interrogativa conserva los signos interrogantes en el estilo directo, pero no en el indirecto.

En la construcción directa no se emplea conjunción intermedia; en la indirecta, en cambio, se usa el *que* subordinante (2). Sin embargo, se suprime a veces en el lenguaje familiar y, casi siempre, con las oraciones interrogativas. Así, hay omisión en *Me rogó le informara del asunto* y en *Me preguntó quién era aquel hombre,* expresiones que pudieron haberse dicho: *Me rogó que le informase del asunto* y *Me preguntó que quién era aquel hombre.*

La conjunción *que* se suprime a menudo, no solamente con oraciones interrogativas, sino también enunciativas y exhortativas indirectas, en el lenguaje oficial y en el epistolar. Es en estos casos un recurso pobre de elegancia. En general, resulta afectado en el lenguaje familiar, y artificioso en el literario.

Además del estilo directo e indirecto, se emplea literariamente una forma mixta, llamada *estilo indirecto libre.* En él, igual que en el estilo directo, las palabras dichas por otro aparecen como oración yuxtapuesta; pero varían los modos y los tiempos verbales, como en el estilo indirecto. Ejemplos: *La fiesta, declaró el alcalde, había sido muy brillante; Se estipuló una condición: la ciudad sería respetada.*

---

(1) En realidad, en el *estilo directo* no hay subordinación, aunque así lo piensen la mayoría de nuestros gramáticos. Formalmente (y, por tanto, sintácticamente) no hay relación entre el «verbo de decir» y «lo dicho»; la relación es exclusivamente lógica. En el ejemplo *El orador dijo: Consideradme como un hermano vuestro,* lo único que hay desde el punto de vista sintáctico es una forma de yuxtaposición, en que la oración de «decir» podría convertirse en inciso: *Consideradme —dijo el orador— como un hermano vuestro.* (Cf. F. Gaiffe, etc., *Grammaire Larousse du XX^e siècle,* París, 1936, § 140.) Es importante notar que, en el estilo indirecto, el «verbo de decir» y «lo dicho» presentan siempre entonaciones independientes, prueba bien clara de lo que afirmamos.

(2) Cuando en la oración interrogativa indirecta se pregunta por el predicado, la palabra de enlace es el adverbio relativo *si: Dime si vas a venir; Le pregunté si le gustaba.*

La subordinación de oraciones, con el íntimo enlace que supone entre ellas, lleva consigo en las formas verbales una dependencia subjetiva y asimismo una correlación temporal. Es, pues, de la mayor importancia atender tanto al modo como al tiempo del verbo de la oración subordinada, en relación con la oración principal.

En términos generales, la oración subordinada objetiva llevará el verbo en indicativo cuando exprese lo objetivo sin apreciación subjetiva, como cosa real y cierta que no admite vacilación; ello ocurre habiendo en la oración principal verbos de los que se llaman de *entendimiento, lengua y sentido,* como *pensar, juzgar, creer, recordar, decir, responder, saber, sentir, temer,* etc. La correlación de tiempos es la siguiente:

| En la oración principal | En la oración subordinada |
|---|---|
| Presente .................... | Cualquier tiempo de indicativo. |
| Pretérito .................... | Pretérito imperfecto de indicativo (contemporaneidad con la oración principal). Pretérito pluscuamperfecto de indicativo (anterioridad). Potencial (posterioridad). |
| Futuro ....................... | Cualquier tiempo. |

Ejemplos: con presente en la principal: *Andrés me dice que Pedro viene hoy, vino ayer, ha venido ayer* o *vendrá mañana;* con pretérito: *Andrés me dijo, me ha dicho, me había dicho que Pedro venía, había venido* o *vendría;* con futuro: *Andrés me dirá que Pedro vino, ha venido, vendrá.*

Si la oración subordinada es de posibilidad, lleva el verbo en los mismos tiempos que las oraciones independientes de este tipo: *Juzgo, juzgué, juzgaba, he juzgado,* etc., *que no te figurarías, habrías figurado* o *hubieras figurado eso.*

La subordinada lleva el verbo en subjuntivo siempre que el verbo de la subordinante exprese el hecho con apreciación subjetiva, como cosa dudosa o de la cual no está en su mano decidir (3). Así ocurre con los verbos de entendimiento cuando la

---

(3)  Cejador, *ob. cit.*

oración subordinada es dubitativa u optativa, y con los de *voluntad* en general. Estos, en efecto, se refieren al futuro exclusivamente, y el futuro está de hecho dentro de lo contingente que no está en la mano decidir. Son verbos de voluntad, por ejemplo, *querer, desear, mandar, exigir, prohibir, ordenar, pedir, permitir, impedir, rogar, suplicar, resolver, acordar,* etc. Los tiempos se corresponden del siguiente modo:

| En la oración principal | En la oración subordinada |
|---|---|
| Presente (o pretérito perfecto) ............. | Presente (o pretérito perfecto). |
| Pretérito ................ | Pretérito imperfecto. Pretérito pluscuamperfecto. |
| Futuro ................... | Presente (o pretérito perfecto). |

He aquí los ejemplos: con presente en la principal: *Andrés quiere que venga Juan;* con pretérito: *Andrés quiso, había querido, quería que viniese* (o *que hubiese venido) Juan;* con futuro: *Andrés querrá que venga Juan;* con verbos de entendimiento, oración dubitativa: *No creo que venga Juan; No creyó que viniese* (o *hubiese venido) Juan; No creerá que venga Juan.* También se emplea el pretérito perfecto de subjuntivo: *No cree que haya venido* o *No creerá que haya venido Juan.*

No es preciso tomar muy al pie de la letra la correspondencia de tiempos. La señalada en los dos esquemas anteriores es la normal en el idioma; pero no significa que en la práctica no haya libertad para otros usos, exigidos por las necesidades de la expresión en cada caso. «No es el tiempo principal el que determina el tiempo de la subordinada: es el sentido» (4).

Es notable la particularidad que ofrecen los verbos que indican *temor* al omitirse la conjunción *que: Temo no empiece a llover* significa lo mismo que *Temo que empiece a llover,* a pesar del *no,* que no tiene aquí, por tanto, sentido negativo. Igual ocurre en *Tengo miedo no nos coja mi padre* y otras expresiones parecidas.

---

(4) F. Brunot, *La pensée et la langue,* París, 1922.

229

Las oraciones sustantivas complemento circunstancial llevan delante del *que* subordinante la preposición correspondiente. Véanse diversos ejemplos: *Yo estaría contento con que mi negocio prosperase; Se habló de que el Gobierno carecía de medios represivos; Muchos ponen su dicha en que la gente los adule; Se quedaron sin que les pagaran lo debido.*

Si el complemento circunstancial es de causa, le correspondería llevar la preposición *por* antes del *que;* pero ambos se han reunido en la conjunción *porque.* Del mismo modo se emplean también con estas oraciones subordinadas las conjunciones y frases conjuntivas *como, de que* y *ya que.* Estas expresiones causales deben distinguirse de las coordinadas del mismo nombre (§ 168). Las subordinadas causales admiten la construcción con verbo en subjuntivo, indicio cierto de dependencia; las coordinadas, no. Estas indican algo que lógicamente puede ser causa, mientras que las subordinadas objetivas explican la razón perentoria del hecho afirmado en la oración principal (5). Ejemplos de oraciones subordinadas causales: *No me quedo en casa porque llueva, sino porque tengo mucho que hacer; Como hubo disgustos, se disolvió la sociedad; Ya que no me quites penas, no me las vengas a dar.*

Estas oraciones de tipo causal vacilan realmente entre las de carácter sustantivo y las de carácter adverbial, como diremos más adelante.

Por otro lado, la frontera que separa la subordinación de la coordinación causal es tan poco clara en muchas ocasiones y tan teórica, que algunos gramáticos han prescindido de ella, englobando todas las causales dentro de las subordinadas sustantivas.

---

(5) En la subordinación causal lo característico es la inmediata enunciación de la causa, su apego complementario a la oración principal, su inmanencia en ella. En la coordinación causal, en cambio, lo decisivo es que las oraciones, como coordinadas que son, se hallan una y otra sobre el mismo plano, seriadas, sin interdependencia, apartadas, a despecho del vínculo causal, por una pausa muy marcada. (G. Sobejano, reseña al libro de Siebenmann *Über Sprache und Stil im Lazarillo de Tormes,* en *Rev. de Filología Española,* XXXVII, 1953, 325.)

173. *c)* ORACIONES SUBORDINADAS FINALES

Son aquellas que en la oración principal hacen oficio de un complemento en caso dativo y expresan, en términos generales, el fin o intención a que tiende lo que se afirma en la oración principal. Llevan las preposiciones de dativo *a* y *para* seguidas de la subordinante *que;* pero también pueden ir introducidas por la frase conjuntiva *a fin de que,* o por la conjunción *porque = para que.*

Algunas veces, sobre todo en el habla familiar, la oración final está introducida por la simple conjunción *que: Ven que te diga una cosa.*

Como el intento o propósito es, desde luego, un estado subjetivo del ánimo respecto del hecho, se emplea el modo subjuntivo en la oración final, con la misma correlación de tiempos que en las oraciones objetivas.

Ejemplos diversos: *Le darán permiso para que salga esta noche para Burgos; A fin de que no encuentre dificultades, se le ha expedido un pasaporte; Le excitó a que exaltase su ánimo.*


174. *d)* ORACIONES SUBORDINADAS ATRIBUTIVAS

Estas oraciones aparecen sustituyendo a un nombre que es predicado nominal, aposición o complemento con preposición de un adjetivo o sustantivo. Basta con indicar algunos ejemplos: *Mi mayor deseo es que mi obra triunfe; El temor ˮde que lo supiese el maestro me tenía cohibido; Estábamos todos conformes en que el delito era grave; Mi primo se mostró dispuesto a que se le nombrase vocal; El muchacho quedará contento con que se le reconozcan sus méritos.*

# XXIV. Oraciones subordinadas adjetivas

## 175. SU NATURALEZA

Si decimos *El libro que te entrego es de aquel muchacho a quien te presenté ayer,* existe en este. período una oración principal —*el libro es de aquel muchacho*— y dos oraciones subordinadas de esta: la primera —*que te entrego*— va modificando al sustantivo *libro;* la segunda —*a quien te presenté ayer*— se refiere al sustantivo *muchacho.* Ambas oraciones son, por el papel que desempeñan, subordinadas adjetivas de la oración principal.

Pero en la oración *que te entrego* encontramos que el *objeto* —*que*— reproduce al nombre *libro;* lo mismo en *a quien te presenté ayer,* el complemento directo *a quien* se refiere al sustantivo *muchacho.* El *que* y el *quien* son, en efecto, los pronombres relativos ya conocidos (§ 31), los cuales establecen el enlace de las oraciones subordinadas de que forman parte como elementos, con la oración principal donde encuentran su antecedente. Las oraciones subordinadas adjetivas se llaman también *de relativo,* porque, como se ve, son introducidas en la oración principal mediante la relación que existe entre los pronombres relativos y sus antecedentes.

La oración adjetiva nace de la necesidad de atribuir a un sustantivo una cualidad complicada que no tiene expresión en ningún adjetivo morfológico de la lengua. La cualidad halla modo de expresarse por medio del predicado y demás elementos de toda una oración, en la que el sustantivo que se ha de calificar figura de algún modo; mas como el adjetivo oracional resultante ha de atribuírsele al mismo sustantivo atributivamente, ello se consigue enlazando a este la oración mediante la

232

relación gramatical existente entre el sustantivo tomado como antecedente y él mismo en forma pronominal relativa. Ejemplo: supongamos que no existiera en la lengua un adjetivo para expresar la cualidad de *valenciano* que queremos atribuir al sustantivo *labrador* de la oración *El labrador valenciano es laborioso.* Esta cualidad encontraría entonces expresión por medio de una predicación adecuada en la oración *El labrador ha nacido en Valencia.* Ahora bien: el adjetivo perifrástico resultante ha de servirnos de atributo para *labrador* y lo tenemos aquí como predicado, del cual es sujeto el mismo *labrador.* Se sustituye entonces este por el pronombre relativo y se deja el sustantivo como antecedente. Resulta así la expresión *El labrador que ha nacido en Valencia es laborioso.*

### 176. ORACIONES DETERMINATIVAS E INCIDENTALES

Así como hay adjetivos especificativos y explicativos, se encuentran también oraciones adjetivas de los mismos tipos, que se llaman también *determinativas* e *incidentales,* respectivamente. Las dos oraciones compuestas

> *Los niños que advirtieron el peligro huyeron;*
> *Los niños, que advirtieron el peligro, huyeron,*

no significan lo mismo, a pesar de contar exactamente con los mismos elementos. En la primera se afirma que solamente huyeron aquellos niños que advirtieron oportunamente el peligro; en cambio, en la segunda se da a entender que los niños, todos, al advertir el peligro, huyeron. La oración primera, determinativa, se une estrechamente al sustantivo *niños,* señalando la extensión en que debe tomarse su significado. La segunda, incidental, se limita a explicar una circunstancia del antecedente: la de que los niños se habían percatado del peligro. La misma diferencia encontraríamos entre *Llegaron las mujeres que · estaban cansadas* y *Llegaron las mujeres, que estaban cansadas;* y entre *Los socios que habían traído a sus familias eran muchos* y *Los socios, que habían traído a sus familias, eran muchos.*

Como se ve, las oraciones incidentales van marcadas por una pausa en la pronunciación y una coma en la escritura, que son de la mayor importancia, pues solo por ellas se distinguen en muchos casos las oraciones de esta clase.

## 177. FORMAS DE LA ORACIÓN DE RELATIVO

Lo mismo si las oraciones adjetivas son determinativas que incidentales, pueden referirse como antecedente a cualquiera de los sustantivos que entren en la oración: en *La fruta que te traje el otro día la compré en la tienda que sabes,* la oración *que traje el otro día* se refiere al sujeto de la oración principal, mientras que la oración *que sabes* tiene por antecedente un complemento circunstancial.

Por otra parte, los relativos, con sus formas *que, cual, quien, cuyo,* del valor de las cuales se habló en Morfología (§ 31), desempeñan en las oraciones subordinadas de que forman parte todos los oficios sintácticos, y pueden llevar asimismo las preposiciones que convengan a cada caso. Véanse ejemplos diversos:

| Oración de relativo subordinada | El relativo es en ella |
|---|---|
| He aquí la persona *que te busca* ...... | Sujeto. |
| La casa *que he edificado* es espléndida ......................... | Complemento directo. |
| Las herramientas *con que trabajo* son buenas ........................ | Compl. circ. con prep. *con.* |
| Esas son las mesas *a que me refiero.* | Compl. indirecto con *a.* |
| El chico *para quien te pedí el libro* lo ha devuelto ya ....................... | Compl. indirecto con *para.* |
| La casa *por que preguntas* no existe. | Compl. circunst. con *por.* |
| Llegará el día *en que podamos hablar.* | Compl. circunst. con *en.* |
| Necesito los lentes, *sin los cuales no veo nada* ............................ | Compl. circunst. con *sin.* |
| No conozco eso *de que hablas* ......... | Compl. circunst. con *de.* |
| Esta es una obra *cuyo autor se desconoce* ........................... | Adjetivo del sujeto. |
| El lugar *cuyo nombre no recordaba* es El Toboso .......................... | Adjetivo del compl. directo. |
| La persona *de cuyo nombre no me acuerdo* ............................ | Adj. de un compl. con *de.* |

Es notable la omisión de la preposición cuando el relativo *que* es ablativo de lugar o tiempo, como en las expresiones *El día que llovió tanto; Hace días que no hablo con él.* Se sobrentiende: *El día en que llovió tanto* y *Hace días durante los cuales no hablo con él.*

Hay en la lengua popular una construcción que la culta y la literaria evitan como incorrecta. El doble papel del pronombre relativo —pronominal y conjuntivo— se disocia, de manera que queda el relativo reducido a la función de enlace, y el antecedente está reproducido por medio de un pronombre personal: *Aquellos amigos con los que estuvimos ayer* se convierte en *Aquellos amigos que estuvimos ayer con ellos.* El relativo *cuyo* se descompone en *que su: Ese niño que su padre es carpintero* (por *Ese niño cuyo padre...*).

La lengua cuidada tampoco emplea las construcciones populares del tipo *El señor al que le entregamos los papeles,* donde el complemento indirecto *al que* —correctamente formulado— se reitera luego como pronombre personal *le,* a semejanza de la oración independiente normal *A ese señor le entregamos los papeles,* en que el complemento encabeza la frase.

## 178. MODOS Y TIEMPOS VERBALES

La oración de relativo puede ser la enunciación de un hecho real y cierto, o de un hecho posible o dudoso, o de un deseo. Por consiguiente, caben en ella las indicaciones dadas anteriormente sobre modos y tiempos en las oraciones objetivas. Lo real y lo posible se expresan con el indicativo; lo dudoso, lo contingente, lo hipotético y lo optativo, con el subjuntivo: *Andrés es el que viene, ha venido o vendrá; Andrés es el que vendría o habría venido; Andrés es el que acaso venga o haya venido; Andrés debe ser el que venga; debía ser el que viniese o hubiese venido.*

## 179. EL RELATIVO «QUE» CON ARTÍCULO Y PREPOSICIÓN

Ofrecen un interés especial las expresiones *el que, la que, los que, las que.* En la oración compuesta *Los que nada saben todo lo creen saber,* la oración adjetiva intercalada es evidentemente *que nada saben.* El antecedente de este relativo es el artículo *los* que le precede, el cual, en esta clase de construcciones con el relativo, conserva todavía confusamente su primitivo valor etimológico de pronombre demostrativo; así ocurre que su equivalencia en francés es precisamente el pronombre *ceux: ceux qui...* De este modo, *los que* es lo mismo que *aquellos que,* así como los grupos *el que, la que* y *las que* equivalen a *aquel que, aquella que, aquellas que.*

Sin embargo de esto, no puede separarse sintácticamente el artículo del pronombre sustantivo al que precede; así pues, las expresiones indicadas deben estimarse más bien como relativos con el antecedente englobado en su propia significación. Este mismo fenómeno ocurre con el relativo *quien,* que se construye muchas veces sin antecedente explícito. Así, por ejemplo, en *Quien bien te quiere te hará llorar.* Esta construcción se interpreta suponiendo que *quien* lleva implícito su propio antecedente, que podría ser un pronombre demostrativo. Tendríamos, pues: *quien = aquel que* (o *aquella que).* Este uso hace que, cuando el antecedente implícito debiera llevar preposición, quede afectado de ella el propio relativo, con lo que resulta alguna confusión sintáctica. Así, en *Este es un cuadro de quien no sabe pintar,* la preposición *de* viene afectando al relativo *quien,* cuando correspondería al antecedente implícito, ya que este sería un genitivo dependiente de *cuadro,* en tanto que a *quien,* sujeto de su oración, no le corresponde llevar preposición alguna.

Las expresiones *el que, la que,* etc., no deben siempre interpretarse como hemos hecho, pues en otras construcciones el artículo *el* tiene solamente su moderno valor sintáctico y el antecedente del relativo va expreso en otra parte de la oración. Así ocurre en *La casa en la que pasé los días de mi infancia subsiste todavía;* el relativo tiene como antecedente *la casa.*

Los gramáticos han discutido sobre el verdadero carácter —sustantivo o adjetivo— del artículo *el* en los grupos *el que, la que (los que nada saben todo lo creen saber).* La discusión se ha extendido al caso de *aquel que, aquella que* (cf. § 30). Véanse H. H. Arnold, «Aquel que», *Hispania,* XIV, 1931, 449; Gili Gaya, *Sintaxis,* § 231, y S. Fernández, *Gramática,* § 175.

Siendo *lo* antecedente, y correspondiendo al relativo ir afectado de una preposición, tendríamos expresiones como *No ignoro lo de que hablas; No sabes lo en que te has metido*. El uso histórico de la lengua hace que en estos casos el antecedente atraiga a la preposición, resultando así construcciones tales como *No ignoro de lo que hablas; No sabes en lo que te has metido*, que ofrecen, en apariencia, una estructura sintáctica anómala.

La misma atracción de preposición puede ocurrir cuando el antecedente es un sustantivo, especialmente en el lenguaje conversacional: *Dime a la hora que tengo que llamarte (dime la hora a la que tengo que llamarte); No sé con los medios que cuentas (no sé los medios con que cuentas); Eres tú al único amigo que puedo contarlo (eres tú el único amigo al que puedo contarlo).*

### 180. CONCORDANCIA EN LAS ORACIONES ADJETIVAS

Cuando el relativo es sujeto de una oración, el verbo de esta no concierta en número y persona con el relativo, sino con el antecedente de este. Así, en *Tú, que me escuchas, sabes que es verdad,* el predicado *escuchas* no concierta con *que,* sino con el antecedente *tú*. Si son varios los sujetos, el verbo pasará a plural, prefiriendo la primera persona a la segunda y esta a la tercera: *Tú y él, que sois inteligentes, lo haréis bien.*

En las expresiones, tan comunes, *yo soy el que, tú eres el que,* etc., el verbo de la oración de relativo concierta unas veces con el antecedente artículo y otras con el sujeto de la oración principal; así, se dice: *Yo soy el que trajo las gallinas* o *Yo soy el que traje las gallinas;* pero *Nosotros somos los que lo hemos hecho* y no *Nosotros somos los que lo han hecho*. En cambio, en las expresiones del tipo *Yo soy de los que creen en la monarquía,* es incorrecto decir: *Yo soy de los que creo en la monarquía.*

### 181. CONSTRUCCIÓN

En la subordinación adjetiva, el relativo debe ir inmediatamente junto a su antecedente, por lo cual ocupa siempre el pri-

237

mer lugar en su oración, solo precedido de las preposiciones que le corresponda llevar: *El libro a que te refieres se ha perdido.* En *El sabio en elogio del cual has hablado,* el relativo no ocupa el primer puesto, junto a su antecedente *sabio,* por su especial situación de dependencia respecto del complemento *en elogio* perteneciente a su oración.

# XXV. *Oraciones subordinadas adverbiales*

## 182. Su naturaleza y clasificación

Como hemos visto antes, la oración subordinada adverbial es aquella que sustituye a un adverbio de la oración principal, o, lo que es lo mismo, la que modifica al verbo de la oración principal con el mismo carácter que pudiera hacerlo un adverbio cualquiera.

Ofrecen todas la particularidad de que son *correlativas,* esto es, de que se enlazan entre sí mediante la relación de un elemento de la oración principal con otro que figura en la oración subordinada, lo cual las asemeja y aun las asimila a veces a las oraciones adjetivas.

Se pueden distribuir en tres grupos: uno, que comprende las oraciones de carácter *circunstancial,* o sea las que expresan las tres relaciones fundamentales de *espacio, tiempo* y *modo* en la oración principal; otro, que expresa relaciones *cuantitativas,* y comprende las oraciones *comparativas* y *consecutivas,* y otro, que incluye oraciones de relación *causativa,* esto es, las *condicionales* y las *concesivas,* las cuales también ofrecen la particularidad de ir unidas a la oración principal por verdaderas conjunciones, como las oraciones coordinadas, sin perjuicio, sin embargo, de la correlación evidente entre los elementos de las oraciones relacionadas. En este grupo pueden incluirse también las subordinadas sustantivas *causales,* cuyo sentido, como dijimos antes, vacila entre lo sustantivo y lo adverbial.

183. ORACIONES DE LUGAR, TIEMPO Y MODO

Estas oraciones expresan el lugar, el tiempo y el modo del hecho contenido en la oración principal, cuando estas relaciones son tan complicadas que no pueden expresarse con adverbios morfológicos.

Las tres oraciones presentan una estructura uniforme. En la oración subordinada figuran, respectivamente, los adverbios relativos *donde, cuando* y *como,* correlativos de antecedentes que figuran en la oración principal, y que son expresiones (ablativos o adverbios) de lugar, de tiempo y de modo, respectivamente (v. § 82).

El tipo esquemático de estas tres clases de oraciones circunstanciales sería:

|  | Oración principal | Oración subordinada |
|---|---|---|
| De lugar ......... | Aquí es ............ | donde yo trabajo. |
| De tiempo ...... | Entonces fue ..... | cuando llegó mi padre. |
| De modo ...... | El negocio salió así ............... | como yo suponía. |

Sin embargo, las oraciones adverbiales circunstanciales no se ajustan exactamente a estos tipos esquemáticos. Es muy frecuente la omisión de los antecedentes, como suficientemente sobrentendidos. Así, se dice: *Voy donde me llaman; Le veré cuando venga; El joven se condujo como correspondía a su talento.*

Por otra parte, no aparecen solamente los adverbios *donde, cuando* y *como,* aunque esto es lo más usual, sino que la oración subordinada suele llevar otras expresiones locales, temporales o modales, con antecedente expreso o no en la oración principal.

Para indicar las distintas relaciones locales de movimiento, el adverbio *donde* va afectado de las preposiciones adecuadas. Así, tenemos *adonde* (formando una o dos palabras) para el lugar de destino; *de donde,* para el origen o procedencia; *por donde,* para el lugar de tránsito, y *hacia donde* y *hasta donde,* para la dirección y el límite. Ejemplos: *Voy a donde me han dicho; La familia de donde vengo es nobilísima; No señaló el sitio por donde había entrado en el jardín; Hasta aquel poste es hasta donde debéis correr. En donde,* sustituido corrientemente por el simple *donde,* expresa el lugar de reposo. También *donde* aparece con frecuencia en vez de *adonde.*

En las oraciones temporales encontramos una gran riqueza de elementos correlativos. Así tenemos, entre otros:

| | |
|---|---|
| apenas .......................... | cuando |
| aún no .......................... | cuando |
| no bien ...................... | cuando |
| luego .......................... | cuando |

Y sin antecedente, o al menos sin antecedente fijo:

| | |
|---|---|
| ya que | en tanto que |
| luego que | en cuanto |
| antes que | mientras |
| después que | mientras que |
| como | etc. |

Véanse algunos ejemplos: *Apenas dejó de llover cuando nos pusimos en camino; Antes que anocheciera se acogieron a poblado; Mientras comían los señores, los criados murmuraban; Tan pronto como se hizo de noche, hubo que volver a la aldea; En cuanto acabe, voy contigo.* Nótese que *cuando, mientras que, en tanto que, entre tanto que,* etc., expresan la contemporaneidad de los hechos en las dos oraciones, subordinante y subordinada; la inmediata anterioridad de lo afirmado en la oración principal se expresa con *apenas, no bien,* etc., *cuando; ya que* y *luego que;* la simple anterioridad del hecho de la oración subordinada se indica con *antes que,* así como con *después que,* la posterioridad. Las tres dimensiones temporales se expresan en cada caso en relación con el antecedente o con el verbo de la oración principal.

241

En las subordinadas modales suele encontrarse, en vez de *como, según* o *según que: Yo trabajo según me han mandado* (1). El adverbio *como* suele llevar sobrentendida la oración subordinada que, por lo general, reproduce a la subordinante. Así, encontramos las expresiones *Es ágil como una ardilla; Se portó como un grosero;* se sobrentiende *como una ardilla (es ágil), como un grosero (se porta).*

En cuanto a los modos y tiempos verbales en los tres tipos de oraciones, puede decirse, en general, que cuando se trata de un hecho futuro, se emplea siempre el subjuntivo en la oración subordinada, por tratarse de un hecho eventual. Se exceptúan solamente las oraciones temporales con *mientras,* que aun tratándose de un hecho futuro pueden ir con verbo en indicativo (2), si se trata de un hecho real, y las formadas con *antes que,* que siempre llevan subjuntivo. La correlación de tiempos es la misma explicada en las oraciones objetivas.

184. ORACIONES COMPARATIVAS Y CONSECUTIVAS

Forman un grupo natural las que la Academia designa con los nombres de *comparativas* y *consecutivas.* Tanto en unas como en otras está en juego, por lo general, una estimación cuantitativa o intensiva, que en las unas es objeto de comparación y en las otras produce una cierta consecuencia o efecto.

Las *comparativas* ofrecen la comparación de dos conceptos más o menos complejos. De esta comparación resultarán tres relaciones: la igualdad, la superioridad, la inferioridad. La corre-

---

(1) El valor modal de *según que* está hoy olvidado. En cambio, tiene un frecuente uso temporal (y también *según* solo) con el sentido de progresión paralela de la acción principal y la subordinada: *Según que* (o *según) vayas estudiando encontrarás más facilidad* (= a medida que vayas estudiando...).

(2) Pero no en futuro ni potencial. El sentido de acción venidera se expresa aquí por medio del presente: *Mientras llega Antonio, voy a escribir una carta.* Una acción futura con relación a un pasado se expresa por el imperfecto: *Mientras llegaba Antonio, me puse a escribir una carta.* De ningún modo se podría haber dicho en estos casos *mientras llegará* o *mientras llegaría Antonio.*

lación de elementos que presentan las oraciones subordinante y subordinada es la siguiente:

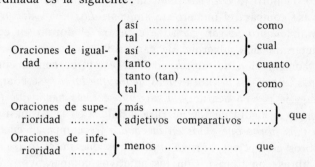

La comparación puede referirse al *modo,* a la *cualidad* o a la *cantidad.* La comparación *de modo,* establecida por *así... como, tal... cual,* ofrece un tipo de transición entre las oraciones modales y las comparativas. Según la Academia, estas últimas se diferencian de las anteriores en que establecen la comparación entre las ideas complejas expresadas por las oraciones que se enlazan. Así lo vemos en *Como el águila se cierne poderosa sobre las cumbres, así el hombre de genio domina los espíritus en su vuelo gigantesco; Tal iba el miserable con su hallazgo cual el niño con un juguete flamante.*

La comparación en la cualidad puede establecerse también con la correlación *tal... cual* (v. § 31): *Sus hechos fueron tales cuales* (o *como) yo me suponía; Cual es María, tal hija cría.* Se comparan en el primer ejemplo «los hechos», y en el segundo «María», en cuanto a las cualidades de ambos.

*Tanto (tan)... como* y *tanto... cuanto* (v. § 31) comparan en cuanto a la intensidad de las cualidades de un mismo sustantivo o de dos, o en cuanto a la determinación de cantidad de los sustantivos. Ejemplos: *Esta tinta es tan negra como fluida* (se compara la tinta con ella misma en cuanto a la intensidad del color y de la fluidez); *Esta tinta es tan negra como la pez* (se comparan la tinta y la pez en cuanto a la intensidad de la misma cualidad de negrura); *En mi casa hay tantos libros como pelos en tu cabeza* (se comparan en cantidad libros con pelos); *En mi casa hay tantos libros como en la Biblioteca* (se compara el número de libros); *Un rico tiene siempre tantos amigos cuantos quiere* (se compara el número de amigos); *Los niños deben dormir tanto cuanto tengan gana* (se compara el dormir en cuanto a la determinación adverbial de cantidad).

La comparación de superioridad se establece con la correlación *más... que: Esta tinta es más negra que la pez* (se comparan la tinta y la pez en negrura); *Esta tinta es más negra que fluida* (se comparan cualidades de negrura y fluidez en la misma tinta); *Tengo más libros que pelos en la cabeza* (se comparan en cantidad libros con pelos); *Tengo más libros que necesito* (se comparan libros con libros). Con los adjetivos comparativos morfológicos no hace falta el adverbio *más;* así se tiene: *Esta tinta es mejor que aquella; Este muchacho es mayor que aquel.*

La comparación de inferioridad se establece con *menos... que.* Las formas son enteramente semejantes a las de superioridad.

En el período comparativo suelen faltar los antecedentes; así se ve en: *Yo te daré cuantos libros necesites; Su conducta fue cual yo me suponía.* La oración subordinada va con gran frecuencia elíptica, por ser la mayor parte de sus elementos reproducción de los de la oración principal.

El verbo de la subordinada va en subjuntivo cuando indica un hecho dudoso o eventual.

Un tipo especial dentro de las comparativas lo constituyen las oraciones introducidas por *como si: No nos saludamos, como si no nos conociésemos.* Es uno de los frecuentísimos casos de comparativas elípticas («no nos saludamos, como [no nos saludaríamos] si no nos conociésemos»), en las que los elementos sobrentendidos son los comunes con la oración principal. Como se ve, la oración comparativa está constituida por un período condicional irreal (v. § 185), y por eso recibe el nombre de *comparativa irreal.* Es un uso metafórico que ofrece grandes posibilidades expresivas, como lo confirma el abundante empleo que de él hacen el habla y la literatura (3).

_____

(3) S. Fernández Ramírez, «*Como si* + subjuntivo», *Rev. de Filología Española,* XXIV, 1937, 372.

Las oraciones *consecutivas* ofrecen la consecuencia que se deduce de la intensidad con que se manifiesta una cualidad o una acción. Se expresa por la correlación de los vocablos

tanto (tan) .................................. que
tal .................................................. que

Ejemplos: *Hacía tanto frío que nos volvimos a casa; Eramos tantos que no cabíamos; Tan bella apareció la mañana que quedamos extasiados; De tal modo llovía que hubimos de buscar refugio a toda prisa.*

Al igual que en las comparativas, puede omitirse el antecedente, aunque con mucha menos frecuencia, y sobre todo en conversación: *Tengo un hambre que no veo; Llueve que es una bendición.* A veces no es fácil saber si son consecutivas o solo relativas con matiz consecutivo.


185. ORACIONES DE CAUSALIDAD

Excluidas las subordinadas causales, según hemos dicho antes (§ 172), quedan incluidas en este grupo las *condicionales* y las *concesivas,* que guardan con sus oraciones subordinantes un lazo de *causalidad,* toda vez que la condición es antecedente indispensable para un cierto efecto, y en lo *concesivo* hay un obstáculo previo, especie también de condición, aunque desdeñable.

Las oraciones que constituyen el período *condicional* van enlazadas por el adverbio relativo *si.* La oración principal, que es la que expresa el efecto, la consecuencia, se llama *apódosis;* la subordinada, que lleva en sí la condición, se llama *prótasis.*

La condición puede concebirla el entendimiento de dos maneras: *real* e *irreal.*

En el primer caso están aquellas oraciones en que la prótasis es un hecho real, probable o posible, sea en el pasado, en el presente o en el futuro. La prótasis lleva entonces un tiempo de indicativo (no futuro ni potencial), y la apódosis, cualquier tiempo del indicativo o imperativo. Ejemplos: *Si yo lo deseo,*

*Pedro vendrá; Si iba ella, él iría también; Si este es rico, yo también puedo serlo; Si alguien te pide dinero, niégaselo; Si vienen mañana, no podremos recibirlos.*

En las condiciones irreales, la prótasis es un hecho que estimamos no realizado en el pasado, irrealizable en el presente o improbable en un futuro; y por tanto, la consecuencia contamos con que lo es también. La prótasis va en imperfecto de subjuntivo si la condición se refiere al presente o futuro, y en pluscuamperfecto si se refiere al pasado; la apódosis, en pretérito imperfecto de subjuntivo *(-ra)*, o en potencial simple (para condición presente o futura), o en pluscuamperfecto de subjuntivo o potencial compuesto (para condición pasada). Así, diremos: *Si yo tuviera (tuviese) dinero, me marcharía (marchara) a París; Si yo hubiera (hubiese) tenido dinero, me hubiera (habría, hubiese) marchado a París; Si yo hubiese estudiado, sabría mucho más* (4).

La forma *-ra* en la apódosis *(marchara)* es anticuada, y solo aparece de vez en cuando en el español literario.

En lenguaje jurídico y arcaizante todavía se emplean las llamadas «condicionales contingentes», es decir, las condicionales reales de futuro con la prótasis en futuro de subjuntivo (imperfecto o perfecto): *Si transcurrido el plazo no se presentare (no se hubiere presentado), perderá sus derechos.* Ya vimos (§ 53) cómo este tiempo se encuentra en desuso. En este caso se emplea hoy normalmente el presente o perfecto de indicativo.

En vez del adverbio relativo *si,* solemos hallar también las expresiones conjuntivas *como, siempre que, con tal que.* Ejemplos: *Como no vengas, te mato; Siempre que tú también estés conforme, acepto la propuesta; Con tal que no me estorbes, me contento.*

Otras conjunciones: *cuando, siempre y cuando, a no ser que, supuesto que, dado (caso) que.*

_____

(4) La apódosis *hubiese* + participio *(me hubiese marchado a París)* no la admite la Academia *(Gramática,* § 433), tachándola de dialectal; pero en realidad su uso es corriente.

La condición se puede expresar también por medio del gerundio (v. § 189); del infinitivo precedido por *de* o *a* (de donde procede la conjunción *a no ser que*) (v. § 187), y del participio (de donde las conjunciones *supuesto que* y *dado que*) (§ 188).

La oración subordinada *concesiva* expresa una dificultad para la realización de lo dicho en la oración principal, dificultad que, sin embargo, no tiene eficacia para impedir su cumplimiento. Al decir, por ejemplo, *Aunque me lo prohíbas, saldré,* se entiende que el *salir* se verificará *a pesar* de la prohibición contenida en la oración subordinada. Es una condición, pero que no influye en la realización del hecho.

Los dos tipos que hemos distinguido en las oraciones condicionales podemos encontrarlos también en las concesivas. El uso de tiempos verbales es el mismo, pero en el modo real la prótasis admite además los dos futuros de indicativo. Ejemplos:

| Concesiva real | Concesiva irreal |
|---|---|
| Aunque *somos* muy amigos, nunca nos *vemos.* | Aunque *fuésemos* muy amigos, nunca nos *veríamos.* |
| Aunque mañana *estaré* aquí, no *podré* atenderte. | Aunque mañana *estuviese* aquí, no *podría* atenderte. |
| Aunque *tenía* parientes, ninguno le *quería.* | Aunque *hubiera tenido* parientes, ninguno le *hubiera querido.* |

Hay además un tipo especial de concesiva real, que presenta una objeción —ya conocida o supuesta— como totalmente ineficaz para oponerse a la acción principal, de tal manera que llega a considerarse casi irreal. Es la que se llama *concesiva polémica* (5): *Aunque no quieras, tienes que hacerlo; Aunque no quisieras, tenías que hacerlo.*

Las oraciones que forman el período concesivo se enlazan por las expresiones conjuntivas *aunque, por más que, aun cuando, siquiera, así.* Ejemplos: *Por más que lloró, no logró ablandarle; Aun cuando quisiera, no podría hacerlo; Déjeme usted el libro, siquiera sea un día no más; No lo hará, así lo maten.*

---

(5) J. Vallejo, «Notas sobre la expresión concesiva», *Rev. de Filología Española,* IX, 1922, 40; y «Sobre un aspecto estilístico de Don Juan Manuel», *Homenaje a Menéndez Pidal,* II, 63.

La expresión *por más que* no es más que un tipo inmovilizado de una expresión concesiva variable constituida con *por... que* y un adjetivo o adverbio intercalado. He aquí ejemplos de estas construcciones: *Por mucho que corras, no conseguirás alcanzarle; Por duro que sea el trabajo, no te matará; Por bien que se porte, no recibirá mejor recompensa.*

Otras conjunciones empleadas son: *a pesar de que, si bien, bien que, mal que* (esta última, ya fósil, es la expresión *mal que te —le,* etc.— *pese): Siempre anda de juerga, a pesar de que no tiene un céntimo; Consiguieron la victoria, si bien las bajas fueron sensibles; La familia emprendió el viaje, bien que no todos iban a gusto.*

En el lenguaje hablado (y algo en el literario) se usa como conjunción la expresión *(y) eso que: En esta ciudad soy el único español, y eso que tiene cien mil habitantes* (= a pesar de que...).

Por el íntimo parentesco que une a las oraciones condicionales y las concesivas, se emplea a veces como concesiva la conjunción *si: No se quejaría si le arrancaran la piel a tiras* (= aunque). Hay otro *si* cuyo valor concesivo no resulta tan claro, y que es bastante usual en español, aunque no suelen registrarlo las gramáticas: *Si la madre era mala, la hija era peor; Si no obtuvo éxito de público, al menos le aplaudieron los críticos.* Con este *si* se pone de relieve la coexistencia, unas veces paralela y otras antitética, de las ideas expresadas por la subordinada y la principal (6). Es un recurso lingüístico parecido al griego *mèn... dè...* o al latín *quidem... vero...*

Además de las construcciones con conjunción citadas, la oración adverbial concesiva admite las siguientes: *con* + infinitivo (v. § 187); gerundio (v. § 189); *aun* + gerundio (v. § 189); *aun* + participio (v. § 188), y futuro + *pero* + presente. En esta última construcción, con el futuro de probabilidad se expresa, en forma de duda, la misma escasa validez que significa el subjuntivo con *aunque: Será listo, pero no sabe leer* (= aunque sea listo, no sabe leer). Cuando la idea se refiere al pasado, la fórmula es: potencial + *pero* + pretérito: *Sería listo, pero no sabía leer* (= aunque fuese listo...) (7).

---

(6) Cf. Gougenheim, *Système grammatical de la langue française,* pág. 347.
(7) Gili Gaya, *Sintaxis,* § 127.

# XXVI. Sintaxis de las formas auxiliares del verbo

## 186. ORIENTACIÓN GENERAL

Las que hemos llamado (§ 50) *formas auxiliares del verbo,* esto es, el *infinitivo,* el *participio* y el *gerundio,* son, en realidad, como ya se ha adelantado, formas híbridas, puesto que, sin perder su naturaleza verbal, adaptan y asimilan esta misma naturaleza a otros usos gramaticales.

En general, las tres formas de que hablamos son tres derivados verbales, que pueden identificarse así: el infinitivo es un *sustantivo verbal;* el participio es un *adjetivo verbal;* el gerundio es un *adverbio verbal.*

Así pues, se comportan dentro de las oraciones de que forman parte como tales sustantivos, adjetivos y adverbios; pero asimismo ofrecen la particularidad de obedecer en su construcción al tipo verbal de donde proceden, admitiendo los mismos complementos que los verbos a que corresponden.

## 187. EL INFINITIVO

El infinitivo es, como hemos dicho, un sustantivo verbal, un nombre abstracto de acción. La esencia de una forma verbal está en expresar el fenómeno relacionándolo con una persona gramatical determinada y refiriéndolo a un tiempo también determinado. Pues bien: el infinitivo expresa el fenómeno en sí mismo, de tal modo que se puede atribuir a cualquier persona en cualquier tiempo.

A veces resulta casi enteramente identificado con un sustantivo; otras, en cambio, se acerca vivamente al carácter verbal.

Ocurre lo primero cuando se ha perdido el interés por el sujeto y solo importa lo objetivo del fenómeno; ocurre lo segundo cuando no se ha perdido el interés por el sujeto, pero no importa la modalidad subjetiva de la acción ni el tiempo.

En este sentido, en un análisis sintáctico detallado, solo deberá considerarse el infinitivo como constituyendo el predicado de una oración —subordinada siempre— cuando lleve un sujeto expreso y privativo, independiente del de la oración principal, aunque este sujeto sea un elemento cualquiera de la misma oración de la que depende.

Aunque el objeto de la sintaxis no es, como muchos creen, poner rótulos a las oraciones, sino desmontar y descomponer (análisis) todos los elementos gramaticales que constituyen una cláusula, estudiando su trabazón y articulación, no debe, en modo alguno, hablarse de la existencia de *oraciones de infinitivo,* como no se habla de *oraciones de indicativo* ni de *subjuntivo,* porque desde el momento en que en el infinitivo descubrimos, en un caso determinado, un uso predominantemente verbal y un carácter predicativo, la oración de que forma parte ofrecería el mismo tipo gramatical de otra cuyo predicado fuera un pretérito imperfecto de subjuntivo o un presente de indicativo, de la que solo la separarían diferencias accidentales. Compárense, por ejemplo, *Al salir el sol canta la perdiz* y *Cuando sale el sol canta la perdiz.*

En la construcción del infinitivo pueden ocurrir, en general, tres casos:

1.º El infinitivo con un sujeto absolutamente indeterminado o con un sujeto en genitivo, es decir, con un genitivo subjetivo.

2.º El infinitivo tiene un sujeto, que es el mismo de la oración principal.

3.º El sujeto no es el mismo de la oración principal, o bien el infinitivo ofrece un sentido de subordinación adverbial.

El primer caso es aquel en que verdaderamente el infinitivo tiene un carácter propiamente sustantivo, corroborado con el hecho de acompañarle artículos o adjetivos, a más de poder llevar, como ocurre a otros sustantivos verbales, los complementos directo, indirecto o circunstanciales que corresponderían al verbo de donde se deriva. Así, por ejemplo, en *El dulce lamentar de dos pastores... he de cantar,* se ve el infinitivo *lamentar* acompañado de artículo y adjetivo, y con un genitivo subjetivo; a veces, en lugar de genitivo subjetivo, se encuentran los adjetivos posesivos: *En vano su morir van dilatando (los ciervos).* En *Recompensar un sacrificio con otro es pagar en la misma moneda, recompensar* y *pagar* llevan complementos verbales, aunque ambos tienen sentido plenamente sustantivo: uno como sujeto y otro como predicado nominal de la oración. El empleo del infinitivo como puro sustantivo verbal da notable vivacidad al lenguaje.

En el segundo caso puede, sin duda, hacerse un análisis en que se señale el infinitivo como el predicado de una oración subordinada sustantiva, ya que su sujeto nos es conocido; pero indudablemente resulta innecesario, por ser mucho más expedito considerarlo como un simple sustantivo, lo mismo que en el caso anterior. Por ejemplo: en *Siempre he pensado volver a España,* el sujeto de *volver* es el mismo del *pensar,* predicado de la oración principal; *volver a España* podemos considerarlo como una oración subordinada sustantiva; pero es más sencillo presentar al infinitivo como objeto del verbo *pensar,* sin perjuicio de señalar a *España* como un complemento de lugar dependiente de *volver;* en *Nunca he creído saber traducir ninguna lengua,* el infinitivo *saber* es objeto de *creer,* y *traducir,* objeto de *saber,* así como *ninguna lengua* es objeto de *traducir;* los dos infinitivos tienen el mismo sujeto *yo,* el del predicado *he creído.* En los ejemplos *Ese no necesita pretextos para viajar* y *Mi negocio está en conocer bien los artículos,* los infinitivos *viajar* y *conocer* son complementos indirecto y circunstancial en las oraciones de que forman parte.

En el tercer caso, desde el momento en que frente al infinitivo hemos de señalar un sujeto suyo en la oración, esto es, desde el momento en que sorprendemos una relación de sujeto a predicado, es necesario que consideremos el infinitivo como constituyendo una oración subordinada. Lo mismo ocurre en construcciones en que el infinitivo expresa una especial relación que escapa a las que ordinariamente pueden enlazar a los sustantivos con otros elementos oracionales. En la oración *Yo hago con mis ojos crecer llorando el fruto miserable,* el sujeto de *crecer* es *el fruto miserable;* de este modo *el fruto miserable crecer* resulta ser una oración subordinada objetiva de la oración principal que tiene por predicado a *hacer,* exactamente equivalente a una con el verbo en subjuntivo: *Yo hago (llorando con mis ojos) que el fruto miserable crezca.* Lo mismo tenemos en *El dolor me permitió descansar un rato;* pero aquí el sujeto de *descansar* es *me,* que es claramente complemento indirecto de la oración. En las expresiones *Al ponerse el sol, la sombra crece; Tipos de esos los encuentra usted al volver una esquina,* los infinitivos *partir* y *volver* tienen un sentido adverbial temporal característico del modismo constituido por la forma contracta *al* acompañada de infinitivo; en el primer ejemplo, el sujeto es privativo e independiente; en el segundo, es el mismo de la oración. Con sentido condicional y concesivo encontramos infinitivos en los ejemplos *De no ser a ese precio, no me conviene el artículo; Con tener tanto dinero, no impidió don Antonio su humillación.*

Así como *de* + infinitivo con valor condicional tiene bastante vitalidad, el infinitivo precedido de *a* con el mismo valor hoy está en trance de desaparecer, pues prácticamente se limita a unos pocos verbos en frases fijas: A NO SER *por el capitán, todos hubiéramos muerto;* A JUZGAR POR *el vestido, era francesa;* A DECIR VERDAD, *no he oído nada.*

La construcción *a* + infinitivo, cuando sirve de complemento a un nombre —*problema a resolver, tarea a realizar*—, es un galicismo que puede sustituirse con *por* o *para* seguidos del infinitivo, o con cualquier otro giro, según el matiz expresado: *tarea por realizar, trabajo para hacer en casa.*

## 188. EL PARTICIPIO

El participio, forma verbal llamada así en la gramática tradicional por su cualidad de «participar de la índole del adjetivo y de la del verbo», ofrece, en efecto, un tipo gramatical de carácter híbrido, en el que debemos distinguir, como en el infinitivo, tres casos:

1.º El participio en su forma masculina invariable interviene, en unión del verbo *haber,* en la formación de los tiempos compuestos, y con el verbo *ser,* en la formación de la voz pasiva, concertado con el sujeto.

2.º En todos los demás casos va acompañando a un sustantivo, con el que concierta como un verdadero adjetivo verbal.

3.º En su construcción adjetiva puede llevar expreso un sujeto, y constituye entonces una oración subordinada adverbial. A esto se le llama *construcción absoluta.*

El uso de los participios como formas auxiliares en las conjugaciones no ofrece ninguna duda.

Como adjetivos verbales, es de notar que atribuyen al sustantivo como cualidad el hecho de haber sufrido la acción del verbo. Son adjetivos que, por lo general, expresan cualidades accidentales de las cosas, debido al carácter de cambio, modificación, alteración, que expresan los verbos de donde derivan. Sin embargo, ello no quiere decir que sea siempre así, porque el hecho de haber recibido la acción del verbo puede dejar en el objeto una huella o efecto permanente: *un pájaro muerto; una casa quemada.* Por otra parte, gracias a su carácter verbal, pueden llevar los complementos correspondientes a los verbos de donde derivan: *un rey temido de todos sus súbditos; una disputa nacida en una taberna; un automóvil preparado a toda prisa para salir.* Por otra

Cuando el participio lleva consigo un sujeto independiente del de la oración, de suerte que forma dentro de ella una entidad autónoma, debemos considerarlo como predicado de una oración, que es siempre subordinada adverbial, muchas veces de tiempo, como en *Terminada la reunión, el público se retiró tranquilamente* (el sujeto del participio *terminada* es *la reunión,* con quien va concertado); otras, de modo, como *Iba, las manos metidas en los bolsillos, a lo largo del paseo.*

El participio absoluto puede encerrar a veces matiz condicional, como en *Quitados los árboles, el parque no valdría nada;* o concesivo, especialmente si va precedido de *aun: Aun muerto su perseguidor, no se atrevía a salir de su escondite.*

El *participio presente,* de que hablan algunas gramáticas, no existe en español. Los llamados así son adjetivos formados mediante el sufijo *ante* o *iente,* que no ofrecen con los participios que hemos estudiado más parentesco que el de su significación verbal. Ejemplos: *amante, oyente, durmiente* (el que ama, el que oye, el que duerme).

189. EL GERUNDIO

El gerundio español, con sus dos formas, imperfecta o simple y perfecta o compuesta, expresa lo significado por el verbo con un carácter adverbial de modo: *vino corriendo* indica la manera de venir. Hay que notar en él asimismo un cierto matiz de continuidad, por lo que forma frases de carácter durativo o progresivo con un verbo de reposo o de movimiento *(está escribiendo, va escribiendo).* Por otra parte, expresa siempre idea de contemporaneidad respecto del verbo de la oración principal, o de acción pasada respecto de este, si se trata del gerundio perfecto. Así, en *La vi cogiendo flores,* el «ver» y el «coger» son contemporáneos en un cierto momento; en *Habiendo venido Blas, ya está solucionado el problema,* el «venir» es hecho pasado respecto del «solucionar».

Los gramáticos registran el uso del gerundio simple para expresar un hecho inmediatamente anterior al de la oración principal: *«Alzando con dos manos el dulce y amargo jarro, lo dejó caer sobre mi boca». (Lazarillo de Tormes.)* En cambio, no admiten el empleo del mismo gerundio para la posterioridad inmediata a la acción principal, a pesar de hallarse empleado en español, sin censura de nadie, desde hace muchos siglos. Véase este ejemplo de Baltasar Gracián: *«Y aun ellos también no cesan entre sí de armarse zancadillas, CAYENDO todos con más daño que escarmiento».* Y este otro de Juan Valera: *«Entornó las ventanas para dejar el cuarto a media luz y se salió de puntillas, CERRANDO la puerta sin hacer el menor ruido».* En uno y otro las acciones de *armar zancadillas* y *salir* son evidentemente anteriores a las expresadas con los gerundios *cayendo* y *cerrando* (1).

Pero obsérvese que en todos estos casos se trata de acciones *inmediatamente* anteriores o posteriores a la de la oración principal. Por

_____

(1) Jean Bouzet, «Le gérondif espagnol dit 'de postériorité'», *Bulletin Hispanique,* LV, 1953, 349.

eso siempre han parecido incorrectas frases como *El agresor huyó, siendo detenido horas después.*

Otro empleo censurable del gerundio es el que le atribuye un valor igual al del participio presente francés, dándole carácter adjetivo: *Te envío una caja conteniendo turrón* (= que contiene turrón). Es el gerundio del *Boletín Oficial: Orden disponiendo...* (= que dispone...).

El sujeto del gerundio puede ser el mismo de la oración principal o algún otro elemento de ella que no hay necesidad de repetir, pero a veces el gerundio lleva un sujeto autónomo, independiente de la oración principal. En todo caso, el gerundio constituye una oración subordinada de carácter adverbial.

Así, en *El muchacho salió corriendo a todo correr, corriendo* tiene por sujeto al *muchacho* y ofrece un sentido modal; en *La encontré escribiendo a su padre,* el gerundio tiene por sujeto el complemento directo *la* de la oración principal, y el sentido es asimismo modal; en *Estando yo en la cama, vino tu carta,* el gerundio tiene por sujeto el pronombre *yo,* que no figura en la oración principal, y el sentido es temporal, así como también en *Pasando nosotros por la plaza, venía el regimiento; Estando tú conforme, yo acepto,* y *Habiéndolo dicho Blas, hay que creerlo,* son oraciones de tipo condicional; *No puedo admitir tu afirmación conociendo tu manera de ser,* es causal; *Lloviendo a cántaros, iría a tu casa,* tiene sentido concesivo.

Muy frecuentemente el gerundio concesivo va precedido del adverbio *aun: Aun sabiendo la verdad, debías haberte callado.*

*Apéndice*

# I. Fonética

## 190. FONÉTICA

La lengua es un sistema de signos que sirve para la comunicación de los hombres dentro de una colectividad (región, nación, unidad histórica). Esos signos —representaciones o símbolos— son los vehículos que trasladan de uno a otro individuo las ideas y los sentimientos, y su naturaleza es estudiada por la gramática en sus dos partes: morfología, o tratado de las palabras, y sintaxis, o tratado de las oraciones.

Ahora bien: el conocimiento del estado actual de una lengua no se agota en el estudio de su gramática. La fisonomía de un idioma no solo consiste en la forma de sus frases y de sus palabras, sino que también incluye el aspecto material de las mismas, su soporte físico, que no es menos peculiar de la lengua que su estructura formal. Como la lengua es de naturaleza auditiva, porque su percepción se realiza a través del sentido del oído, el estudio de la materia prima que la compone comprenderá el de los sonidos constitutivos de las palabras y oraciones y el de aquellas cualidades sonoras —tono, intensidad, etc.— que acompañan a tales elementos constitutivos. Ese estudio lo realiza la ciencia llamada *fonética.*

Fonética es, pues, *la ciencia que estudia el material sonoro de una lengua.*

Así como en la gramática es posible considerar dos vertientes: la *descriptiva,* que se limita a la observación de las formas del idioma, y la *normativa,* que da reglas para el buen uso de esas formas, también en la fonética cabe distinguir una *fonética descriptiva,* que estudia los sonidos, sus cualidades y combinaciones, y una *fonética normativa* (también llamada *ortología, ortofonía* u *ortoepía),* que enseña la correcta pronunciación de los sonidos, de las palabras y de las frases (1).

191. Fonación

Los sonidos que forman el lenguaje hablado están constituidos por la *voz,* más o menos modificada en la cavidad bucal. La voz es el sonido producido por la vibración del aire espirado de los pulmones, en contacto con las cuerdas vocales.

Las *cuerdas vocales* son unos repliegues musculares situados en la laringe, punto por donde tiene que pasar necesariamente el aire de la respiración. Estos músculos, que se abren y cierran como unos labios, están abiertos cuando respiramos normalmente, dejando pasar el aire sin obstáculos. Pero si se cierran al paso del aire que sale, este se abre camino por la fuerza, poniendo con ello en vibración las cuerdas vocales, vibración que inmediatamente se transmite al mismo aire que está en contacto con ellas. De esta manera, esencialmente igual a como emiten su sonido las cuerdas del violín, se produce el sonido humano que llamamos voz.

Naturalmente, la producción de voz, o *fonación,* cesa tan pronto como se abren las cuerdas vocales. Esto no solo ocurre cuando se realiza la respiración sola, sino también cuando hablamos susurrando o afónicos (es decir, sin voz), e incluso, hablando en voz alta, cuando articulamos ciertas consonantes, como luego veremos.

192. Articulación

Pero la voz sola no basta para producir número suficiente de signos para la comunicación. Es necesario multiplicar sus

---

(1) La fonética española cuenta con el estudio fundamental de Tomás Navarro, *Manual de pronunciación española,* 4.ª ed., Madrid, 1932. Su nomenclatura y método son los que se siguen hoy, en general, en los tratados y epítomes españoles sobre la materia. Véase también la primera parte —*Los sonidos*— de la *Gramática* de Salvador Fernández, ya citada. Como introducción a la ciencia fonética, v. S. Gili Gaya, *Elementos de fonética general,* 2.ª ed., Madrid, 1953.

posibilidades expresivas, y esto se consigue por medio de las *articulaciones,* o modificaciones de diversa índole a que es sometida la voz inmediatamente después de producida.

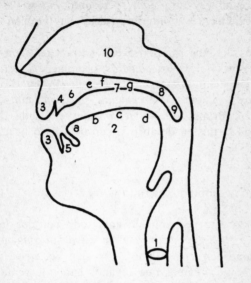

### FONACIÓN Y ARTICULACIÓN

*1,* cuerdas vocales; *2,* lengua (*a,* ápice; *b,* predorso; *c,* mediodorso; *d,* postdorso); *3,* labios; *4,* incisivos superiores; *5,* incisivos inferiores; *6,* alvéolos; *7,* paladar (*e,* prepaladar; *f,* mediopaladar; *g,* postpaladar); *8,* velo del paladar; *9,* úvula o campanilla; *10,* cavidad nasal.

Estas modificaciones —resonancias, interrupciones o restricciones— de la voz (2) son llevadas a cabo fundamentalmente por una serie de órganos situados en la cavidad bucal, llamados *órganos de articulación.* Los sonidos se producen por el contacto o acercamiento de dos de ellos, uno móvil y el otro inmóvil. Los órganos que se mueven para realizar una articulación reciben el nombre de *órganos activos,* y el de *pasivos* los que permanecen inmóviles.

---

(2) O del aire espirado, ya que, como veremos, existen articulaciones sin voz.

La *lengua,* músculo extraordinariamente flexible, es el más importante de los órganos activos e interviene en la formación de la mayoría de las articulaciones. En ella hay que distinguir el *ápice* o punta, y el *predorso, mediodorso* y *postdorso.* Los *labios,* especialmente el inferior, funcionan también como órganos activos.

Entre los órganos pasivos se encuentran los *dientes incisivos, superiores* e *inferiores;* los *alvéolos,* prominencia dura que surge detrás de los dientes superiores; el *paladar,* en el que pueden señalarse tres regiones —*prepaladar, mediopaladar* y *postpaladar*—, y, por último, el *velo del paladar* o paladar blando, que tiene además la misión de abrir o cerrar el paso hacia la cavidad nasal.

### 193. PUNTO Y MODO DE ARTICULACIÓN

Un sonido está determinado ante todo por dos factores, que son el *punto de articulación* y el *modo de articulación.*

Supongamos en una palabra, por ejemplo, *bala,* dos sonidos diferentes, *b* y *l.* Veamos qué órganos han intervenido en la articulación de cada uno: el sonido *b* se ha producido juntando los dos labios; el sonido *l,* en cambio, se ha producido poniendo en contacto el ápice de la lengua con los alvéolos. Las articulaciones se han producido, pues, en *puntos* o lugares distintos, determinados precisamente por los órganos puestos en contacto. *Punto de articulación es el lugar en que se unen o aproximan el órgano activo y el pasivo.*

Confrontemos ahora las consonantes de la palabra *lana.* Los dos sonidos *l* y *n* tienen el mismo punto de articulación, ya que en ambos el ápice de la lengua toca los alvéolos. Entonces, ¿qué es lo que los hace distintos? La especial disposición de los órganos, que permite la salida del aire de una manera diferente en cada caso. En el sonido *l,* los bordes laterales de la lengua están replegados, dejando entre ellos y los molares un resquicio por donde escapa el aire. Por el contrario, en la articulación de *n* los bordes de la lengua cierran el paso del todo al aire, que en vez

262

de salir por la boca sale por la nariz. Lo que diferencia los sonidos *l* y *n* no es, como se ve, el punto de articulación, sino el *modo de articulación,* o sea, *la manera en que se realiza el contacto o aproximación entre los órganos articulatorios.*

194. Sonoridad y nasalidad

Otra cualidad que diferencia unos sonidos de otros es la *sonoridad,* o el hecho de que su articulación vaya o no acompañada de vibración de las cuerdas vocales. Según esta cualidad, los sonidos son *sonoros* (con voz o vibración) o *sordos* (sin voz o vibración). La mayor parte de los sonidos de nuestra lengua son sonoros.

Los sonidos, además, se dividen en *orales* y *nasales.* Los primeros son aquellos en cuya articulación el aire sale por la boca; los segundos, aquellos en cuya articulación el aire sale por la nariz. Esta distinción está determinada por la acción del velo del paladar, que, estando levantado, cierra al aire el paso a las fosas nasales, y produce entonces articulaciones orales. Cuando el velo del paladar desciende, el aire sale por la nariz y da lugar a articulaciones nasales. Compárense las articulaciones de *m* y *b* en la palabra *cambio,* distintas solo por la nasalidad de *m.*

195. Sonido y fonema. Fonología

Muchos sonidos cambian su punto de articulación, su sonoridad y su nasalidad según las circunstancias en que aparecen empleados. Así, la *n* de la palabra *con* suena de manera distinta en las frases *con agua* (pronunciado [konágua]) y *con pan* [kompán]. En el primer caso suena *n* y en el segundo *m,* a pesar de que el hablante ha tenido intención de pronunciar *n* en los dos ejemplos. Una persona dotada de observación puede percibir muchísimos otros casos de cambios de articulación para un sonido que aparentemente, e intencionalmente, es el mismo, notando, por ejemplo, la diferencia entre las dos *d* de la palabra *ciudad,* o entre la *s* de *sol* y la de *Israel* en pronunciación rápida, o entre la *n* de *mano* y la de *mancha* (que en realidad es una *ñ).*

Las articulaciones, pues, no tienen un punto y un modo rigurosamente fijos, sino que admiten en ellos un cierto margen. El margen es tanto más amplio si se piensa, no ya en las variantes de pronunciación de un sonido por una misma persona, sino por distintas personas y en diferentes regiones y países. Son muy distintas la *s* que pronuncia un castellano y la que pronuncia un mejicano, y no obstante, los dos las consideran como una misma *s* y se comprenden sin ninguna dificultad. Lo que realmente articula cada uno, el hecho material de la articulación, se llama *sonido.* El valor que damos a lo articulado, aquello que percibe el entendimiento, se llama *fonema.* Es decir: hay un *fonema s* que tiene un *sonido s* mejicano y otro *sonido s* castellano, dos realizaciones distintas de una misma *s* ideal. Volviendo a un ejemplo anterior: cuando la *n* de *con* se pronuncia *m (con pan =* [kompán]), tenemos un sonido *m* para un *fonema n;* para el hablante, como para el oyente, la palabra *con,* y no su accidental forma [kom], es lo que cuenta.

Por tanto, *sonido es el aspecto material de una articulación,* y *fonema es el aspecto significativo de un sonido.* Los distintos sonidos que tienen el valor de un mismo fonema se llaman *variantes* de ese fonema.

Hemos dicho que la fonética estudia el material sonoro de una lengua. La *fonología* es la rama de la fonética que estudia ese material sonoro en su aspecto significativo (3).

## 196. ALFABETOS. ORTOGRAFÍA

La mayoría de los alfabetos existentes tienen por objeto representar, no los sonidos, sino los *fonemas.* Desde el siglo pasado la ciencia lingüística usa además los alfabetos fonéticos, que se proponen reproducir lo más exactamente posible todos los *sonidos* del habla. Dado el infinito número de estos, los alfa-

---

(3) Para iniciarse en el estudio de esta importante rama, v. E. Alarcos Llorach, *Fonología española,* 2.ª ed., Madrid, 1954.

betos fonéticos, aun siendo necesariamente muy imperfectos, son muy extensos.

No lo son, en cambio, los alfabetos corrientes, por estar basados en los sistemas fonológicos de las respectivas lenguas, los cuales son siempre bastante limitados. Como la evolución fonológica de una lengua y la evolución de su ortografía llevan un ritmo muy diferente —la primera es mucho más rápida—, con frecuencia hay desacuerdos entre los fonemas de la lengua y los signos gráficos, o *letras,* destinados a representarlos. Aunque nuestra lengua no tiene, desde luego, una ortografía tan absurda como la francesa o la inglesa, con todo, nuestro sistema fonológico presenta varias diferencias con respecto a nuestro sistema de letras.

Por eso se hace necesario establecer un *alfabeto fonológico* distinto del alfabeto vulgar, aunque aproveche, para mayor comodidad, sus mismos signos. Como los fonemas de nuestra lengua son veinticuatro, podría constituirse el alfabeto fonológico español con los veinticuatro signos siguientes:

$$a \quad b \quad ch \quad d \quad e \quad f \quad g \quad i \quad j \quad k \quad l \quad ll$$
$$m \quad n \quad \tilde{n} \quad o \quad p \quad r \quad rr \quad s \quad t \quad u \quad y \quad z$$

El alfabeto corriente, en cambio, consta de veintiocho signos, o veintinueve si contamos la letra *W,* que sin mucha razón excluye la Academia (4):

$$A \quad B \quad C \quad CH \quad D \quad E \quad F \quad G \quad H \quad I$$
$$J \quad K \quad L \quad LL \quad M \quad N \quad \tilde{N} \quad O \quad P \quad Q$$
$$R \quad S \quad T \quad U \quad V \quad (W) \quad X \quad Y \quad Z$$

---

(4) [En su *Diccionario* de 1970 y en su *Esbozo de una nueva gramática* (1973), § 1.8.2, la Academia ya incluye en el alfabeto español la *W,* letra que de hecho venía utilizando la misma corporación en su *Diccionario* desde 1914 (en la voz *wat,* registrada en el Suplemento), y que incluso —con reservas— reconocía desde 1925: en el *Diccionario* de esta fecha ya dedica un artículo a la letra *W,* aunque advirtiendo que «no pertenece propiamente a la escritura española».]

Como se ha dicho antes, los 24 fonemas de nuestro idioma tienen su representación gráfica en las 28 letras que componen nuestro abecedario. Pero, por un lado, ocurre que hay fonemas que se pueden expresar por medio de varias letras diferentes: el fonema *b* puede escribirse *B* o *V;* el fonema *k* puede escribirse *C, QU* o *K,* etc. Por otra parte, hay letras que no corresponden a ningún fonema: la *H;* o que corresponden a la suma de dos fonemas: *X* equivale a *k + s;* o unas veces a un fonema y otras a otro: *G* se pronuncia de manera distinta según vaya ante *a, o, u,* o ante *e, i.*

La correspondencia entre uno y otro sistema, el de los fonemas y el de las letras, está regulada por una serie de normas que constituyen la *ortografía.* También forman· parte de la ortografía las normas habitualmente seguidas para registrar en la escritura la intensidad de las sílabas y la entonación. Por consiguiente, ortografía es *el conjunto de normas que rigen la expresión gráfica del material sonoro del lenguaje.* Frecuentemente se entiende en un sentido más limitado: el empleo correcto de los signos de la escritura.

## 197. Vocales y consonantes

La primera clasificación que puede establecerse entre los sonidos es la de *vocales* y *consonantes.*

Más arriba dijimos que las articulaciones eran las «modificaciones» a que era sometida la voz una . vez producida. Estas modificaciones pueden consistir simplemente en una resonancia, causada por la especial disposición de los órganos de la boca, dejando salir el aire sin ningún obstáculo. En tal caso se articula una *vocal.* Otras veces, haya o no resonancia, el aire encuentra obstáculos a su paso por la boca, los cuales le obligan a detenerse un instante (como ocurre en la *p* de *copo),* o a salir por un estrecho conducto (como en la *f* de *rifa),* o a desviarse dando un rodeo más o menos grande (como en la *l* y la *m* de *paloma).* Las articulaciones así producidas son las *consonantes* (5).

---

(5) En las páginas siguientes describimos las articulaciones de las vocales y consonantes tal como se presentan en la pronunciación cuidada de las per-

198. Las vocales

Uno de los rasgos más peculiares de nuestro idioma es la claridad y la limitación de su sistema vocálico. Aunque en español se pronuncian algunas vocales, en determinadas posiciones, con articulación relajada, están muy lejos de la indeterminación a que llegan las vocales átonas del inglés o incluso del portugués. Existen en español articulaciones orales y nasales para una misma vocal, pero la nasalidad se debe exclusivamente a la posición del sonido, no a diferentes fines significativos, como en francés. También una vocal puede ser abierta o cerrada, pero sin que ello implique variación de significado en la palabra, como ocurriría en muchas lenguas, incluso hispánicas, como el catalán. En cuanto a la distinción entre vocales largas y breves, tan importante en alemán y en inglés, es escasa en español y carece de todo valor fonológico. En fin, la lengua española no tiene las vocales redondeadas *(ö, ü)* del francés y del alemán.

Así pues, los fonemas vocálicos se reducen a cinco: *a, e, i, o, u,* cada uno de los cuales puede considerarse prácticamente uniforme en su articulación (las variantes de larga o breve, abierta o cerrada, oral o nasal, carecen de trascendencia) y claramente distinto de cada uno de los demás (no existen articulaciones intermedias).

Vamos a estudiar por separado las articulaciones de estas cinco vocales.

*i:* La *i* se articula de la siguiente manera: la punta de la lengua se apoya contra los incisivos inferiores; el dorso se eleva

sonas cultas de Madrid. No significa esto que sea la única pronunciación correcta, ya que hay varios tipos de pronunciación, aparte del citado, considerados también correctos, así en España como en América. Pero es la que tiene más prestigio, porque es la que más se acerca al ideal de lengua correcta definido por Jespersen *(Humanidad, nación, individuo desde el punto de vista lingüístico,* Buenos Aires, 1947, pág. 62 n.): la lengua que carece de peculiaridades regionales.

Téngase en cuenta también que las articulaciones descritas son las típicas o ideales, pero que en la práctica se deforman constantemente, como dijimos en el § 195.

contra el paladar duro, tocándolo ampliamente a ambos lados y dejando en el centro una abertura relativamente estrecha; los labios dejan una abertura alargada. Es algo mayor la separación entre la lengua y el paladar, 1.º, cuando está en sílaba trabada (es decir, terminada en consonante): *pedir;* 2.º, cuando sigue o precede a un sonido *rr: rico;* o 3.º, cuando precede al sonido *j: elige.*

Si la *i* va unida dentro de una sílaba con otra vocal más abierta, su articulación es más cerrada y más breve: *siete, aciago, reina, doy.* En este caso recibe el nombre de *i semiconsonante* —si precede a la otra vocal— o de *i semivocal* —si va después—, y el grupo vocálico así formado se llama *diptongo.*

El fonema *i* puede representarse por la letra *I (niño, salí, avión)* o, más raramente, por la letra *Y (pan y agua, doy, rey).*

*e:* En la vocal *e,* el ápice de la lengua también se apoya en los incisivos inferiores, pero el dorso, al elevarse hacia el paladar, deja una abertura mayor que la de la *i,* y la separación de los labios también es mayor. Se articula ligeramente más abierta —dejando mayor distancia entre lengua y paladar—, 1.º, cuando está antes de un sonido *rr: perro, sierra;* 2.º, cuando va detrás del sonido *rr* y no forma sílaba trabada por los sonidos *d, m, n, s, z: reptil, recto;* 3.º, cuando precede al sonido *j: eje, viejo;* 4.º, en el diptongo *ei: veis, pleito;* 5.º, en sílaba trabada por una consonante que no sea alguno de los sonidos *m, n, d, s, z: cerdo, aséptico, perfecto, flexión.*

*a:* En la articulación de este sonido, el ápice de la lengua toca la cara interior de los incisivos inferiores, y su dorso se eleva suavemente hacia el punto en que termina el paladar duro y comienza el velo del paladar. Los labios se abren más que para cualquiera de las demás vocales. Se adelanta levemente la articulación hacia el paladar cuando el sonido *a* precede a un sonido palatal *(ch, ll, ñ, y, i)* y se retrasa ligeramente hacia el velo del paladar cuando precede a un sonido velar *(j, g, u, o),* o a *l* en sílaba trabada.

*o:* La vocal *o* se articula recogiéndose la lengua hacia el fondo de la boca y elevándose su postdorso hacia el velo del paladar. Los labios toman una forma redondeada. Es un sonido algo más abierto en los siguientes casos: 1.º, cuando sigue o precede al sonido *rr: perro, horror;* 2.º, delante del sonido *j: mojar;* 3.º, en el diptongo *oi: voy, boina;* 4.º, en sílaba trabada: *conde, dos.* En todos los demás casos, los fonetistas españoles hablan de *o cerrada,* pero hay que advertir que esta *o* es bastante más abierta que la *o* cerrada de otros idiomas.

*u:* Para articular el sonido *u,* la lengua se retrae hacia el fondo de la boca, como en *o,* pero el postdorso se eleva más hacia el velo del paladar, y los labios forman un círculo más estrecho y abocinado. Se articula una *u* ligeramente más abierta que la ordinaria, 1.º, cuando sigue o precede al sonido *rr: turrón, ruso;* 2.º, ante el sonido *j: mugir, empuje;* 3.º, en sílaba trabada: *punto, asusta.*

Igual que la *i,* puede unirse dentro de una sílaba, formando diptongo, con otra vocal más abierta. Su articulación resulta entonces más cerrada y más breve que la de *u* normal: *suerte, deuda, causa, cuatro.* Recibe entonces los nombres de *u semivocal* o *u semiconsonante,* según vaya detrás o delante de la otra vocal.

Se representa siempre en español por la letra *U;* pero puede aparecer escrita como *W* en palabras tomadas del inglés, como *Washington,* cuya pronunciación corriente es [uásinton]; *sweater,* pronunciado [suéter]. No obstante, la *W* de las palabras inglesas que toman carta de naturaleza en español se pronuncia como *b: watio* [bátio], *water* [báter].

## 199. Clasificación de las vocales

De la explicación precedente se deduce:

1.º, que hay dos vocales que se articulan aproximándose la lengua al paladar: *e, i,* distintas entre sí por el mayor o menor grado de esa aproximación y por la mayor o menor abertura de los labios;

2.º, que otras dos vocales se articulan aproximándose la lengua al velo del paladar, y son *o, u,* diferentes una de otra también por el grado de aproximación y por la abertura de los labios;

3.º, que otra vocal, por último, se articula aproximando ligeramente la lengua a un punto neutro entre el paladar y el velo del paladar, quedando los labios, al mismo tiempo, más abiertos que en las otras vocales.

Las vocales del primer grupo constituyen la *serie anterior* o *palatal,* por ser en la parte anterior —paladar— de la boca donde se produce su articulación, mientras que las del segundo grupo, articuladas en la parte de atrás de la boca —velo del paladar—, forman la *serie posterior* o *velar.* La *a,* cuya articulación es intermedia, se llama *vocal media* o *neutra.*

|  |  | Abiertas | Cerradas |
|---|---|:---:|:---:|
|  | palatales (serie anterior) | *e* | *i* |
| Vocales ...... | velares (serie posterior) | *o* | *u* |
|  | media | *a* |  |

Las vocales abiertas también reciben el nombre de *fuertes,* y las cerradas, de *débiles.*

Se suele representar gráficamente el sistema de las vocales por medio de un triángulo, uno de cuyos vértices es el punto

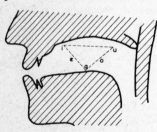

que alcanza la lengua al articularse *i* (próximo al paladar); otro es el punto que alcanza la lengua al articularse *u* (próximo al velo del paladar), y el tercero es el punto que la lengua alcanza cuando se articula *a* (bajo, intermedio entre el paladar y el velo).

En el triángulo así formado, el punto medio entre *i* y *a* corresponde a la articulación de *e,* y el punto medio entre *a* y *u* corresponde a la articulación de *o.*

TRIÁNGULO VOCÁLICO

## 200. Diptongos

Al tratar de las vocales *i, u,* se ha visto cómo en ocasiones se asocian con las vocales abiertas *a, e, o,* dentro de una sílaba. También pueden combinarse entre sí. Resultan entonces los siguientes diptongos:

| | | | |
|---|---|---|---|
| **ia:** | patria | **ai:** | dais |
| **ie:** | tiene | **ei:** | peine |
| **io:** | Dios | **oi:** | sois |
| **ua:** | cuatro | **au:** | causa |
| **ue:** | pueblo | **eu:** | neutro |
| **uo:** | antiguo | **ou:** | bou |
| **iu:** | viuda | | |
| **ui:** | ruido | | |

Diptongo es *la reunión de dos vocales pronunciadas en una sola sílaba* (6). Una de las vocales es cerrada y la otra es abierta. Cuando la primera es la vocal cerrada, esta se llama *semiconsonante,* y el diptongo es *creciente:* así, en *patria, i* es semiconsonante en el diptongo creciente *ia.* Si la vocal cerrada es el segundo elemento del diptongo, se llama *semivocal,* y el diptongo es *decreciente:* en *peine* se encuentra el diptongo decreciente *ei* en que *i* es semivocal.

En la anterior lista de diptongos, los de la primera columna son los crecientes y los de la segunda los decrecientes. A primera vista, *iu* y *ui* no pertenecerían a ninguno de los dos grupos; pero basta pronunciar lentamente las palabras *viuda, ruido,* para darse cuenta de que es el segundo elemento el más perceptible en estos diptongos, siendo el primero, por tanto, la semiconsonante.

Sería erróneo pensar que siempre que se juntan una vocal abierta y una cerrada, o dos cerradas, se forma diptongo. Hay numerosísimas ocasiones en que no ocurre tal cosa. Unas veces el acento de intensidad sobre la vocal cerrada impide el diptongo: *período, leído, oí, río; tranvía, capicúa, aún, reír.* Otras veces la vocal cerrada no lleva el acento de intensidad, pero

---

(6) V. la definición de sílaba en el § 210.

deriva de otra palabra en que dicha vocal sí lo llevaba: *riada* [ri-ada], de *río; diario* [di-ario], de *día; lioso* [li-oso], de *lío* (7). A esto se debe que, de los infinitivos verbales terminados en -*iar*, algunos se pronuncien haciendo diptongo, como *cambiar* [kam-biár], porque a lo largo de la conjugación la *i* se mantiene átona *(cambio, cambias, cambiaba, cambié, cambie,* etc.); mientras que otras se pronuncian separando *i* y *a,* como *vaciar* [bazi-ár], debido a que algunas formas de su conjugación tienen acentuada la *i (vacío, vacías, vacíe, vacíes,* etc.) (8).

Otro grupo de palabras, en fin, no forma diptongo por tradición etimológica: *suave, santuario, cruel, tiara, hiato, maniobra, boquiancho, cariharto, triángulo, trienio, dieciocho, veintiocho,* y los adjetivos en -*uoso: conceptuoso, fastuoso...* (Pronunciación: [su-ábe, santu-ário, kru-él, ti-ára, i-áto, mani-óbra], etcétera) (9).

Pero hay que advertir que no se pueden dar listas seguras de palabras en que la unión de vocal abierta y vocal cerrada no forma diptongo, ya que existen muchas en que la pronunciación vacila entre las dos formas: *anual* [a-nu-ál o a-nuál], *piano* [pi-á-no, piá-no], *biombo* [bi-óm-bo, bióm-bo], *viaje* [bi-á-je, biá-je], etc. (10).

Por otra parte, un diptongo puede estar formado, no solo por una vocal cerrada unida a otra vocal —abierta o cerrada—, sino también por dos vocales por naturaleza abiertas, una de las

---

(7) V. la nota 10 de este mismo capítulo.

(8) Como los diccionarios alfabetizan los verbos por su infinitivo, muchos extranjeros al hablar en español equivocan la acentuación de estos verbos en -*iar*. Por el simple infinitivo que aparece impreso no puede saberse si el presente es -*io* o -*ío*. Se indica la acentuación adecuada de cada uno de estos verbos en el *Diccionario de dudas de la lengua española,* de M. Seco, Madrid, 1961. La cuestión no alcanza a los verbos en -*uar:* hacen el presente en -*uo (averiguo)* los que en su infinitivo tienen una consonante velar precediendo a la terminación -*uar;* y en -*úo,* todos los demás *(continúo, atenúo, actúo).*

(9) V. la nota siguiente.

(10) En estos casos dudosos, así como en las palabras del tipo [ri-áda], [di-ário], [su-ábe], etc., la Academia preceptúa ahora la pronunciación de las dos vocales como diptongo: [biá-je], [riá-da], [diá-rio], [suá-be], etc. V. § 329*b.* [Este precepto, que figuraba en las *Nuevas normas* de 1959, no aparece corroborado, ni aun aludido, en el *Esbozo de una nueva gramática* (1973), § 1.4.8.]

cuales se articula en tal caso ligeramente más cerrada, breve y relajada que de costumbre. El diptongo se denomina entonces *sinéresis*. En la pronunciación familiar, sobre todo rápida, se forman frecuentes diptongos con vocales abiertas: *Bilbao* [bil-báo], *ahora* [áo-ra], *traen* [tráen]. Llegan a pronunciarse como diptongo los participios en *-ado,* en que el lenguaje familiar suprime la *d: hemos entrado* [émos en-tráo]. En general se consideran admisibles estas sinéresis en pronunciación rápida, pero no aquellas en que llega a cambiarse una de las vocales: [bilbáu, áura, tráin, entráu]. En lenguaje cuidado es preciso evitar el diptongo entre vocales fuertes, pronunciando [a-ó-ra], [trá-en], etc.

También se forman diptongos, en pronunciación rápida, entre vocal abierta y vocal cerrada acentuada. Como dijimos antes, el acento de intensidad sobre la vocal cerrada impide el diptongo *(período, ahí, policíaco);* de manera que, para hacerlo posible, es necesario desplazar el acento: *período* [pe-rió-do], *policíaco* [po-li-ziá-ko], *ahí mismo* [ái-mís-mo]. Algunas de estas pronunciaciones son rechazadas como incorrectas; por ejemplo, *país* [páis], *bilbaíno* [bil-bái-no], *baúl* [bául].

El diptongo, tanto si está constituido por vocales abierta y cerrada como por dos abiertas, puede formarse también cuando una palabra termina en vocal y la siguiente empieza por vocal. En este caso el diptongo recibe el nombre de *sinalefa*. Ejemplos: *Yo no he sido el que lo arrancó* [yó-noé-sí-doel-ke-loa-rran-kó]; *Vete a casa de Andrés* [bé-tea-ká-sa-dean-drés]. Cuanto más rápida y espontánea sea la pronunciación, más frecuentes serán las sinalefas.

## 201. LAS CONSONANTES

Ya dijimos que las consonantes eran los sonidos articulados cuando el aire, a su paso por la boca, encuentra obstáculos que impiden una salida libre y directa. El sistema consonántico español está constituido por 19 fonemas que nuestra ortografía representa por medio de 23 letras. He aquí la correspondencia entre fonemas y letras consonantes:

| El fonema | Se representa por las letras |
|---|---|
| b | $\begin{cases} B \\ V \end{cases}$ |
| ch | CH |
| d | D |
| f | F |
| g | $\begin{cases} G \text{ (solo ante } A, O, U \text{ o consonante)} \\ GU \text{ (ante } E, I) \end{cases}$ |
| j | $\begin{cases} J \\ G \text{ (solo ante } E, I) \end{cases}$ |
| k | $\begin{cases} C \text{ (solo ante } A, O, U \text{ o consonante)} \\ QU \text{ (solo ante } E, I) \\ K \end{cases}$ |
| l | L |
| ll | LL |
| m | M |
| n | N |
| ñ | Ñ |
| p | P |
| r | R |
| rr | $\begin{cases} R \\ RR \text{ (solo entre vocales)} \end{cases}$ |
| s | $\begin{cases} S \\ X \text{ (solo ante consonantes)} \end{cases}$ |
| t | T |
| y | Y |
| z | $\begin{cases} Z \\ C \text{ (solo ante } E, I) \end{cases}$ |

Cuando se unen los fonemas *k* y *s,* se representan por la letra X.

La letra *H* no figura en la lista anterior porque no corresponde a ningún fonema; es una letra puramente ortográfica.

Casi todas las articulaciones correspondientes a nuestros diecinueve fonemas consonantes existen, con ligeras diferencias, en todas o en algunas de las lenguas europeas más conocidas (francés, italiano, portugués, inglés, alemán). Las consonantes que vulgarmente se citan como peculiares del español se encuentran en otras lenguas; así, el sonido *j,* en alemán *(Bach);* el sonido *z,* en inglés *(think);* el sonido *ch,* en italiano *(calcio),* en alemán *(Deutsch)* y en inglés *(chess);* el sonido *ll,* en portugués *(ilha)* y en italiano *(voglio);* los sonidos *r* y *rr,* en portugués y en italiano también; el sonido *ñ,* en portugués *(senhor),* italiano *(ogni)* y francés *(baigner).* En cambio, hay cuatro fonemas que, aunque se encuentran en todas las lenguas, tienen en la nuestra, como veremos, una articulación característica cuyo desconocimiento delata al punto a un extranjero: son *b, d, g* y *s;* especialmente los tres primeros.

## 202. Consonantes oclusivas

*p:* La consonante *p* se articula pegando los labios durante un instante, con lo que se cierra el paso al aire que sale por la boca, y abriéndolos inmediatamente, de manera que se produce una pequeña explosión, apenas perceptible, de aire espirado. Durante esta articulación no hay vibración de cuerdas vocales; es, pues, la *p* una consonante sorda.

*t:* De la misma manera se articula la *t,* pero aquí la barrera que cierra el paso del aire no está formada por los labios, sino por el ápice de la lengua puesto en amplio contacto con la cara interior de los dientes superiores. Tampoco hay sonoridad en esta consonante.

*k:* En la consonante *k,* articulada del mismo modo que las dos anteriores, la barrera instantánea se forma en la región posterior de la cavidad bucal, poniéndose en contacto el postdorso de la lengua con el velo del paladar. Es también consonante sorda.

Este fonema se representa por la letra *C,* ante vocal *A, O, U,* o ante otra consonante: *casa, cobro, cuento, creo, acto, infección* [infekzión]; por la letra *Q* agrupada con *U,* cuando sigue vocal *E* o *I: que, quiero;* por la letra *K,* en cualquier posición, aunque muy raras veces: *kabila, kilo, kan.* Cuando al fonema *k* sigue el fonema *s,* se emplea una letra, la *X,* que representa la suma de los dos: *examen, éxito* [eksámen, éksito].

Debe evitarse la pronunciación viciosa de personas poco cultas que sustituyen la articulación de *k* por *z* en posición final de sílaba: *acto* [ázto], *recto* [rézto], *doctrina* [doztrína]. Tampoco es correcta la pronunciación [áto, réto, dotrína], común en el español hablado por gallegos.

En la pronunciación del grupo *ks* (letra *X*), la supresión de *k* es normal y considerada correcta cuando el grupo precede a otra consonante: *experto, extensión, excelente* [espérto, estensión, eszelénte]; pero es incorrecta si el grupo *ks* se encuentra entre vocales: *examen* [esámen].

Las tres consonantes *p, t, k* tienen, como se ha visto, algo de común, que es la interrupción momentánea del paso del aire espirado. Esta interrupción se llama *oclusión,* y *oclusivas* las consonantes que con ella se articulan. La oclusión varía de punto de localización según se trate de una o de otra consonante: en los labios *(p),* en los dientes superiores *(t)* o en el velo del paladar *(k).* También tienen común la sordez, es decir, la ausencia de vibración de las cuerdas vocales durante su articulación.

Según esto, la *p* puede definirse como *consonante bilabial oclusiva sorda;* la *t,* como *consonante dental oclusiva sorda,* y la *k* como *consonante velar oclusiva sorda.*

### 203. CONSONANTES FRICATIVAS SONORAS

*b:* El fonema *b* tiene en español una articulación que solo en ciertas condiciones es igual a la que tiene en otras lenguas.

ARTICULACIÓN DE *b*
FRICATIVA

Los labios se aproximan mucho el uno al otro, sin llegar en ningún instante a tocarse; el aire, pues, sale continuamente, aunque solo por un conducto muy estrecho que le dejan los labios. Mientras dura esta articulación, vibran las cuerdas vocales; es decir, *b* es una consonante sonora.

Cuando va en posición inicial de frase (después de pausa), o bien detrás de una consonante *m* o *n,* la articulación de *b* es *oclusiva,* esto es, los labios llegan a juntarse igual que en la *p.* Únicamente en estos casos se articula como oclusiva la *b;* en todos los demás es inadmisible y choca al oído de cualquier hablante español.

Este fonema se representa en la escritura por *B* o *V: caballo, robo, libro, vida, servir, leve.* Es un error todavía extendido entre algunos maestros suponer que estas dos letras responden a dos fonemas diferentes: según ellos, la letra *V* tendría una pronunciación labiodental, o sea, producida por el paso del aire rozando entre el labio inferior y los dientes superiores. Esta pronunciación no se da espontáneamente, dentro del dominio del español, más que en algunas zonas de la región levantina, debido a la influencia de la lengua regional (11).

La *b* seguida de *s* y otra consonante presenta una marcada tendencia a desaparecer, como lo refleja la ortografía: *suscripción, sustancia, sustantivo* se escriben hoy con mucha más frecuencia que *subscripción, substancia, substantivo,* aunque la Academia prefiera todavía estas formas. *Oscuro* ya no se escribe nunca *obscuro.* Sin embargo, no se admite la supresión en muchos otros casos: *obstáculo, obstruir, obsceno, abstracto, abstruso, absceso, abscisa, abstemio, abstener* (12).

*d:* Igual que el fonema *b,* este fonema tiene en español una articulación peculiar. El ápice de la lengua se coloca muy próximo al borde inferior de los dientes incisivos, sin llegar a ponerse en contacto con él, ni tampoco rebasarlo. Los incisivos inferiores, ligeramente retrasados, sirven de apoyo al ápice de la lengua. El aire sale por la estrecha ranura que dejan entre sí los dientes superiores y la lengua, y va acompañado de voz, es

---

(11) Responsable de este error es la Academia, que en las ediciones de su *Gramática* anteriores a 1920 sostenía que «no debiera» ser igual la pronunciación de *B* y *V;* y en las posteriores, aunque suprimida esa frase condenatoria, no ha definido en absoluto su posición. Además, su *Diccionario* ha defendido obstinadamente el nombre de *ve* para la letra *V,* nombre que solo puede existir si en él *v* se pronuncia distinta de *b,* ya que de otro modo el nombre de ambas letras, *V* y *B,* se confundiría. En la edición de 1947 del citado *Diccionario* se admitió ya el nombre de *uve,* pero no se desechó el de *ve,* que debe desaparecer si se quiere terminar, no solo con la falsa distinción de que hablamos, sino también con las ridículas denominaciones, todavía oídas, de *be alta* y *ve baja, be de burro* y *ve de vaca.*

(12) Sobre la conservación de la *b* en esta posición, v. Unamuno, «Acerca de la reforma de la ortografía castellana», en *Ensayos,* I, Madrid, Aguilar, 1945, págs. 209 y ss., especialmente 218-19.

decir, de vibración de cuerdas vocales. Por tanto, *d* es consonante sonora. Ejemplos: *cada, lodo, padre.*

Cuando el fonema va en posición inicial de frase tras una pausa, o precedido de *l* o *n*, su articulación es completamente cerrada u *oclusiva*, apoyándose la punta de la lengua no contra el borde, sino contra la cara interior de los dientes superiores —como ocurre en *t*—. Ejemplos: *conde, caldo, manda.* El pronunciar *d* oclusiva fuera de los casos expuestos es tan extraño a nuestro idioma como la *b* oclusiva fuera de las circunstancias indicadas en su lugar.

Es incorrecta la pronunciación como *z* en final de sílaba o de palabra: *advertir* [azbertír], *ciudad* [ziudáz], *usted* [ustéz]; o como *t: Madrid* [madrít], *usted* [ustét]. Es preferible la pronunciación familiar [madrí], [usté]; pero la correcta es una *d* como la de *cada, lodo,* aunque menos perceptible.

La terminación *-ado* de muchos participios, adjetivos y nombres se pronuncia, en el habla familiar, *-ao: llegado* [llegáo], *buscado* [buskáo], *prado* [práo] (cf. § 200). En el habla rústica llega a cerrarse la *o* en *u,* produciéndose un diptongo más completo que en el caso anterior: [llegáu], [práu], [soldáu]; y hasta se extiende la pérdida de la *d* al femenino *-ada:* [bofetá], y a cualquier terminación que contenga *d* entre vocales: *venido* [benío], *menudo* [menúo], *cantador* [kantaór], *todo* [tó], *nada* [ná], *cada* [ká]. En la pronunciación cuidada se articula perfectamente la *d* en todos los casos; de las variantes citadas, solo la reducción *-ado = -ao* se considera admisible en la conversación corriente. Todas las demás denotan escasa cultura.

*g:* El modo de articulación del fonema *g (ga, go, gu, gue, gui)* es el mismo que el de *b* y *d,* pero difiere de ellos en el punto de articulación, que aquí es el velo del paladar, hacia el cual se eleva, sin llegar a tocarlo, el postdorso de la lengua. El aire sale por la estrechísima rendija que queda entre los dos órganos aproximados. Mientras tanto, hay vibración en las cuerdas vocales. Ejemplos: *lago, agua, arreglo.*

La articulación de *g* solo se hace oclusiva cuando va en comienzo de frase después de pausa, o bien precedida de *n: guante, manga.*

Este fonema se representa de dos maneras, según que preceda a una vocal palatal o no. Ante *e* o *i,* se representa por *GU: guerra, guisante, Guecho, águila.* Ante *a, o, u,* se escribe *G: gallo, gordo, gusano.* Lo mismo ante cualquier otro sonido: *sangre, inglés, ignorar.* En muy pocas palabras, todas de origen extranjero, se presenta como sonido final —escrito *G*—: *gong, Gog, Abisag, smoking.*

En el habla corriente, se produce el sonido g en las palabras que comienzan por la sílaba *ue* (escrita *HUE):* así, *hueso, huevo, hueco, huerta, huésped, hueste, Huesca, Huelva,* se pronuncian: [güéso, güébo, güérta], etc.

Las personas incultas pronuncian como *j* el sonido g en final de sílaba: *ignorar* [ijnorár], *Ignacio* [ijnázio]. La pronunciación *z* es aún más plebeya: [iznorár].

*y:* El mismo modo de salir el aire descrito para *b, d* y *g* se presenta en el fonema *y,* cuyo punto de articulación es el prepaladar. El ápice de la lengua queda detrás de los incisivos inferiores, mientras el dorso se eleva hacia el paladar, tocándolo por los lados y dejando por el centro la estrecha salida del aire. Hay también vibración de las cuerdas vocales.

Cuando el fonema *y* va en principio de frase, tras una pausa, o después de *n* o *l,* su articulación comienza por un contacto pleno de la lengua con el paladar, cerrando por un instante la salida del aire, para pasar inmediatamente a la posición normal descrita en el párrafo anterior. Ejemplos: *cónyuge, el yeso.* Esta forma especial de articulación se llama *africación.*

En algunas regiones el fonema *y* se pronuncia africado en todos los casos; en otras se pronuncia ligeramente silbante, como la *s;* en otras, parecido al sonido de *ch.* Deben evitarse estas pronunciaciones siempre que sea posible, ya que en muchos sitios, como Madrid, tienen marcado carácter plebeyo. Los extranjeros deben huir, por su parte, del vicio opuesto, que es pronunciar la *y* con una abertura excesiva, que la hace a oídos españoles semejante a la vocal *i.* La consonante *y* es más cerrada que en inglés, alemán o francés.

El fonema *y* se representa gráficamente por la letra *Y: yo, rayo, ayer,* o, a veces, por *HI* en comienzo de palabra y ante vocal: *hierba* [yérba], *hierve* [yérbe], *hierro* [yérro], *hielo* [yélo].

Como en amplias zonas de nuestro idioma se confunden los fonemas *y* y *ll* en uno solo, *y,* puede decirse que en esas zonas hay una tercera forma de representar gráficamente el fonema, y es la letra *LL: calle* [káye], *rollo* [róyo], *pillo* [píyo], *llueve* [yuébe]. Véase § 207.

En resumen: las consonantes *b, d, g, y,* se articulan de una misma forma: dejando pasar el aire por una salida estrecha que queda entre los órganos de articulación. Esta manera de salir el aire espirado se llama *fricación;* por ello se llaman *fricativas* las consonantes articuladas de este modo. Ya se ha dicho, sin embargo, que en ciertos casos pueden ser oclusivas la *b,* la *d* y la *g,* y africada la *y.*

Las cuatro consonantes, que también coinciden en ser sonoras, se distinguen entre sí por su punto de articulación, que es, según hemos visto, los labios, para la *b;* los dientes superiores, para la *d;* el velo del paladar, para la *g,* y el prepaladar, para la *y.*

De manera que pueden establecerse las siguientes definiciones: *b* es una *consonante bilabial fricativa sonora; d* es una *consonante dental fricativa sonora,* y *g* es una *consonante velar fricativa sonora.* Cada una de estas, ocasionalmente, puede dejar de ser fricativa para convertirse en oclusiva. En cuanto a la *y,* es una *consonante palatal fricativa sonora,* que en ocasiones se convierte en africada.


204. Consonantes fricativas sordas

Las consonantes que siguen tienen de común con las anteriores el ser fricativas, pero se distinguen de ellas por la ausencia de sonoridad y por el diferente punto de articulación.

*f:* La articulación de *f* se produce juntando el labio inferior al borde de los incisivos superiores, de manera que queda una hendidura horizontal, por donde escapa el aire produciendo un ruido de roce.

*z:* Se articula este sonido intercalando el ápice de la lengua entre los bordes de los incisivos superiores e inferiores. El aire escapa por los resquicios que dejan entre sí dientes y lengua, tanto por la parte superior de esta como por la inferior.

La representación gráfica del fonema *z* es *C* cuando el sonido que sigue es *e* o *i: cesto, cien; Z,* en todos los demás casos: *zorro, azul, luz.*

En zonas muy extensas del idioma el fonema *z* no existe, ya que se asimila totalmente al fonema *s.* Esta pronunciación, *z = s,* llamada *seseo,* es típica de una parte de Andalucía (no de toda, como vulgarmente se cree) que abarca sectores más o menos grandes de las provincias de Córdoba, Jaén, Málaga, Sevilla y Huelva. Existe también en puntos aislados de Zamora, Cáceres, Badajoz, Murcia y Alicante (13); en las islas Canarias, y, sobre todo, en las Repúblicas hispanoamericanas, donde es la única pronunciación que se presenta para este fonema. El seseo no es signo de incultura en los países del Nuevo Continente, en los que, por el contrario, la pronunciación *z* resulta afectada y extraña (14). Por lo que se refiere a España, en Andalucía y Canarias el seseo suele admitirse en las personas cultas, aunque el ideal es la pronunciación *z.* En cambio, en otras regiones —Galicia, Vascongadas, Cataluña, Valencia— el hablar en español con seseo es propio exclusivamente de personas ineducadas. En el resto de la nación —Castilla, León, Aragón, Navarra, Asturias— el seseo no existe.

A pesar de la gran extensión y de la creciente aceptación de este fenómeno, es de mucho interés para los extranjeros aprender desde el primer momento la distinción entre los sonidos *z* y *s,*

---

(13) Amado Alonso, *Estudios lingüísticos,* II, Madrid, 1953, págs. 140-46.

(14) El II Congreso de Academias de la Lengua Española, celebrado en Madrid en 1956, *recomendó* a la Academia Española que «en la próxima edición de su *Gramática* se reconozca la legitimidad de la pronunciación llamada seseo, que no solo es general en todos los países americanos, sino que se practica en extensas regiones de España». Véase la ponencia presentada a dicho Congreso por el filólogo cubano Adolfo Tortoló, «La legitimidad gramatical del seseo hispanoamericano», en *Cuadernos Hispanoamericanos,* XXVII, 1956, 311-19. [En efecto, en el *Esbozo de una nueva gramática* (1973), §§ 1.2.2A y 1.3.4*b,* la Academia registra objetivamente la existencia del seseo.]

ya que con ello no solo se evitan las confusiones entre palabras como *caso* y *cazo, siervo* y *ciervo, casa* y *caza, rosa* y *roza, masa* y *maza, serrar* y *cerrar, ase* y *hace, pase* y *pace*, etc., sino también numerosísimas dudas ortográficas.

*s:* La articulación de la *s* és, como dijimos, uno de los sonidos peculiares de la fonética española. En otras lenguas la articulación de este fonema se realiza mediante el contacto del predorso de la lengua con los alvéolos, contacto incompleto, ya que deja en el centro una pequeña abertura por donde sale el aire. En español no es el predorso, sino el ápice de la lengua, el que se apoya en los alvéolos, dejando una salida redondeada para el aire. El predorso, mientras tanto, adquiere una forma ligeramente cóncava, cosa que tampoco ocurre en la articulación extranjera. El efecto acústico de nuestra *s* es así muy distinto del de la *s* de otras lenguas (predorsal). No obstante, esta *s* predorsal, con muchas variantes, es la que se usa en Andalucía (15) y en la mayor parte de Hispanoamérica.

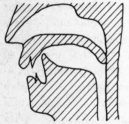

ARTICULACIÓN DE *s*

El defecto más grave que se presenta en relación con la *s* es el *ceceo,* que consiste en identificar los fonemas *s* y *z* bajo la forma única de *z: sopa* [zópa], *señor* [zeñó]. Se encuentra este vicio en Andalucía (parte de las provincias de Huelva, Sevilla, Málaga y Granada, toda la de Cádiz y pequeñas comarcas de Córdoba, Jaén y Almería); y en todas partes, aun en la misma Andalucía, es censurado como rústico y extraordinariamente inculto. Más extendido, pero menos grave, es el defecto que consiste en aspirar la *s* en final de sílaba o de palabra, transformándola en un sonido semejante al de *h* inglesa *(casco* = [káhko]) o, a veces, en el sonido de *j* española [kájko], como

---

(15) La «*s* predorsal» propiamente dicha se da en zonas de las provincias de Málaga, Córdoba y Granada; la variante llamada «coronal», articulada entre los incisivos superiores y los alvéolos, con la lengua plana, se presenta en parte de las provincias de Huelva, Sevilla, Córdoba, Jaén, Granada y Almería. Véase Rafael Lapesa, *Historia de la lengua española,* 2.ª ed., Madrid, 1950, págs. 308-10.

ocurre en el habla popular de Madrid (16). La aspiración ha desaparecido en muchos sitios, dejando como única huella una mayor abertura de la vocal precedente: *adiós* [adió], *las mujeres* [la mujére]. Esta pronunciación no es admisible en el lenguaje correcto.

*j:* Este sonido se articula elevando el postdorso de la lengua contra el velo del paladar, en un punto más retrasado que el del sonido *k,* y sin llegar a cerrar el paso del aire. Es, pues, una consonante velar fricativa sorda. Tiene algún parecido con la *h* aspirada de otros idiomas (inglés, alemán), e igual a esta la pronuncian los andaluces, extremeños e hispanoamericanos. Pero la *j* castellana es más áspera, más interior y siempre sorda.

Se representa gráficamente por la letra *J* cuando va seguida de cualquier vocal o en final de sílaba o de palabra: *caja, joven, juego, ajeno, dijiste, boj.* Puede representarse por la letra *G* cuando la vocal que sigue es *e* o *i: ligero* [lijéro], *vigilia* [bijília]; en estos casos solo el conocimiento de las mismas palabras o de las reglas ortográficas puede decir cuál es la escritura correcta, *G* o *J.* En muy contados nombres propios (y en sus derivados) se conserva para este sonido la grafía anticuada *X: México* [méjico], *mexicano* [mejikáno], *Sax* [sáj], *Barrax* [barráj], *Ximénez* [jiménez], *Xerez* [jeréz]. Cuando no se trata de un uso general (como ocurre en *México,* escrito así en toda América), el empleo actual de esta grafía X con valor de sonido *j* es manifestación de cursilería o vanidad pueril; así ocurre en los dos últimos ejemplos citados.

En final de palabra, el sonido *j* tiende a perderse: *reloj* se pronuncia corrientemente [reló].

Resumiendo lo dicho sobre las consonantes *f, z, s, j,* las cuatro coinciden en ser fricativas y en ser sordas, y difieren en el punto de articulación, que en *f* es el borde de los incisivos superiores en contacto con el labio inferior; en *z,* los bordes de los incisivos inferiores; en *s,* los alvéolos; y en *j,* el velo del pa-

---

(16) Cf. Diego Catalán, *La escuela lingüística española y su concepción del lenguaje,* Madrid, 1955, pág. 46; A. Zamora Vicente, *Dialectología española,* Madrid, 1960, pág. 60.

ladar. Es decir, que puede definirse la *f* como una *consonante labiodental fricativa sorda;* la *z*, como una *consonante interdental fricativa sorda;* la *s*, como una *consonante alveolar fricativa sorda,* y la *j*, como una *consonante velar fricativa sorda.*

205. CONSONANTES AFRICADAS

Hemos visto hasta ahora dos maneras de producirse la articulación de las consonantes, es decir, dos distintos *modos de articulación:* en uno, el de las consonantes llamadas *oclusivas,* los órganos articulatorios cortaban durante un instante el paso al aire, dejándole luego salir rápidamente; en otro, el de las consonantes *fricativas,* el aire no encontraba interrupción en su salida en ningún momento, pero sí dificultad, por un estrechamiento del canal de salida.

Sin embargo, al tratar de la consonante *y* vimos cómo a veces este fonema presentaba una articulación que comenzaba por un contacto pleno de la lengua con el paladar, cerrando por un instante —como en las oclusivas— la salida del aire, para después dejarle salir por un canal estrecho —como en las fricativas—. Este modo de articular iniciado como oclusión y terminado como fricación se llama *africación.* Sobre la *y* como consonante africada, ya está dicho en el § 203 que este modo de articulación es una simple variante ocasional del fonema *y*.

La única consonante africada propiamente dicha que hay en español es la *ch,* que se articula, en su primera fase, tocando con la lengua el paladar, en un amplio contacto que impide toda salida del aire; y en la segunda fase, separándose levemente del prepaladar el predorso de la lengua, con lo que el aire escapa por un estrecho canal, por el centro de la cavidad bucal. Las dos fases se desarrollan en el tiempo de una sola consonante; de manera que no puede considerarse la *ch* como una consonante compuesta. Durante su articulación no vibran las cuerdas vocales; por tanto, la *ch* se define como una *consonante palatal africada sorda.*

Deben evitar los extranjeros que hablan español la articulación alveolar que dan muchos a este sonido completamente palatal. Tiene carácter vulgar la pronunciación fricativa de la *ch* andaluza (semejante a *sh* inglesa), y como tal es rehuida por las personas cultas de esa región.

Se representa siempre por *CH*, signo que en español se considera una sola letra y que como tal figura en el alfabeto.

206. CONSONANTES VIBRANTES

*r:* Para la articulación del sonido *r* (por ejemplo, en *oro),* la punta de la lengua hace un movimiento rápido hacia arriba y atrás, tocando los alvéolos y cerrando con ello el paso al aire; pero este movimiento y contacto duran solo un instante. La articulación, pues, es semejante a una pulsación de cuerda de guitarra. Es un sonido que se distingue bastante del de *r* inglesa, que es más retrasada, y totalmente del de *r* francesa, que es velar. Hay que diferenciarlo con claridad también del sonido *rr.*

Se representa gráficamente por la letra *R* cuando esta no va en comienzo de palabra ni precedida de *n, l* o *s: lira, mar, broma, cresta, edredón, arde.*

El principal defecto relativo a la pronunciación del fonema *r* es su supresión en final de palabra: *mujer* [mujé], *hablar* [ablá]. Este defecto es típico de la región andaluza, aunque también se da en otras regiones, como Extremadura. El trueque de *r* por *l,* [akabál] por *acabar,* [güelta] por *huerta,* se encuentra en el habla rústica de varias regiones, entre ellas Castilla. Los dos vicios son inadmisibles en personas instruidas.

Está muy extendida la pérdida de *r* en las palabras *para* [pa] y *parece* [paéce, páice], pero no pasa del ambiente vulgar. Más plebeyas aún son las formas [ubiá] = *hubiera,* [kiés] = *quieres* y semejantes.

*rr:* El sonido *rr* se articula de manera parecida, pero no igual, al de *r.* La lengua eleva la punta hasta los alvéolos, y, en el momento en que se apoya en ellos, es empujada con fuerza hacia adelante por el aire espirado; inmediatamente, por su propia elasticidad, vuelve la punta de la lengua a los alvéolos, para ser empujada nuevamente hacia afuera. En estos rapidísimos contactos y despegues, que son dos, tres o cuatro, se producen otras tantas pequeñas explosiones que constituyen el sonido *rr*.

Gráficamente se representa por la letra *R* cuando va en comienzo de palabra o detrás de *n, l* o *s: rosa, honra, malrotar, Israel.* Se escribe *RR* cuando se encuentra en medio de vocales: *perro, arroz.*

En las dos consonantes que acabamos de describir se encuentra como rasgo distintivo el hecho de articularse mediante uno o varios choques del ápice de la lengua contra los alvéolos. Por ello se llaman *vibrantes.* En una y otra hay, además, vibración de las cuerdas vocales. Lo que las diferencia entre sí —aparte del sentido del movimiento de la lengua— es el número de vibraciones, una en la *r,* dos o más en la *rr;* por lo cual se define la *r* como *consonante alveolar vibrante simple,* y la *rr,* como *consonante alveolar vibrante múltiple.*

207. Consonantes laterales

Cuando la articulación fricativa se produce dejando el paso del aire, no por el centro de la cavidad bucal, sino por los lados, recibe el nombre especial de *lateral.* Las únicas articulaciones laterales que existen en español son las de *l* y *ll.*

*l:* La articulación de este fonema es alveolar, como en *n,* es decir, el ápice de la lengua se apoya en los alvéolos. El aire, como se ha dicho, sale por los lados de la boca. Las cuerdas vocales vibran durante la articulación.

No es correcta la articulación velar de este sonido, producida por ahuecar o poner cóncavo el dorso de la lengua, como hacen los catalanes, portugueses e ingleses, por influencia de sus idiomas nativos. La *l* española se articula con el dorso de la lengua plano.

De carácter rústico es la confusión con *r,* pronunciando [kárdo] por *caldo,* [dúrze] por *dulce,* [mardíto] por *maldito;* así como la pérdida en final de palabra: [kapitá] por *capital,* etc. Los dos fenómenos se dan en la pronunciación popular andaluza, pero el primero se encuentra también en el habla aldeana de otras regiones.

*ll:* El fonema *ll* se articula elevando la lengua hasta ponerla en contacto con el paladar, dejando solo estrechos canales a los lados para la salida del aire. El ápice de la lengua se sitúa detrás de los incisivos inferiores. También en este sonido hay vibración de las cuerdas vocales.

ARTICULACIÓN DE *ll*

Es frecuente entre los extranjeros en cuyo idioma no existe este sonido tratar de reproducirlo por medio de *l* + *y: calle* [kál-ye], *rollo* [ról-yo]. Como, por otra parte, pronuncian una *y* más abierta que la española, resultan forman tan extrañas como [kálie], [rólio]. Es preferible, sin duda, incurrir en el llamado *yeísmo,* pronunciación más fácil y además admitida generalmente en los dominios de la lengua española.

El yeísmo, al que ya aludimos en el § 203, consiste en pronunciar la *ll* igual que la *y: pollo* [póyo], *Sevilla* [sebíya], *llega* [yéga], *lluvia* [yúbia]. Es un fenómeno muy extendido y más bien característico de las grandes ciudades, es decir, de los focos de cultura, por lo cual su importancia es extraordinaria. Puede pronosticarse fácilmente que, a pesar de los esfuerzos de los gramáticos por mantener la distinción, el yeísmo acabará por imponerse en todo el mundo hispánico, igualándose la pronunciación de *ll* e *y.* Ya las gentes de letras de Madrid, como observó Amado Alonso (17), sienten la pronunciación tradicional de la *ll* como «castiza, pero regional». Existe hoy yeísmo (18) en toda Andalucía, en Murcia (solo en las ciudades), en Extremadura, en Castilla la Nueva (principalmente en Madrid, Toledo y Ciudad Real), en Castilla la Vieja (Ávila, Valladolid y Santander,

---

(17) «La *ll* y sus alteraciones en España y América», en *Estudios lingüísticos,* II, Madrid, 1953, pág. 197.
(18) A. Alonso, *ob. cit.,* págs. 196-262.

capitales), en León (Salamanca, capital), en Asturias (principalmente en Oviedo y Gijón), en Cataluña (cuencas del Ter y Llobregat) (19) y en las islas Baleares. En Hispanoamérica, aunque todavía hay extensas zonas que conservan la *ll,* el yeísmo puede darse como predominante, muy especialmente en las zonas del Río de la Plata y del Caribe. En Filipinas es general el yeísmo, así como en el judeo-español.

Los gramáticos condenan como vicioso el yeísmo, pero lo cierto es que el prestigio de las grandes capitales y de muchas personas cultas que en ellas residen, así como la creciente difusión de la radio y del doblaje cinematográfico (cuyos locutores no suelen ser seleccionados en España por su pronunciación académica), hacen que este fenómeno vaya ganando rápidamente terreno y sobre todo estimación entre los habitantes de las regiones que hasta ahora pronunciaban la *ll.* En la práctica se admite como correcto el yeísmo, siempre que la pronunciación *y* sea a su vez correcta (v. § 203).

Resumiendo lo dicho sobre las consonantes *l* y *ll,* las dos se articulan dejando salir el aire por los lados de la lengua. En una, el punto de articulación es los alvéolos; en la otra, el paladar. En las dos hay vibración de las cuerdas vocales. Así, pues, la *l* es una *consonante alveolar lateral sonora,* y la *ll* es una *consonante palatal lateral sonora.*

### 208. Consonantes nasales

*m:* La disposición de los órganos de articulación para la consonante *m* es igual que para una *b* oclusiva. Pero la salida del aire, en vez de interrumpirse un instante y reanudarse luego con una leve explosión en los labios, se realiza aquí sin interrupción alguna y por un camino distinto, que es el de las fosas nasales. Esta desviación se debe a la abertura que presenta el velo del paladar al bajarse.

---

(19) V. García de Diego, *Manual de dialectología española,* Madrid, 1946, páginas 282-83.

*n:* En la *n,* la lengua se sitúa en la misma posición que en la *l;* pero en lugar de dejar salir el aire por los lados de la boca, entre la lengua y los molares, la lengua se apoya en estos, cerrando toda salida por la boca; entonces el aire escapa, por la abertura que le deja el velo del paladar, a las fosas nasales y de ahí al exterior.

Cuando el fonema *n* precede a un fonema *b, p* o *f,* su articulación es igual a la de *m: invicto* [imbíkto], *un buen día* [úm-buén-día], *un puro* [úm-púro], *inferior* [imferiór].

Es propio de pronunciaciones regionales (Galicia, Asturias, Extremadura, Andalucía) articular este fonema no apoyando la lengua en los alvéolos, sino en el velo del paladar, cuando va en final de palabra (como en *Pepín, san, cien*).

*ñ:* La articulación de *ñ* es igual que la que hemos descrito más arriba para la *ll,* salvo que el aire no escapa por los lados de la lengua, sino por la cavidad nasal. No es equivalente, como algunos extranjeros creen, a *n + y.*

Las tres consonantes descritas, *m, n* y *ñ,* se caracterizan por articularse dando salida al aire por la nariz. Tienen, además, de común el ser sonoras, y se distinguen solamente por el punto de articulación: los labios, los alvéolos y el paladar, respectivamente. Por tanto, se definen de la siguiente manera: la *m* es una *consonante bilabial nasal sonora;* la *n,* una *consonante alveolar nasal sonora,* y la *ñ,* una *consonante palatal nasal sonora.*


209. CLASIFICACIÓN DE LAS CONSONANTES

Teniendo en cuenta todo lo dicho en las páginas anteriores, pueden establecerse varias clasificaciones de las consonantes, según atendamos a su punto o a su modo de articulación o a su sonoridad.

Por razón de esta última, las consonantes se dividen en:

1.º *Sordas,* es decir, articuladas sin vibración de las cuerdas vocales. Son: *p, t, k, f, z, s, j, ch.*

2.º *Sonoras,* o con vibración de las cuerdas vocales. Son todas las demás consonantes.

En cuanto al *modo de articulación*, distinguimos las siguientes clases:

1.ª *Oclusivas* son aquellas articulaciones en que el aire, detenido un instante en su marcha hacia el exterior y acumulado ante el obstáculo, sale violentamente al removerse este, produciéndose entonces una pequeña explosión. Esto ocurre en *p, t, k* y a veces en *b, d, g.*

2.ª *Fricativas* son aquellas en que el aire sale sin interrupción, pero con dificultad, por un estrecho conducto, produciendo un frotamiento que puede prolongarse indefinidamente, como ocurre en *f, z, s, j;* o poco prolongable, como *b, d, g, y.*

3.ª *Africadas* son las articulaciones en que, como en las oclusivas, el aire ha sido detenido un instante; pero en vez de salir después libremente de golpe, se escapa poco a poco por un pasaje estrecho, como el de las fricativas. Puede decirse, así, que las africadas son consonantes fricativas cuyo momento inicial es oclusivo. Así sucede con la *ch*, y a veces con la *y.*

4.ª *Vibrantes* son las consonantes *r* y *rr*, producidas por el rapidísimo toque de la punta de la lengua en los alvéolos, toque que puede ser simple *(r)* o múltiple *(rr).*

5.ª *Laterales* son aquellas consonantes que, a diferencia de todas las anteriores, no dejan salir el aire por un canal central, sino por los lados de la lengua. En realidad no son sino un subtipo dentro de las fricativas, ya que en ellas la salida del aire no es totalmente libre, pero sí ininterrumpida. Pertenecen a este grupo la *l* y la *ll.*

6.ª *Nasales,* por último, son las consonantes en que el aire, obstruido el paso por la boca, encuentra salida, gracias a un movimiento del velo del paladar hacia adelante, por la cavidad nasal. También pueden ser incluidas entre las fricativas, por el mismo motivo que las anteriores. Las consonantes nasales son *m, n, ñ.*

Por el *punto de articulación,* las consonantes se distribuyen de esta manera:

1.º *Bilabiales,* en que los dos labios son órganos activos: *p, b, m.*

2.º  *Labiodentales,* en que el órgano activo es el labio inferior, y el pasivo, los dientes superiores: *f.*

3.º  *Interdentales,* en que el ápice de la lengua —órgano activo— se sitúa entre los incisivos superiores y los inferiores —órgano pasivo—: *z.*

4.º  *Dentales,* en que el ápice de la lengua —órgano activo— se apoya en la cara posterior de los incisivos superiores —órgano pasivo—: *t, d.*

5.º  *Alveolares,* en que el ápice de la lengua —órgano activo— se apoya en los alvéolos superiores —órgano pasivo—: *s, r, rr, l, n.*

6.º  *Palatales,* en que el predorso de la lengua —órgano activo— se apoya en el paladar —órgano pasivo—: *y, ch, ll, ñ.*

7.º  *Velares,* en que el postdorso de la lengua —órgano activo— se pone en contacto con el velo del paladar —órgano pasivo—: *k, j, g.*

Según esta triple clasificación, podemos establecer el cuadro siguiente:

| | POR EL MODO DE ARTICULACIÓN | | | | | | | |
|---|---|---|---|---|---|---|---|---|
| | *Oclusivas* (sordas) | *Fricativas* sonoras | *Fricativas* sordas | *Africadas* (sordas) | *Vibrantes* (sonoras) simple | *Vibrantes* (sonoras) múltiple | *Laterales* (sonoras) | *Nasales* (sonoras) |
| Bilabiales ............... | p | b | ...... | ...... | ...... | ...... | ...... | m |
| Labiodentales .......... | ...... | ...... | f | ...... | ...... | ...... | ...... | ...... |
| Interdentales ............. | ...... | ...... | z | ...... | ...... | ...... | ...... | ...... |
| Dentales ................. | t | d | ...... | ...... | ...... | ...... | ...... | ...... |
| Alveolares ............... | ...... | ...... | s | ...... | r | rr | l | n |
| Palatales ............... | ...... | y | ...... | ch | ...... | ...... | ll | ñ |
| Velares ................. | k | g | j | ...... | ...... | ...... | ...... | ...... |

POR EL PUNTO DE ARTICULACIÓN

Pueden agregarse, como oclusivas sonoras, la *b, d* y *g,* y como africada sonora, la *y;* pero todas ellas no son sino meras variantes de las fricativas *b, d, g, y,* incluidas en el cuadro.

## 210. GRUPO FÓNICO Y SÍLABA

Los fonemas que hemos descrito no tienen existencia por sí solos, es decir, no se presentan aislados en el habla, sino que se combinan unos con otros, formando cadenas habladas que solo se cortan por exigencia del ritmo de la respiración o por la delimitación de las unidades lógicas de la expresión. Estas interrupciones de la cadena hablada se llaman *pausas*, y el conjunto de sonidos comprendidos entre una y otra pausa se llama *grupo fónico*.

En el ejemplo que sigue se separan los diferentes grupos fónicos por medio de rayas oblicuas, que representan pausas:

> Hay muy poco dinero en España. / Poco y malo. / El primer tendero a quien le doy un duro / lo coge / y lo arroja diferentes veces sobre el mostrador / con una violencia terrible. / Yo hago votos para que, / si no es de plata, / sea, por lo menos, / de un metal muy sólido, / porque, si no, / el tendero me lo romperá.
>
> (JULIO CAMBA.)

La distribución de las pausas en la cadena hablada no está sometida a ninguna norma, sino solamente a las exigencias citadas —la respiración y el sentido de la frase—, que, por supuesto, son muy distintas según las circunstancias. En el ejemplo anterior podrían haberse establecido más pausas de las señaladas si la lectura fuese muy lenta, o menos pausas si ocurriese lo contrario. En general se señala en español una tendencia hacia el grupo fónico de ocho sílabas.

Como se ve en el mismo ejemplo, el grupo fónico no puede confundirse con la oración gramatical. Es cierto que hay muchas oraciones gramaticales formadas por un solo grupo fónico, pero muchas otras veces la oración está constituida por varios grupos.

Ahora bien: cada grupo fónico, a su vez, se divide en unidades menores constituidas por un reducido número de fonemas. Estas unidades, llamadas *sílabas,* están formadas necesariamente por una vocal, que puede o no ir acompañada de una o más consonantes; de manera que la vocal es el elemento básico de una sílaba. (Luego veremos cómo el elemento vocálico puede consistir en dos o en tres vocales.) El paso de una sílaba a otra se percibe como una disminución instantánea en la perceptibilidad de la voz. Por eso puede definirse la sílaba como *la unidad fonética limitada por dos depresiones sucesivas de la perceptibilidad de los sonidos.*

La disminución de perceptibilidad, que marca la frontera entre dos sílabas, suele estar marcada por una o más consonantes, sonidos de sonoridad más débil que las vocales. En *dinero,* por ejemplo, hay tres sílabas, cada una de ellas con una vocal como base *(i-e-o),* señalando la separación las consonantes *n* y *r.* Pero a veces esta disminución de perceptibilidad existe sin la presencia de consonantes, como ocurre en *creer, peor* [kre-ér, pe-ór]; en tales casos, la separación de sílabas se produce en virtud de la disminución momentánea de la intensidad en el paso de una a otra vocal. Puede ocurrir, sin embargo, que las dos vocales juntas no constituyan sílabas diferentes, sino que formen parte de una sílaba sola; tales vocales constituyen entonces un *diptongo,* y su valor, a efectos fonéticos, es el de una sola vocal: así, la palabra *tienes* (en que la primera sílaba encierra un diptongo) es de dos sílabas, igual que la palabra *trenes* (cuya primera sílaba encierra una vocal simple); lo mismo acontece en *cuela* y *cola, siesta* y *sexta, paria* y *para, tierno* y *terno.* Es posible también la agrupación de tres vocales como base de una sílaba *(triptongo);* por ejemplo, *uai* en *averiguáis, uei* en *buey, iau* en *miau.* Véanse más detalles sobre diptongos y otras agrupaciones de vocales en el § 200.

## 211. SILABEO

Hemos dicho que en muchos casos la separación de dos sílabas está determinada por una o varias consonantes. Pero estas consonantes, ¿a qué sílaba pertenecen: a la que precede o a la que sigue? Esta cuestión afecta tanto a la ortografía como a la fonética, y por ello las normas de agrupación silábica (o *silabeo)* que siguen tienen aplicación en los dos campos:

293

1.ª Una sola consonante, entre dos vocales, se agrupa con la segunda: *a-gu-ja, sa-no.*

2.ª En un grupo de dos consonantes, iguales o diferentes, entre dos vocales, la primera consonante se une con la vocal anterior, y la segunda, con la siguiente: *in-no-var, des-na-tar, ten-sión.* Excepción importante es la de los grupos consonánticos *pr, pl, br, bl, fr, fl, tr, dr, cr, cl, gr, gl,* que se unen con la vocal siguiente: *a-pro-ve-cha, a-trás, Á-fri-ca.*

3.ª En un grupo de tres. consonantes, las dos primeras se unen a la vocal precedente y la tercera a la vocal siguiente: *cons-ta, obs-ta, trans-por-te.* Excepción: si la segunda y tercera consonantes forman uno de los grupos *pr, pl,* etc., citados en el párrafo anterior, la primera consonante pasa a unirse a la vocal que precede, y el grupo de la segunda y tercera consonantes se une a la vocal que sigue: *des-tru-yo, des-pre-cia, en-tre.* Igual ocurre cuando, siendo cuatro consonantes, las dos últimas constituyen uno de los consabidos grupos: *cons-tre-ñir.*

En cuanto a la ortografía, hay que agregar algunas reglas especiales que se expondrán en su lugar (§ 231). En cuanto a la fonética, la observación particular más importante acerca del silabeo es que, dentro de un mismo grupo fónico, la consonante final de una palabra se agrupa para formar sílaba con la vocal inicial de la siguiente palabra; de manera que el silabeo de la frase *el agua del Ebro* será [e-*lá*-gua-de-*lé*-bro].

## 212. SÍLABA LIBRE Y TRABADA

Se llama *sílaba libre* la que termina en vocal, y *trabada* la que termina en consonante. En la distinción práctica entre sílabas libres y trabadas es preciso tener en cuenta la observación del párrafo anterior; de modo que en *el agua del Ebro* todas las sílabas son libres, a pesar de la existencia gráfica —falsa fonéticamente— de dos trabadas, *el* y *del*.

213. Acento

Comparando varias palabras, como *calcio, dámelo, arroz, sufriendo, deslumbrar,* vemos que dentro de cada una de estas palabras hay alguna sílaba que se pronuncia con más intensidad que las demás. En *calcio* y *dámelo* es la primera; en *sufriendo* y *arroz,* la segunda, y en *deslumbrar,* la tercera. Esa mayor intensidad con que se pronuncia una sílaba en una palabra se llama *acento,* y sílaba *tónica* aquella en que se encuentra el acento. Las sílabas no acentuadas se llaman *átonas.*

Pero, según el concepto de acento expuesto, las palabras monosílabas no podrían ser acentuadas, ya que la intensidad de su única sílaba no puede compararse con la de otras sílabas suyas. Sin embargo, al decir *Este mes es de treinta días,* la palabra *mes,* monosílaba, es percibida por nuestro oído como particularmente intensa al lado de la sílaba *te* de la palabra precedente; lo mismo ocurre con *es* respecto del *de* que le sigue. Así pues, convendrá establecer una definición más exacta de *acento: la mayor intensidad con que se pronuncia una sílaba en relación con las que la acompañan en el grupo fónico.*

El conjunto de sílabas átonas que se agrupan en torno a una tónica forma con ella una unidad fonética llamada *grupo tónico* o *de intensidad.* La frase *el primer tendero a quien le doy un duro* se descompone en los siguientes grupos tónicos: *el primér / tendéro / a quien le dóy / ún / dúro.*

214. Palabras sin acento

La definición expuesta admite la posibilidad de que existan palabras no acentuadas, o sea, palabras cuyas sílabas se pronuncian con una intensidad menor que la que corresponde a las sílabas tónicas de las palabras anteriores o posteriores. En efecto, hay una serie de palabras que carecen de acento, y que por ello se llaman *átonas.* En el ejemplo *Este mes es de treinta días,* la preposición *de* es átona; en *Me voy para casa,* las palabras *me* y *para* también lo son. Toda palabra átona va unida en la pronunciación a la palabra anterior o posterior: así, *me voy* se pronuncia [mebói]; *para casa* [parakása]. Cuando, como en estos ejemplos, se une a la palabra siguiente, se llama *proclítica;* cuando se une a la anterior, como ocurre con el pronombre *te* en *márchate,* se llama *enclítica.*

De las palabras átonas, unas lo son siempre, como la preposición *de* o el pronombre *me;* otras lo son solamente en determinadas construcciones; por ejemplo, *señor* en la frase *¡Señor mío!*

Las palabras habitualmente átonas son las siguientes:

1.º El artículo determinado, en todas sus formas: *el hombre, la mujer, los jardines* [elómbre, lamujér, losjardínes].

2.º Los pronombres posesivos con función adjetiva, cuando preceden al nombre: *mi amigo, su tienda, nuestros asuntos* [miamígo, sutiénda, nuestrosasúntos]. Es un hábito leonés, y de alguna otra región, pronunciarlos como tónicos, diciendo [mí amígo, sú tiénda].

3.º Las formas de los pronombres personales utilizadas como complemento sin preposición, y que se llaman precisamente *formas átonas* (v. §§ 28 y 118): *me dijo, márchate, os entregó, se vende, escúchame* [medíjo, márchate, osentregó, sebénde, escúchame].

4.º Los nombres de tratamiento *don, doña, fray, sor, san,* y también *santo* y *santa* cuando preceden al nombre propio: *don Juan, fray Andrés, sor Teresa, santa Inés, santo Tomás* [donjuán, frayandrés, sorterésa, santainés, santotomás].

5.º Los pronombres relativos *que, quien, cuyo, cuanto,* y *cual* solo cuando no lleva artículo: *el que venía; quien mal anda; el poeta cuyo nombre estaba olvidado.*

6.º Los adverbios relativos *como, donde, cuando, cuanto, cual: Trabaja cuando quiere; Ponlo donde siempre.*

7.º El adverbio *tan: tan fuerte como un roble.*

8.º Los adverbios de cantidad *aun* (= incluso) y *medio* (= a medias): *Ni aun él lo sabe* [niaunél...]; *Estoy medio muerto* [mediomuérto].

9.º Todas las preposiciones, exceptuando *según: a Madrid, de todos, con pena* [amadríd, detódos, compéna].

10.ª Las conjunciones (excepto las disyuntivas *ya, bien, sea, ora,* que no son propiamente conjunciones) y algunas pocas frases conjuntivas, como *puesto que* y *supuesto que: Vienen y van* [ibán]; *Pienso, luego existo* [luegoeksísto]; *Puesto que mandas, obedezco* [puestokemándas]. Sobre *y* tónica, véase § 164.

Se pronuncian átonos algunos nombres o adjetivos cuando van como primer elemento de una expresión vocativa: *¡Padre Federico!,. ¡tío Pepe!, ¡señor González!, ¡mala bestia!,* o cuando constituyen el primer elemento de un nombre propio: *José María, Luisa Fernanda, Villa del Río.* También son átonos frecuentemente los nombres que van acompañados de las llamadas preposiciones pospuestas (v. § 88): *río abajo.*

En los numerales cardinales se pronuncia átono el primer elemento —decenas— cuando son compuestos: *sesenta y seis* [sesentaiséis]; y cualquier forma que preceda a la palabra *mil: cuarenta y dos mil* [kuarentaidosmíl]. En los ordinales, también es átono el primer elemento de los compuestos, tanto si están escritos en una palabra como en dos: *decimocuarto, trigésima cuarta.*

### 215. PALABRAS CON ACENTO

Todas las palabras que tienen una sílaba acentuada se llaman *tónicas,* y, según el puesto que ocupe en ellas el acento, reciben el nombre de *agudas* u *oxítonas* (en la última sílaba), *llanas, graves* o *paroxítonas* (en la penúltima), *esdrújulas* o *proparoxítonas* (en la antepenúltima) y *sobresdrújulas* (antes de la antepenúltima). Las palabras monosílabas (es decir, de una sílaba) tónicas se incluyen, como es lógico, entre las agudas. Ejemplos de palabras agudas: *llegó, país, tú;* llanas: *siente, vivo;* esdrújulas: *bárbaro, lástima;* sobresdrújulas: *véndemelo, entréguesele.*

Hay palabras que tienen dos acentos; pero en realidad no son una, sino dos palabras con su acento respectivo. Esto ocurre en los adverbios en *-mente,* como *fácilmente, suavemente, primeramente* [fázil-ménte, suábe-ménte...].

En nuestro idioma tiene mucha importancia en la pronunciación la correcta acentuación de una palabra, ya que el dislocar el acento unas veces ocasiona cambios de significado *(cantará, cantara, cántara)* y otras veces las hace poco inteligibles, resultando en todo caso un efecto ridículo para los oyentes hispánicos. Uno de los rasgos fonéticos que denuncian a la persona inculta es la acentuación errada de algunas palabras, como *mámpara* por *mampara, intérvalo* por *intervalo, condor* por *cóndor, pápiro* por *papiro, hemiplejia* por *hemiplejía, kilógramo* por *kilogramo,* etc.

## 216. Tono

Como todo sonido, la voz tiene una altura musical, o *tono,* que cambia constantemente a lo largo de la cadena hablada. Pero como el lenguaje tiene una función significativa, no es extraño que sus cualidades sonoras —como la intensidad y el tono— sean aprovechadas en favor de esa función. No es indiferente el empleo de un tono u otro al emitir una frase, ya que de su elección depende la comprensión recta de nuestra frase por el oyente. Aparte de su función significativa, la entonación sirve de vehículo a la expresión de los sentimientos que acompañan a la enunciación de un significado; de tal manera que matices tan modificadores del sentido como la ira, la ironía, la duda, quedarían fuera de la percepción del oyente si la frase careciese de entonación. En este sentido, la lengua hablada supera con mucho a la lengua escrita, que, a pesar de su relativa perfección, es incapaz de representar exactamente aquella (20).

En una oración, cada sílaba tiene su altura musical o tono, y el conjunto de los tonos de todas las sílabas constituye el tono de la frase, que se llama *entonación.* En cada persona se puede

---

(20) La entonación española cuenta aún con pocos estudios. Es fundamental, como obra de conjunto, el *Manual de entonación española,* de Tomás Navarro, 2.ª ed., Nueva York, 1948. En el *Manual de pronunciación* (ya citado) del mismo autor hay un capítulo dedicado a entonación que es esbozo del libro mencionado.

señalar un tono medio, en torno del cual oscilan todos los tonos de su expresión; ese tono medio se llama *tono normal*.

Representando por una raya a determinada altura el tono de cada sílaba, y uniendo las diferentes rayas correspondientes a una frase, se obtiene una línea llamada *curva de entonación*. Véase, como ejemplo, la frase *Mañana viene:*

ENTONACIÓN DE LA FRASE "MAÑANA VIENE"

Como se ve en el esquema, la curva de entonación de esta frase se puede dividir en tres ramas, de las que la inicial es ascendente y la final descendente. En cambio, si trazamos la curva de la misma frase en forma interrogativa: *¿Mañana viene?,* la rama final es ascendente:

Si la frase fuese exclamativa, expresando, por ejemplo, alegría, la curva tendría esta forma:

Aunque en cualquiera de las tres frases transcritas caben numerosas variantes debidas al énfasis puesto sobre una de las dos palabras, y también a la costumbre regional o individual, podemos deducir las siguientes observaciones:

1.ª La entonación de una frase, tanto si es enunciativa como interrogativa o exclamativa, comienza siempre por una rama ascendente.

2.ª La entonación de una frase enunciativa y la de una frase exclamativa son esencialmente iguales, ya que se caracterizan por tener una rama final descendente, y por ello se pueden llamar entonaciones *descendentes*.

3.ª La entonación de una frase interrogativa termina por una rama ascendente, tras una rama media descendente. Esta entonación se llama por ello *ascendente*. Sin embargo, ya veremos cómo solo corresponde a un tipo de interrogación.

### 217. ENTONACIÓN ENUNCIATIVA

La frase que nos ha servido de ejemplo constaba de un solo grupo fónico. Ya hemos visto con ella que, en una enunciación normal de un solo grupo fónico, la curva de entonación es descendente. Lo mismo ocurriría en ejemplos como *Somos tres hermanos; Me dijo que no; Ha leído mucho; Tienes cara de cansancio.*

Pero suele ocurrir que la frase tenga dos o más grupos fónicos. Veamos algunos ejemplos:

1. El que tenga dinero, | es mejor que lo gaste.

2. En los meses calurosos del estío | solía bañarme en la ría | con unos cuantos amigos de mi edad.

3. Es tan admirable el Criador en todas sus criaturas, | que si supiéremos contemplar cada una de ellas, | no acabaremos de maravillarnos | de la inmensa majestad y sabiduría | de quien la formó.

En estas frases tenemos, o bien oraciones simples, o bien oraciones compuestas en que las subordinadas van antes o después de la principal. En todas ellas, el último grupo fónico es de entonación descendente, y todos los anteriores son de entonación ascendente.

Pero puede darse el caso de que en una frase construida por subordinación, el primero de los dos miembros se subdivida a su vez en otros miembros (núcleos y complementos u oraciones complementarias) que constituyen sendos grupos fónicos. Los grupos fónicos del primer miembro llevan entonces entonación descendente, excepto el último, que la lleva ascendente:

1. Dios, | que lee en los corazones, | no se deja engañar.

2. Si la ciencia del conocimiento de sí mismo, | que Sócrates reputaba única digna del hombre, | pasa a saber de especialistas, | estamos perdidos.

Queda el caso de las enumeraciones. Todos los elementos enumerados tienen entonación descendente, excepto el penúltimo si le sigue la conjunción copulativa o disyuntiva:

Sillas desvencijadas, | cajones medio abiertos, | residuos de vajillas, | libros encuadernados en pergamino, | argadillos | y otros cachivaches de formas para mí desconocidas.

218. Entonación interrogativa

Más arriba dijimos que la entonación de una frase interrogativa termina por una rama ascendente. Pero esto no ocurre más que en ciertos casos: en aquellos en que la persona que pregunta ignora absolutamente la respuesta *(pregunta absoluta)*. Otras veces el que pregunta presume la contestación *(pregunta relativa)*, o quiere informarse solo sobre el sujeto o complemento de la frase *(pregunta pronominal)* (21).

*Pregunta absoluta:*  ¿Es usted el interesado?

*Pregunta relativa:*  ¿Conque os fuisteis a bailar?

*Pregunta pronominal:*  ¿Qué desean ustedes?

Estos tipos de entonación interrogativa son los más importantes, no los únicos. Téngase en cuenta, además, que hay muchas variantes posibles dentro de cada tipo.

Cuando la pregunta está formada por varios grupos fónicos, la entonación del último es, dentro de los tipos anteriores, la que corresponde a la actitud subjetiva del preguntante; y los grupos anteriores, en general, tienen entonación descendente, o bien la misma de la pregunta relativa:

Pero ¿es que tú crees | que este hombre tan cobarde podrá

tener éxito | en una empresa tan difícil?

En una pregunta disyuntiva, el primer miembro tiene entonación ascendente y el segundo descendente:

¿Estás enfermo, | o es que no quieres ir?

## 219. Entonación volitiva y exclamativa

En las expresiones volitivas, o de deseo, caben matices muy diferentes, según la espontaneidad y la energía con que se manifiesta el deseo. En general, se caracterizan por una curva de en-

---

(21) T. Navarro, *Entonación*, cit., pág. 135 y ss.

tonación semejante a la enunciativa, pero con una mayor elevación en las ramas inicial y media y un descenso más profundo en la rama final. La acentuación del ascenso y el descenso corresponde a una mayor vehemencia del mandato o ruego.

*Mandato:* ¡A la calle!

*Ruego:* ¡Una limosnita, | caballero!

La petición, como es sabido, puede tomar también forma interrogativa: *¿Me da lumbre, por favor?*

Donde mayor complejidad alcanza el estudio de la entonación es en la correspondiente a las expresiones de emoción, o exclamaciones. He aquí algunas formas de entonación exclamativa:

¡Qué día más espléndido hace!

¡Son todos tan simpáticos!

¡Con muchísimo gusto!

Con la primera se expresa la simple admiración. Con la segunda, se trata de ponderar la intensidad: es entonación característica de las frases con *un, una,* que parecen esperar un complemento definidor (*¡Tengo unas ganas de terminar ya!; ¡Hace un frío!*). La tercera expresa aprobación o satisfacción, y tiene, por parentesco significativo, una entonación parecida al mandato.

# II. *Ortografía*

220. Las reglas ortográficas

La ortografía es el estudio, afín a la gramática, que se refiere a la forma de representar por medio de letras los sonidos del lenguaje. La tradición de la lengua escrita ha establecido para cada una de las palabras del idioma una forma gráfica considerada correcta, excluyendo como incorrectas todas las demás formas posibles.

Es frecuente, incluso entre gramáticos (1), la opinión de que la ortografía es una pura conveniencia social y que, como tal, debe simplificarse para acomodarse a la marcha de los tiempos. ¿Por qué no suprimir la letra *H*, que no corresponde a ningún sonido? ¿Por qué no unificar en una letra, *J* —como ha hecho el poeta Juan Ramón Jiménez—, el sonido *j* de *G* y *J*? ¿Por qué no reservar la letra *G* para el fonema *g*, suprimiendo así la *U* muda de los grupos *gue*, *gui*? ¿Por qué no reducir a una las letras *B* y *V*, pues representan un mismo fonema? ¿Por qué, en una palabra, no sustituir nuestro abecedario corriente, con sus letras superfluas o ambiguas, por un abecedario que representase exclusivamente los fonemas de nuestra lengua? Sin duda, este cambio no dejaría de ofrecer ventajas para todos, al simplificar de modo notable la escritura y sobre todo su aprendizaje. Pero ello no podría implicar de ninguna manera la abolición de la ortografía, de forma que cada uno escribiese según su propia pronunciación. La multiplicidad de diferencias fonéticas que presentan entre sí las diversas regiones de los veinte países que hablan español haría que cada región, y aun cada ciudad y cada grupo social, tuviese su sistema gráfico propio, lo que llevaría

---

(1) Véase el *Diccionario gramatical* de E. M. Martínez Amador (Barcelona, 1954), artículo «Ortografía».

la lengua escrita a una situación caótica. Por otra parte, la uniformidad gráfica de una palabra —hoy que el lenguaje escrito tiene una importancia creciente en la vida— contribuye a detener la evolución fonética de la lengua, que de otra manera se aceleraría, acarreando la rápida fragmentación del idioma en muchos dialectos.

Para evitar este peligro, la única acción posible «contra» la ortografía sería simplificarla por un acuerdo común de todas las Academias de la Lengua. Pero tampoco esa medida aseguraría la unidad del idioma: «No basta proclamar 'tolerancias' y simplificaciones —dice el lingüista francés Galichet—; también hay que asegurarse de que van a ser aplicadas. No es absolutamente seguro que una reforma un poco a fondo de la ortografía fuese aceptada por el gran público» (2), que en esta materia es sumamente conservador. La imagen visual de las palabras, que es uno de los factores que les dan cuerpo en nuestra mente, quedaría trastornada con una reforma ortográfica profunda, y la lectura se tornaría un penoso traducir, que convertiría en párvulos a toda una generación (3).

No solo, pues, es necesaria la existencia de la ortografía, sino también su fijeza. Las reformas que en ella se establezcan han de ser muy lentas y cuidadosamente medidas, como han sido siempre las realizadas por la Academia Española desde la publicación de su primera *Ortografía,* en 1741, hasta la aparición de las *Nuevas normas,* en 1959 (4). Las diferentes ediciones de su *Diccionario* van introduciendo muy poco a poco retoques ortográficos cuya orientación es unificadora —reducción de grafías anómalas— y simplificadora —eliminación de letras no pronunciadas, acomodación a la fonética.

Para el individuo, el conocimiento de la escritura correcta es necesario, ante todo, como una base *física,* material y estable, que le represente la forma de las palabras; y también, porque la

---

(2) *Physiologie de la langue française,* París, 1949, pág. 34. Recuérdese, como un ejemplo, el fracaso de nuestra Academia en su intento —no muy revolucionario— de imponer las grafías *Jibraltar* y *Aljeciras.*

(3) V. García de Diego, *Lingüística general y española,* Madrid, 1951, página 400.

(4) V. § 237.

convivencia social, entre otras muchas uniformidades, exige esta uniformidad del escribir y descalifica a todo el que no se somete a esta disciplina. La ortografía es, hoy día, en todos los países, inseparable de la cultura.

El aprendizaje de la ortografía, forma visual del lenguaje hablado, se presenta, por tanto, como una necesidad para los hablantes. Este aprendizaje de la forma escrita debe seguir los mismos pasos que el de la forma oral; es decir, no consistirá en el estudio de una serie de reglas ortográficas, sino en el conocimiento práctico de las palabras mismas; de la misma manera que no habla mejor el que estudia mucha gramática, sino el que posee una mayor experiencia directa de la lengua.

Por ello, las «reglas» tienen una utilidad relativa en la ortografía. Como todas las reglas, han sido formuladas *a posteriori,* inferidas de la observación de los hechos, y la mayoría de ellas cuenta con muchas excepciones, no solo actuales, sino posibles —en el caso de creación de nuevas palabras—. Además, las reglas, muchas o pocas, que contienen los tratados de ortografía no dan resuelto el problema del empleo correcto de las letras, ya que quedan muchos casos de palabras que ni han sido reducidas a reglas ni tampoco pueden contarse como excepciones de las mismas.

Pero conviene establecer una distinción. Hay reglas ortográficas que no tienen excepción y son de aplicación constante, tanto para las palabras viejas como para las nuevas. Así, por ejemplo, es ley ortográfica que a las letras *B* y *P* no preceda *N,* ni a las letras *F* o *V* preceda *M;* que no haya consonantes dobles, fuera de *LL, RR, NN* y *CC* [sonido kz]; que se escriba *H* delante del diptongo *ue* inicial de palabra; que lleven acento gráfico las palabras esdrújulas, etc. Toda palabra nueva que se incorpore a la lengua se someterá automáticamente a estas normas. En cambio, hay otras reglas, deducidas por los gramáticos, que no son aplicables sino a los vocablos ya existentes en el diccionario, y cualquier neologismo puede quedar al margen de ellas.

La ortografía no solo incluye la escritura correcta de las palabras, sino el empleo correcto de una serie de signos que reflejan aspectos de la significación de las palabras (por ejemplo, las mayúsculas), la intensidad (acentos), la entonación (puntuación); o que responden a necesidades materiales de la expresión escrita (guión, abreviaturas). En algunos de estos aspectos las normas tienen aplicación clara y terminante, como en la acentuación; pero en otros, como la puntuación o las mayúsculas, el uso es más liberal y depende en mucho de la costumbre, del gusto y del matiz intencional de cada uno.

En las páginas siguientes damos las reglas más importantes de nuestra ortografía, prescindiendo de todas aquellas cuya aplicación afecte a muy pocas palabras o que cuenten con número crecido de excepciones (5).

### 221. Ortografía de las vocales

Las únicas vocales que pueden ofrecer alguna dificultad ortográfica son la *i* y la *u*.

La vocal *i* puede representarse gráficamente por las letras *I* o *Y*. La primera es la usada normalmente. La segunda solo se utiliza en los siguientes casos:

*a*) En la conjunción copulativa *y: luz y gas.*

*b*) Cuando el sonido *i* es semivocal y final absoluto de palabra: *doy, voy, estoy, rey, ley, buey, Valderaduey.*

El fonema *u* tiene la particularidad de escribirse en la forma *Ü* cuando sigue a un fonema *g* y precede a *e* o *i: cigüeña, pingüino, agüero.* Si en estos casos se omitiese el signo (··), llamado *diéresis,* no se pronunciaría la *u* y se diría *aguero,* como se dice *reguero.* Fuera de estas circunstancias no se usa la diéresis.

---

(5) La *Ortografía práctica,* de S. Gili Gaya (3.ª ed., Barcelona, 1954), es un método cómodo y útil, apoyado en el estudio de un vocabulario básico. Goza desde hace muchos años de merecido renombre la *Ortografía práctica* de L. Miranda Podadera, con numerosos ejercicios, aunque tal vez le faltan una gradación y un cierto criterio selectivo, que la harían más pedagógica.

222. Ortografía del fonema «b»

El fonema *b* se representa gráficamente por las letras *B* y *V*. Se escriben con *B*:

*a)* Los verbos terminados en *-bir: escribir, recibir, subir*. Excepciones: *hervir, servir* y *vivir*.

*b)* Los verbos terminados en *-aber: caber, saber*. Excepción: *precaver*.

*c)* Los verbos terminados en *-buir: atribuir, imbuir*.

*d)* Las terminaciones de pretérito imperfecto de indicativo de los verbos de la primera conjugación: *cantaba, estábamos*.

*e)* El pretérito imperfecto de indicativo del verbo *ir: iba, ibas*, etc.

*f)* Las palabras que comienzan por el prefijo *bi, bis, biz* (= dos veces): *bifocal, bifurcación*.

*g)* Las palabras compuestas cuyo primer elemento es *bien* o su forma latina *bene: benefactor, bienaventuranza*.

*h)* Las palabras que empiezan por *bibl*, o por las sílabas *bu, bur, bus: biblioteca, burla, busto*.

*i)* Los adjetivos terminados en *-bundo -a* y los sustantivos en *-bilidad: vagabundo, debilidad*. Excepciones: *movilidad, civilidad*.

*j)* El fonema *b* en final de sílaba o de palabra y antes de otra consonante: *absurdo, baobab, ablativo*. Hay que poner *B*, y no *V*, detrás de la letra *M: cambio*.

Se escriben con *V*:

*a)* Los pretéritos fuertes en *-uve* y sus derivados: *estuve, contuviera, tuvieseis*. Excepción: *hube*.

*b)* Las palabras que empiezan por el prefijo *vice* (= en vez de): *vicerrector*.

*c)* Los adjetivos terminados en *-avo, -ava; -evo, -eva; -ivo, -iva*, y *-eve* —siempre que estas terminaciones sean tónicas—: *octavo, nuevo, nocivo, leve*.

*d)* Las palabras terminadas en *-viro, -vira* e *-ívoro, -ívora: triunviro, herbívoro*. Excepción: *víbora*.

### 223. ORTOGRAFÍA DEL FONEMA «G»

El sonido g *(ga, gue, go...)* no ofrece dificultades en su ortografía. Se escribe G cuando le sigue una vocal *a, o, u,* o una consonante: *gallego, guapa, agrio.* Se escribe GU cuando sigue una vocal *e* o *i: lleguen, Guillermo.*

### 224. ORTOGRAFÍA DEL FONEMA «Y»

Por ser el yeísmo un fenómeno tan extendido por España y América, son muy frecuentes las dudas ortográficas entre Y y *LL.* Hay pocas reglas que puedan contribuir a disiparlas:

Se escriben con Y:

*a)* Las palabras en que este sonido siga a los prefijos *ad, dis* o *sub.*

*b)* Las formas verbales que presentan este sonido en su terminación (siempre que no exista *LL* en su infinitivo): *concluye* (de *concluir), arguyáis* ('de *argüir), oyendo* (de *oír), huyo* (de *huir).*

*c)* Las formas de plural cuyo singular termina por el fonema *i* (escrito Y): *reyes* (de *rey), bueyes* (de *buey).*

Es posible también la confusión *Y/HI,* en comienzo de palabra ante una vocal *e;* pero son limitados los vocablos en que se presenta esta posibilidad, y en algunos se admite la doble grafía: *hierba* o *yerba, hiedra* o *yedra.* La ortografía es la única diferencia externa que presentan *hierro* (metal) y *yerro* (error), *hiendo* (de *hender)* y *yendo* (de *ir).* Las formas verbales, como *hiendo,* que comienzan por el sonido *yé-* y que pertenecen a verbos cuyo infinitivo comienza con *HE- (herrar, heder, herir...),* se escriben siempre con *HI.*

### 225. ORTOGRAFÍA DEL FONEMA «Z»

El fonema *z* se representa por medio de dos letras: *C* y *Z.* Se emplea la *C* cuando sigue una vocal *e* o *i: cesto, cien;* y la *Z* cuando sigue una vocal *a, o, u (zanahoria, rezo, azúcar)*, o una consonante *(bizco, Vázquez)*, o cuando va en final de palabra *(pez, luz)*.

Excepcionalmente se usa Z ante *e* o *i* en *¡zis, zas!, zigzag, zipizape, zendo, zéjel* y en algunos términos científicos, como *zigoto, zigomorfo, enzima* (fermento), así como en los nombres propios, *Zita, Ezequiel, Zenón, Zebedeo, Zelanda, Zeus, Zegrí, Zeuxis, Zenobia.* Algunas palabras admiten la doble ortografía con Z o C: *zinc/cinc, zeugma/ceugma, ázimo/ácimo, azimut/acimut, zeta* o *zeda/ceda. Eczema* debe escribirse ahora *eccema,* según la última edición del *Diccionario* de la Academia (1956) (6).

### 226. ORTOGRAFÍA DEL FONEMA «S»

El fonema *s* se representa generalmente por medio de la letra *S;* pero cuando va ante otra consonante, a veces está representado por la letra X. Las dudas se presentan, por tanto, en el caso de que el fonema *s* vaya precediendo a otro fonema consonante. Así, hay personas que equivocadamente escriben con X, por ultracorrección, palabras como *estrategia, estratagema, estrangular, estrabismo, estraperlo, esplendor, espléndido, espontáneo, estricto, estremecer.* La mala pronunciación es causa de que también se produzcan vacilaciones en la posición intervocálica, escribiendo *exófago* por *esófago, axfisia* por *asfixia,* etc.

Otro tipo de dificultad se presenta a los nacidos en zonas de seseo o ceceo, al confundir los sonidos correspondientes a *S* y *Z*.

Tanto para las confusiones *S/X* como para las *S/C-Z* es imposible dar ninguna regla segura.

### 227. ORTOGRAFÍA DEL FONEMA «J»

El sonido *j* puede representarse gráficamente por las letras G o J. Cuando a este sonido sigue una vocal *a, o, u,* siempre se

---

(6) [Pero, curiosamente, ha vuelto a acoger, en el suplemento de la edición 1970, la grafía *eczema,* al lado de *eccema,* que se mantiene, no obstante, como forma preferida.]

escribe *J: naranja, joroba, juego.* Si está en final de palabra, se emplea la misma letra: *reloj, boj.* Solamente puede haber dificultad ortográfica cuando al sonido *j* sigue una vocal *e* o *i,* ya que entonces es posible utilizar tanto la *G* como la *J.*

Se escriben con *J:*

*a)* Las formas verbales del pretérito fuerte que tienen en primera persona la terminación *-je: dije, reduje, traje; dijiste, redujiste,* etc. Lo mismo rige para los tiempos derivados: *condujera.*

*b)* Los verbos cuyo infinitivo termina en *-jear: canjear.*

*c)* Los sustantivos terminados en *-aje, -eje, -uje, -jería: garaje* (debe evitarse la grafía francesa *garage), esqueje, granjería.* Excepciones: *cónyuge, auge, enálage, ambages, companage, hipálage.*

Se escriben con *G:*

*a)* Todas las formas de los verbos que terminan en los sonidos *-jer, -jir, -ijerar: coger, rugir, aligerar.* Excepciones: *mejer, tejer, crujir, brujir* o *grujir, desquijerar.*

*b)* Las palabras que empiezan por *geo-, legi-, gest-: geografía, legislar, gesticular.* Excepciones: *lejía, lejitos, lejísimos.*

*c)* Las palabras terminadas en *-gio, -gia* átonos; *-logía, -geno* átono y sus derivados *-génico -a, -génito -a, -genio -a; -gero, -gera* átonos; *-gésimo -a* y su derivado *-gesimal.* Ejemplos: *regio, oxígeno, primigenio, orogénico, unigénito, alígero, trigésimo, sexagesimal.*

### 228. Ortografía del fonema «RR»

El fonema *rr* se representa unas veces como *RR* y otras como *R.* La norma ortográfica es clara: se escribe *R* en comienzo de palabra o después de los fonemas *l, n, s: Ulrico, Enrique, Israel.* Se escribe *RR* en los demás casos, es decir, cuando el fonema se presenta entre vocales: *perro, arrogante.*

311

229. Ortografía de los fonemas «n» y «m»

El fonema *n,* como se dijo en el § 208, se articula como *m* cuando le sigue un fonema *p, b* o *f: un beso* [úm-béso], *convidar* [kombidár]. Por otra parte, delante de *m* tiende a asimilársele: *inminente,* en pronunciación rápida, es [imminénte]. La confusión entre las letras *M* y *N* solo puede presentarse, pues, en posición inmediatamente anterior a un sonido labial.

En los casos como *inminente, inmiscuir,* no hay problema si se tiene en cuenta que en español no existe la grafía doble *MM* (salvo en *gamma, digamma, Emma, Mariemma):* así, la grafía correcta es *inm-.*

En cuanto a la posición de *m* o *n* en final de palabra, ante otra palabra que comience por *p* o *b,* basta saber que en español son muy contadas las palabras que terminan en *m: Cam, Sem, Abraham, linóleum, álbum, ultimátum, réquiem, ídem* y alguna otra.

En interior de palabra, el sonido *m* que precede a *p* se escribe siempre *M: imperio, compra, imponer.* La mayor dificultad práctica se presenta cuando el sonido *m* se encuentra ante un fonema *b.* Para este caso existe una norma fija: se escribirá *M* si el fonema *b* está representado por la letra *B: cambio, rumbo;* se escribirá *N* si el fonema *b* está representado por la letra *V: envidia, invierno.* Pero ello supone tener resuelto previamente el problema de la elección *B/V,* que es precisamente uno de los mayores escollos para las personas que tienen ortografía vacilante.

Ante *f,* el sonido *m* se escribe siempre *N: inflamar, infierno, confuso* (pronunciación: [imflamár, imfiérno, komfúso]).

230. La letra «h»

Esta letra, como sabemos, no corresponde a ningún sonido; el único servicio que presta a la fonética del idioma está en unirse a la letra *C* para representar el sonido *ch.*

Se escriben con *H:*

*a)* Todas las formas de los verbos *haber* y *hacer.*

*b)* Todas las palabras que empiezan por *ia, ie, ue, ui: hiato, hiena, huevo, huir.*

*c)* Todas las palabras que empiezan por *idr, iper, ipo: hidrógeno, hipertrofia, hipótesis.* Excepción: *iperita.*

## 231. ORTOGRAFÍA DE LA SÍLABA

La única norma ortográfica relativa a la sílaba corresponde al caso en que se hace preciso dividir en dos partes una palabra porque esta no cabe entera al final de un renglón. La división, para ser ortográficamente correcta, tiene que cumplir la condición de ajustarse al silabeo de la palabra (v. § 211), sometiéndose, además, a las siguientes condiciones particulares exigidas por la ortografía:

*a)* No se considera correcto dividir la palabra de manera que queden separadas dos vocales, aunque estas formen sílabas diferentes; por ejemplo: *prove-er, perí-odo.*

*b)* No pueden separarse las sílabas de manera que quede sola una vocal; así, *a-traer, tore-o, decí-a.*

*c)* Las palabras que contienen una *H* precedida de otra consonante se dividen separando ambas letras. Ejemplos: *des-hacer, Al-hambra, in-hibición.*

*d)* En los compuestos constituidos por palabras que pueden tener existencia independiente *(hispanoamericano)* o formados por prefijación *(preeminente),* se hace la separación ortográfica en el punto de unión de los dos componentes: *hispano-americano, pre-eminente, nos-otros.* Sin embargo, también se admite ahora la separación de tipo normal: *no-sotros, pree-minente.*

Sin carácter obligatorio, se sigue la norma de separar las sílabas de los nombres extranjeros con arreglo a la costumbre de la lengua respectiva: *Mul-lins, Guare-schi, Mus-set.*

## 232. Ortografía de la palabra: acentuación

El acento fonético de las palabras tiene en nuestro idioma una representación gráfica casi perfecta, ya que un texto bien escrito según las reglas de acentuación puede ser leído correctamente, por muchas palabras desconocidas que contenga. El único defecto que se puede notar en el sistema español de acentuación ortográfica es su incapacidad de señalar las palabras que han de pronunciarse como átonas; pero esta falta, en general, solo tiene importancia para los hablantes extranjeros, y puede suplirse fácilmente conociendo la reducida lista de palabras átonas (v. § 214). Por lo demás, el sistema español de acentuación gráfica es bastante sencillo —un solo signo, llamado *tilde* o *acento* ('), reglas claras— y sumamente práctico —permite leer sin vacilaciones acentuales.

Según las reglas generales de acentuación ortográfica, llevan tilde en la sílaba tónica:

1.º Las palabras agudas terminadas en letra vocal, *N* o *S*: *espanté, Mataró, ladrón, Quirós.*

2.º Las palabras llanas que no terminen en letra vocal, *N* o *S*: *cadáver, lápiz, mármol, áspid, Pérez.*

3.º Las palabras esdrújulas y sobresdrújulas: *bárbaro, pétalo, cándido, apóstoles, díganselo.*

No basta, sin embargo, conocer estas reglas. Hay una serie de casos particulares, que vamos a enumerar a continuación:

*a)* Las palabras agudas terminadas en *N* o *S* precedida de otra consonante se exceptúan de la regla general, que exigiría acento. Ejemplos: *Isern, Canals, Milans.* En cambio, las palabras llanas de igual terminación (consonante + *N* o *S*) llevan acento, contrariando también la regla general correspondiente. Ejemplos: *fórceps, bíceps* (7).

*b)* Las palabras monosílabas no llevan acento ortográfico, ya que en ellas no es preciso señalar en cuál de las sílabas es mayor la intensidad de la articulación. De acuerdo con esto, se

---

(7) V. *Diccionario* de la Real Academia Española, 18.ª ed., 1956, pág. 1367.

escriben sin acento *pan, vas, doy, fe, pie,* así como las formas verbales *fue, fui, dio* y *vio.*

*c)* En una serie de palabras —principalmente monosílabas— se utiliza el acento con el fin de diferenciarlas de otras de igual grafía que, o son átonas, o tienen distinto significado o función gramatical (8):

*mí,* pronombre personal ............   *mi,* pronombre posesivo con función adjetiva.

*tú,* pronombre personal ............   *tu,* pronombre posesivo con función adjetiva.

*él,* pronombre personal ............   *el,* artículo.

*sí,* pron. personal reflexivo o adverbio de afirmación ............   *si,* conjunción condicional.

*sé,* presente de indicativo de *saber* o imperativo de *ser* .........   *se,* pronombre personal reflexivo.

*té,* nombre ...........................   *te,* pronombre personal.

*dé,* presente de subjuntivo de *dar.*   *de,* preposición.

*más,* adverbio de cantidad .........   *mas,* conjunción adversativa.

*aún,* adv. de tiempo (= *todavía).*   *aun,* adv. de cantidad (=*incluso).*

| *éste -a -os -as* <br> *ése -a -os -as* <br> *aquél -lla -llos* <br> *-llas* | demostrativos con función sustantiva (9). | *este -a -os -as* <br> *ese -a -os -as* <br> *aquel -lla -llos* <br> *-llas* | demostrativos con función adjetiva. |
| *qué* <br> *quién* <br> *cuál* <br> *cuánto* | pronombres interrogativos (y exclamativos). | *que* <br> *quien* <br> *cual* <br> *cuanto* | pronombres relativos. |
| *dónde* <br> *cuándo* <br> *cómo* | adverbios interrogativos. | *donde* <br> *cuando* <br> *como* | adverbios relativos. |

*d)* La conjunción disyuntiva *o* se escribe con acento en el caso de que vaya entre cifras, para evitar la confusión con el cero: *3 ó 4.*

*e)* Cuando en la sílaba que debe llevar el acento hay un diptongo, el acento se escribe sobre la vocal abierta. Si el diptongo está formado por dos cerradas, se escribe sobre la segunda, de acuerdo con lo explicado en el § 200. Ejemplos: *llegáis, hubiéramos, péinate, casuística.*

(8) Sobre la acentuación del adverbio *sólo* (=solamente), véase § 243*l.*
(9) Pueden escribirse sin acento si no hay riesgo de anfibología. V. § 243*k.*

*f)* Si las vocales juntas no forman diptongo y el acento fonético recae sobre la vocal cerrada, sobre ella se escribe el acento gráfico, aunque no se cumplan las condiciones exigidas por las reglas generales. Ejemplos: *poderío, tenía, píe* (de *piar*), *oíd, período.* Se exceptúan, según las recientes normas, los grupos *ui (jesuita, constituido),* y por consiguiente, la terminación verbal *-uir (construir, huir).*

*g)* En las palabras compuestas, el primer elemento no lleva acento ortográfico: *decimoséptimo, asimismo, rioplatense.* Se exceptúan los adverbios terminados en *-mente,* que conservan, si lo había, el acento del adjetivo que los forma: *fácilmente, íntimamente.* Si la palabra compuesta se escribe con un guión intermedio (10), cada uno de los componentes lleva el acento que como simple le corresponda: *soviético-japonés, teórico-práctico.* En cuanto a los verbos con pronombre enclítico, conservan en todo caso el acento gráfico de su forma pura: *despegóse, miróme.*

*h)* Para las palabras extranjeras rige la siguiente regla (11): los términos latinos se acentúan con arreglo a las normas prescritas para las palabras españolas: *tránseat, ítem, accésit, memorándum, exequátur;* los nombres propios extranjeros se escriben sin ponerles ningún acento que no tengan en el idioma original: *Newton, Valéry, Müller, Schubert* (12). Sin embargo, aquellos que ya están incorporados a nuestra lengua o adaptados a su fonética se someten a las reglas generales: *Afganistán, París, Nápoles, Borbón.*

## 233. Empleo de las letras mayúsculas

La letra inicial de una palabra se escribe en su forma mayúscula para dar relieve a esa palabra, aludiendo al especial carácter de lo significado por ella o indicando que encabeza el discurso o la oración.

---

(10) V. § 234.
(11) Academia, *Diccionario,* ed. 1956, pág. 1367; *Nuevas normas,* § 20.
(12) La Academia admite la acentuación a la española cuando la pronunciación y grafía originales lo consienten; p. ej., *Wágner, Wáshington.*

Se escriben con mayúscula:

1.º La primera palabra de un escrito; la que va después de punto; la que sigue a un signo de cierre de interrogación (?) o de admiración (!), si no se interpone una coma; y la que va después de dos puntos, siguiendo a la fórmula de encabezamiento de una carta o reproduciendo palabras textuales. Ejemplos: *¿Cómo? Hable más alto; Querido Andrés: Recibí ayer tu carta...; Respondió Sancho: Mire vuestra merced que son molinos.*

2.º Todos los nombres propios y los sobrenombres que los sustituyen o acompañan: *Francia, Tajo, López, Luis el Calvo, Castilla la Vieja, el Burlador, el Manitas.* Cuando un nombre propio de ciudad lleva artículo, lo más frecuente es escribir este también con mayúscula: *El Ferrol, La Haya, El Havre.*

3.º Las palabras que designan a Dios o a la Virgen María: *el Creador, la Madre del Salvador, Él, Ella.*

4.º Los títulos de dignidad o de autoridad y los nombres que designan entidades: *el Jefe del Estado, Su Majestad, Su Excelencia, el Gobierno, Ministerio de Asuntos Exteriores, Escuela de Artes y Oficios.*

5.º La primera palabra del título de un libro, artículo, película o pieza teatral: *Lo que el viento se llevó, Los intereses creados, La aldea perdida.*

Los títulos de *Rey, Príncipe, Infante, Conde, Duque, Marqués* y semejantes, se escriben con mayúscula, según la Academia, cuando designan a personas concretas, y con minúscula cuando están usados en sentido genérico. Así, se escribirá: *Fue recibido por los Reyes;* pero: *Los reyes mueren igual que los esclavos.* Esta regla no es siempre acatada hoy, y suele verse impreso *el zar Nicolás, la reina de Inglaterra,* etc.

234. LAS PALABRAS COMPUESTAS

Hasta ahora no ha regido un criterio claro en la ortografía de las palabras compuestas. Se escribe, por ejemplo, *dieciséis, veintiséis,* pero *treinta y seis;* se escribe *coche-cama, casa-cuna,* pero *buque cisterna*. En realidad, la grafía separada, el guión intermedio y la fusión en un vocablo único son expresión de tres fases sucesivas por las que atraviesa la pareja de palabras que se transforma en palabra única. Para llegar a esta última fase es indispensable que el primer elemento haya perdido totalmente el acento fonético; *bocacalle*, por ejemplo, no se pronuncia nunca [bóka-kálle], sino [bokakálle], con un solo acento. Pero no se crea por esto que la unidad acentual implica ya la existencia de la palabra compuesta: *treinta y seis* se pronuncia con un solo acento [treintaiséis], igual que *veintiséis*, y sin embargo no forma una palabra sola. Caso inverso es el de los adverbios terminados en -*mente*, que se escriben en una palabra y se pronuncian con dos acentos: *bonitamente* [boníta· ménte].

Las únicas normas dictadas hasta ahora por la Academia con respecto a las palabras compuestas son las dos que siguen:

1.ª Cuando los nombres de dos pueblos o territorios formen un compuesto aplicable a una tercera entidad geográfica o política, dicho compuesto se escribe sin separación de sus elementos: *hispanoamericano*. En los demás casos, en que no hay fusión, sino oposición o contraste, se unen los componentes con un guión: *germano-soviético*.

2.ª Los compuestos de dos adjetivos, el primero de los cuales se mantiene invariable con la terminación masculina, se escriben uniendo uno y otro con guión: *lección teórico-práctica; cuerpos técnico-administrativos*.

Los prefijos nunca pueden escribirse separados de la palabra a que se aplican; es incorrecta, por tanto, la grafía periodística *ex Rey, ex Ministro*. Normalmente se escriben unidos formando una sola palabra: *vicepresidente, subinspección*. Pero algunos pueden escribirse unidos a la palabra por medio del guión: *ex-ministro, seudo-membranas*.

### 235. ORTOGRAFÍA DE LA FRASE

La expresión gráfica de las pausas y de la entonación corresponde a los signos de puntuación. Claro está que estos no pretenden reflejar exactamente la línea melódica de la frase, como tampoco —ya lo hemos visto— las letras pretendían describir exactamente la articulación de cada sonido concreto. Así como las letras —imperfectamente, desde luego— tratan de reproducir gráficamente los fonemas, esto es, los sonidos en cuanto dotados de un valor significativo, así también los signos de puntuación procuran indicar en forma gráfica, no las curvas de entonación y las pausas que en la materialidad del habla se producen, sino el valor significativo esencial que a ellas va unido.

Las pausas que obedecen a una necesidad lógica de la oración aparecen marcadas gráficamente por una *coma* (,), si se presentan en el interior de la oración, o por un *punto* (.), si se trata de pausa final precedida de entonación descendente. Los *dos puntos* (:) y el *punto y coma* (;) también señalan pausa precedida de descenso en el tono, pero denotando que no se termina con ello la enunciación del pensamiento completo.

Los dos puntos preceden a una enumeración explicativa o separan un vocativo del enunciado que a continuación se le dirige. Ejemplos: *Había tres personas: dos mujeres y un niño. Querido Fernando: Contestando a tu tarjeta... Y dijo: No os conozco.*

El punto y coma señala que la pausa y el descenso de entonación no suponen el fin de la oración completa, sino un mero descanso que separa dos de sus miembros: «*Vino, primero, pura, | vestida de inocencia; | y la amé como un niño*». (J. R. Jiménez.) Es muy frecuente este signo entre oraciones coordinadas adversativas: *El camino no ofrecía grandes peligros; sin embargo, no me atreví.*

La pausa inesperada o la conclusión vaga, voluntariamente imperfecta, de una frase, llevan consigo un tono sostenido, sin ascenso ni descenso. Su representación ortográfica son los *puntos suspensivos* (...). Ejemplos: *Tengo que decirte que... no me atrevo. Había leones, tigres, camellos, monos...*

El inciso, la oración o frase explicativa que se intercala dentro de otra interrumpiendo su fluir, puede encontrar signo ortográfico en la coma, si su estructura es simple; así ocurre con la mayoría de las oraciones adjetivas explicativas: *El anciano, que nada sabía de aquello, se presentó al siguiente día.* Si la frase intercalada es larga o su colocación puede turbar el sentido general de la oración, se escribe entre *paréntesis* [( )], o, lo más frecuente hoy, entre *rayas* (—): «*Las sombras —la del alero de un tejado, la de un viejo muro— adquieren imperceptibles colores*». (Azorín.) Las rayas sirven también para prestar énfasis a lo que entre ellas se encierra: «*El encanto —inquietante y misterioso— de una de esas mujeres...*» (Azorín.)

La entonación afectiva, de tan variados matices (sorpresa, alegría, energía, etc.), solo cuenta con un signo que la exprese, el de *admiración* (¡!). Los ejemplos siguientes, comparados entre sí, y cada uno de ellos consigo mismo en circunstancias distintas, presentarían una entonación diferente; sin embargo, su ortografía es igual: *¡Qué susto! ¡No lo entiendo! ¡Dios mío! ¡Adiós!* Lo mismo ocurre con los diversos tipos de entonación interrogativa, expresados todos por un mismo signo de *interrogación* (¿?). Ejemplos: *¿Quién vive? ¿Me da lumbre, por favor? ¿Tú?* Los escritores tratan a veces de dar a entender con más exactitud los distintos tonos por medio de la acumulación de signos *(¡¡cielos!!)* o de su combinación *(¡habráse visto?);* pero son procedimientos poco usados hoy, tal vez por el predominio de un tipo más reflexivo de literatura.

El estilo directo, aunque no suele tener una entonación especial, cuenta con signos ortográficos propios. Se escribe entre *comillas* (« ») la frase reproducida, especialmente si es una cita de otro autor o de palabras realmente pronunciadas por una persona. Si las frases forman parte de un diálogo, sobre todo novelesco, la correspondiente a cada interlocutor va formando párrafo aparte, precedida de una simple raya:

—¿Pagaste el aceite de ayer?
—¡Pues no!
—¿Y la tila y la sanguinaria?
—Todo, todo... Y aún me ha sobrado, después de la compra, para mañana.

(PÉREZ GALDÓS.)

## 236. ABREVIATURAS

La conveniencia de economizar espacio y tiempo ha llevado a la costumbre de reducir palabras y fórmulas muy usadas a una representación abreviada que limite a un número mínimo sus letras. Dentro de cada actividad humana (política, comercio, ciencias, arte) hay una serie muy extensa de estas abreviaturas, que se usan constantemente entre los profesionales; pero hay otras muchas que trascienden este empleo profesional para ser utilizadas en la vida corriente por todo el mundo.

El uso de las abreviaturas no es libre. Ante todo, es preciso limitarse a emplear solo aquellas que nuestro lector sea capaz de comprender, es decir, las que sean de circulación corriente. Además, no se puede estampar una abreviatura en cualquier lugar del escrito: es correcto escribir *el Sr. Fernández,* pero no lo es *este Sr. me contestó.* Hay que atenerse siempre a la costumbre en esta materia. Pero, en general, téngase presente que, fuera de las cartas y de ciertos documentos oficiales, las abreviaturas tienen hoy muy escasa aceptación, y, desde luego, ninguna en los escritos de carácter literario.

### ABREVIATURAS CORRIENTES

| | | | | |
|---|---|---|---|---|
| a | áreas (medida). | dupdo. | ... | duplicado. |
| (a) | alias. | E | | Este. |
| afmo. | afectísimo. | entlo. | | entresuelo. |
| art. | artículo. | etc. | | etcétera. |
| atto. | atento. | Excmo. | ... | Excelentísimo. |
| B. L. M. ... | besa la mano. | Fr. | | Fray. |
| cap. | capítulo. | g, grs | | gramos. |
| c. c. | centímetros cúbicos. | Gral. | | General. |
| cf., cfr. ... | *confer* = compárese. | Ha | | hectáreas. |
| Cía. | compañía. | Hl | | hectolitros. |
| cm | centímetros. | Hm | | hectómetros. |
| D. | don. | ib., ibíd. ... | | *ibídem* = en el mismo lugar. |
| D.ª | doña. | | | |
| D. m. | Dios mediante. | íd. | | ídem. |
| Dr. | doctor. | Ilmo. | | Ilustrísimo. |

321

| | | | |
|---|---|---|---|
| J. C. ...... | Jesucristo. | S .......... | Sur. |
| Kg, kg ..... | kilogramos. | S. .......... | san. |
| Km, km ... | kilómetros. | S. A. ...... | Sociedad Anónima; Su Alteza. |
| l ........... | litros. | | |
| m .......... | metros. | S. A. R. ... | Su Alteza Real. |
| M., MM. ... | Madre, Madres (religiosas). | s/c ........ | su casa. |
| | | Sdad. ...... | sociedad. |
| mg ........ | miligramos. | SE ......... | Sudeste. |
| mm, m/m. | milímetros. | S. E. ...... | Su Excelencia. |
| N .......... | Norte. | S. en C. ... | Sociedad en Comandita. |
| N. B. ...... | nota bene = nótese bien. | | |
| NE ........ | Nordeste. | s. e. u o. | salvo error u omisión. |
| NO, NW. | Noroeste. | S. L. ...... | Sociedad Limitada. |
| n.º, núm. . | número. | S. M. ...... | Su Majestad. |
| O ......... | Oeste. | SO, SW ... | Sudoeste. |
| P., PP. ..... | Padre, Padres (religiosos). | Sr. ......... | señor. |
| | | Sra. ........ | señora. |
| P. A., p. a. | por autorización. | Srta. ....... | señorita. |
| pág., p. ... | página. | s. s. ........ | seguro servidor. |
| Pbro. ...... | presbítero. | S. S. ...... | Su Santidad. |
| P. D. ...... | posdata. | Sto., Sta. .. | Santo, Santa. |
| p. ej. ...... | por ejemplo. | Tm ........ | toneladas métricas. |
| P. O. ...... | por orden. | V., Vd., | |
| P. P. ...... | por poder. | Ud., VV., | |
| ppdo. ...... | próximo pasado. | Vds., Uds. . | usted, ustedes. |
| pral. ........ | principal. | V., Vid., v. | véase. |
| P. S. ...... | post scriptum = posdata. | Vda. ....... | viuda. |
| | | V. E. ...... | Vuestra Excelencia (Vuecencia). |
| ptas. ........ | pesetas. | | |
| q. b. s. m. | que besa su mano. | v. gr. ...... | verbigracia. |
| q. D. g. ... | que Dios guarde. | V. I. ........ | Vuestra Señoría Ilustrísima (Usía Ilustrísima). |
| q. e. p. d. | que en paz descanse. | | |
| q. e. s. m. | que estrecha su mano. | | |
| Qm ........ | quintales métricos. | V. M. ...... | Vuestra Majestad. |
| R. ......... | reverendo. | V.º B.º .... | visto bueno. |
| R. I. P. ..... | requiescat in pace = = descanse en paz. | V. S. ...... | Vuestra Señoría (Usía). |
| | | W ......... | Oeste. |

# III. Las «Nuevas normas» de la Academia

## 237. LAS «NUEVAS NORMAS»

En 1952, la Real Academia Española, como consecuencia de un informe presentado por su secretario, Julio Casares, aprobó y publicó una serie de reformas ortográficas y prosódicas (1) cuya aplicación sería voluntaria hasta tanto que dichas reformas se incorporasen a la nueva edición de la *Gramática* académica. El carácter potestativo de su uso, así como el aplazamiento indefinido de la aparición de la citada *Gramática,* hicieron que las *Nuevas normas* careciesen prácticamente de efectividad. Por otra parte, las numerosas y en general justificadas críticas que suscitaron entre los gramáticos americanos plantearon la necesidad de una revisión del texto, y el II Congreso de Academias de la Lengua, en 1956, resolvió que, antes de dar carácter preceptivo a las *Normas,* la Academia Española debía pedir a las americanas su dictamen corporativo sobre las materias objeto de aquellas.

Una vez cumplido este trámite, la Academia ha elaborado una versión de las *Normas,* mucho más reducida que la primera, y cuya aplicación ha declarado obligatoria desde 1.º de enero de 1959 (2).

(1) Real Academia Española, *Nuevas normas de prosodia y ortografía,* Madrid, 1952. (En el mismo volumen se incluye el informe de Casares.) Hay que advertir que la Academia todavía emplea la palabra *prosodia* en el sentido de *ortología.* El término *prosodia* designa modernamente solo el estudio del acento fonético, de la entonación y de las unidades del discurso oral diferenciadas por ellos, como la sílaba. Cf. R. Lapesa, *Hacia una nueva Gramática de la Real Academia Española.* Ponencia presentada al II Congreso de Academias de la Lengua Española, Madrid, 1956.

(2) Real Academia Española, *Nuevas normas de prosodia y ortografía.* Nuevo texto definitivo, Madrid, 1959. No todas las normas, como se verá en seguida, son de prosodia y ortografía: hay alguna puramente gramatical. [El

A pesar de esta obligatoriedad y de haber sido ampliamente distribuidas las *Normas* a los periódicos y a las imprentas, aún no se ha generalizado su aplicación, y hasta muchos profesores de español las ignoran o las desdeñan. Como toda persona culta debe estar al tanto de lo que es oficialmente correcto, no solo en gramática propiamente dicha, sino en pronunciación y en ortografía, que tanto influyen en la valoración social de un individuo, se recogen aquí, para el lector interesado, las *Nuevas normas* académicas, no textualmente, sino en síntesis clara y ordenada, independientemente del hecho de que algunas de ellas —las más generales— ya están incorporadas a la parte gramatical de este libro. Así no se ha podido evitar alguna repetición, pero con ello sale beneficiada la claridad.

## I. NORMAS DE GRAMÁTICA

### 238. NORMAS DE GRAMÁTICA

En la conjugación del verbo *inmiscuir* se autorizan las formas con *y (inmiscuyo, inmiscuyes, inmiscuya,* etc.) por analogía con todos los verbos terminados en *-uir*. No obstante, no se deroga la regla que le atribuye conjugación regular *(inmiscuo, inmiscues,* etc.) (3).

## II. NORMAS DE ORTOLOGÍA

### 239. GRUPOS DE VOCALES

*a)* Se autoriza el empleo de las formas contractas *remplazo, remplazar, rembolso, rembolsar,* si bien se consideran preferibles, al parecer, las formas con doble *e (reemplazo,* etc.) (4).

---

contenido del texto publicado en 1959 por la Academia está ahora incorporado, en sustancia, al *Esbozo de una nueva gramática* (1973); pero hay algunas excepciones de detalle, como veremos luego.]

(3) Norma 11.ª [Como ya dijimos en la adición a la nota 3 del § 67, el *Esbozo de una nueva gramática* (1973) considera este verbo solamente como irregular.]

(4) Norma 5.ª

324

*b)* El encuentro de vocal abierta tónica con vocal cerrada átona, o de cerrada átona con abierta tónica, forma siempre diptongo (5). Según esta norma, *suave, diana, diario, riada, lioso, santuario, dieciocho, vaciar, actuar, piar,* habrán de pronunciarse [suá-be], [diá-na], [diá-rio], [riá-da], [lió-so], [san-tuá-rio], [die-zió-cho], [ba-ziár], [ak-tuár], [piár], en lugar de [su-á-be], [di-á-na], [di-á-rio], [ri-á-da], [li-ó-so], [san-tu-á-rio], [die-zi-ó-cho], [ba-zi-ár], [ak-tu-ár], [pi-ár], formas tradicionales usadas habitualmente por el habla culta (6).

*c)* El encuentro de vocal abierta átona con vocal cerrada tónica, o de cerrada tónica con abierta átona, no forma diptongo (7). Así, *raíz, baúl, bilbaíno,* se pronuncian [ra-íz], [ba-úl], [bil-ba-í-no].

*d)* La *h* muda escrita entre dos vocales no impide que estas formen diptongo: *desahucio,* pues, se pronuncia [de-sáu-zio]; *sahumerio,* [sau-mé-rio] (8).

### 240. GRUPOS DE CONSONANTES

Se admite la simplificación de los grupos iniciales *ps-, mn-* y *gn-,* en *s-, n-* y *n-,* respectivamente: *sicología, nemotecnia, nomo,* junto a *psicología, mnemotecnia* y *gnomo* (que seguirán siendo, en el *Diccionario,* las formas preferidas) (9).

### 241. ACENTUACIÓN FONÉTICA

*a)* Los adverbios terminados en *-mente* se pronuncian con dos acentos fonéticos, uno en el primer elemento del compuesto, y otro en *mente: buenamente* [buéna-ménte]. La pronunciación de estos adverbios con un solo acento, es decir, como voces llanas [buena-ménte], ha de tenerse por incorrecta (10).

---

(5) Norma 12.ª *a.*
(6) Cf. § 200 [teniendo en cuenta la adición a su nota 10]. V. también T. Navarro, *Manual de pronunciación española,* § 144.
(7) Norma 12.ª *b.*
(8) Norma 25.ª
(9) Norma 4.ª
(10) Norma 7.ª

*b)* En los compuestos de dos o más adjetivos con guión, cada elemento conservará su acentuación fonética: *hispano-belga* [ispáno-bélga], *anglo-soviético* [ánglo-sobiético] (11).

*c)* La partícula *aún* se pronunciará como bisílaba cuando equivalga a «todavía»: *Aún está enfermo; Está enfermo aún.* Se pronunciará como monosílaba (escrita *aun*) en todos los demás casos, es decir, con el significado de «hasta, también, inclusive» (o «siquiera», con negación): *Aun los sordos han de oírme; Ni hizo nada por él ni aun lo intentó* (12).

## III. NORMAS DE ORTOGRAFÍA

242. Reducción de grupos vocálicos
    y consonánticos

Como consecuencia de la autorización de las formas de pronunciación a que se refieren las normas 4.ª y 5.ª (v. §§ 239 y 240), se admiten como correctas, en las palabras *reembolso, reembolsar, reemplazo, reemplazar,* las grafías con una sola *e (rembolso,* etc.), al lado de las tradicionales con dos *e (reembolso,* etc.) (13); y en las palabras que comienzan por los grupos *ps-, mn-, gn-,* se admiten como correctas las grafías con *s-, n-* y *n- (sicología, nemotecnia, nomo)* al lado de las grafías tradicionales *(psicología, mnemotecnia, gnomo).*

---

(11) Norma 9.ª [Esta norma no es tenida en consideración en el *Esbozo de una nueva gramática* (1973), § 1.5.5.]

(12) Norma 17.ª Esta norma no corresponde exactamente a la pronunciación real. La sinéresis *(aun)* es general cuando la palabra va delante de aquellas a las que afecta o modifica *(Aun no ha venido);* solo a veces se usa el hiato *(aún)* en esta posición cuando la pronunciación es lenta o se desea reforzar la significación del adverbio. Detrás de la palabra a que se refiere, el adverbio se pronuncia corrientemente con hiato: *No salen aún de clase.* (T. Navarro, *Manual de pronunciación española,* § 147.) En ninguno de estos casos interviene la significación del adverbio.

(13) [Aunque en el *Esbozo de una nueva gramática* (1973), cap. 1.8, la Academia no menciona esta norma, las formas *rembolso, remplazo,* etc., ya están recogidas en el *Diccionario* de 1970.]

243. Acentuación ortográfica

*a)* Cuando un vocablo simple entre a formar parte de un compuesto como primer elemento del mismo, se escribirá sin el acento ortográfico que como simple le habría correspondido: *decimoséptimo, asimismo, rioplatense, piamadre* (14).

*b)* Se exceptúan de esta regla los adverbios en *-mente,* que, como se ha dicho antes, tienen dos acentos fonéticos, y en que, por tanto, debe acentuarse ortográficamente el primer elemento del compuesto en el caso de que como simple lo lleve: *ágilmente* (de *ágil), cortésmente* (de *cortés), lícitamente* (de *lícito)* (15).

*c)* Los compuestos de verbo con enclítico más complemento (tipo *sabelotodo)* se escribirán sin el acento que solía ponerse en el verbo (16).

*d)* En los compuestos de dos o más adjetivos unidos con guión, así como cada elemento —según se dice más arriba— conserva su acentuación fonética, conserva también la acentuación ortográfica que le corresponda como simple: *cántabro-astur, histórico-crítico-bibliográfico* (17).

*e)* La combinación *ui* se considerará, para la práctica de la escritura, como diptongo en todos los casos. Solo llevará acento —en la *i*— cuando el grupo se encuentre en sílaba que, según las reglas generales de acentuación ortográfica (v. § 232), deba llevarlo; así, se escribirán *casuístico, benjuí,* con acento; pero *casuista, jesuita,* sin acento (18). De acuerdo con esta norma, los infinitivos en *-uir* seguirán escribiéndose sin acento ortográfico, como hasta ahora se venía haciendo *(huir, argüir, restituir)* (19).

*f)* Si, como se ha dicho más arriba, la letra *h* entre dos vocales no impide que estas formen diptongo *(desahucio* [desáu-zio]), recíprocamente, siempre que, no formando diptongo, una de dichas vocales, en virtud de las reglas generales, deba

---

(14)  Norma 6.ª
(15)  Norma 7.ª
(16)  Norma 8.ª
(17)  Norma 9.º
(18)  Norma 13.ª
(19)  Norma 10.ª

ir acentuada, llevará el acento ortográfico como si la *h* no existiese: *vahído, búho, rehúso* (20).

*g)* En el encuentro de vocal abierta átona con vocal cerrada tónica, o de cerrada tónica con abierta átona —que, como queda dicho, no constituyen diptongo—, la vocal cerrada llevará acento ortográfico, sea cualquiera la sílaba en que se halle (21). Ejemplos: *insinúan, ataúd, sería, caída, dúo.*

*h)* Los vocablos agudos terminados en *-ay, -ey, -oy, -uy,* se escribirán sin acento ortográfico: *taray, virrey, convoy, maguey, Uruguay* (22).

*i)* Los monosílabos *fue, fui, dio, vio,* se escribirán sin acento ortográfico (23).

*j)* Se suprimirá el acento en *Feijoo, Campoo,* y demás palabras graves terminadas en *oo* (24).

*k)* Las palabras *este, ese, aquel,* con sus femeninos y plurales, llevarán normalmente acento cuando funcionen como pronombres sustantivos; pero podrá prescindirse de él cuando no exista riesgo de anfibología (25).

*l)* La palabra *solo,* usada como adverbio ('solamente'), podrá llevar acento ortográfico si con ello se ha de evitar una anfibología (26).

*ll)* El adverbio *aun* llevará acento cuando signifique 'todavía': *Aún no ha venido;* no lo llevará cuando signifique 'incluso', 'hasta': *Aun los niños lo entienden* (27).

*m)* Los nombres propios extranjeros se escribirán, en general, sin ponerles ningún acento que no tengan en el idioma a que

---

(20) Norma 25.ª
(21) Norma 12.ª *b.*
(22) Norma 14.ª *Túy* y *Espelúy,* según la Academia *(Gramática,* § 539*b),* son palabras llanas: [tú-i], [es-pe-lú-i]; no caen, por tanto, bajo esta norma. [Pero en el *Esbozo de una nueva gramática* (1973), § 1.8.3*E,* se incluyen en la norma, sin excepción, todas las palabras en *-uy,* y se cita entre los ejemplos *Espeluy.]*
(23) Norma 15.ª
(24) Norma 19.ª
(25) Norma 16.ª [La Academia, en su *Esbozo* (1973), escribe estos pronombres ya siempre sin acento, salvo en los raros casos de posible anfibología. Lo mismo hace con el adverbio *solo.]*
(26) Norma 18.ª [Véase la adición a la nota anterior.]
(27) Norma 17.ª

pertenecen; pero podrán acentuarse a la española cuando lo permitan su pronunciación y grafía originales. Si se trata de nombres geográficos ya incorporados a nuestra lengua o adaptados a su fonética, tales nombres no se han de considerar extranjeros y habrán de acentuarse gráficamente de conformidad con las reglas generales (28).

### 244. Diéresis

El uso de la diéresis (··) solo es preceptivo para indicar que ha de pronunciarse la *u,* en las combinaciones *gue, gui: pingüe, pingüino* (29).

### 245. Guión

*a)* Cuando los gentilicios de dos pueblos o territorios formen un compuesto aplicable a una tercera entidad geográfica o política en la que se han fundido los caracteres de ambos pueblos o territorios, dicho compuesto se escribirá sin separación de sus elementos: *hispanoamericano, checoslovaco.* En los demás casos, es decir, cuando no hay fusión, sino oposición o contraste entre los elementos componentes, se unirán estos con guión: *franco-prusiano, germano-soviético* (30).

*b)* Los compuestos de nueva formación en que entren dos adjetivos, el primero de los cuales conserva invariable la terminación masculina singular, mientras el segundo concuerda en género y número con el nombre correspondiente, se escribirán uniendo con guión dichos adjetivos: *tratado teórico-práctico, lección teórico-práctica, cuerpos técnico-administrativos* (31).

*c)* En la división de palabras en final de renglón, cuando un compuesto sea claramente analizable como formado de palabras que por sí solas tienen uso en la lengua, o de una de estas

---

(28) Norma 20.ª
(29) Norma 21.ª
(30) Norma 22.ª
(31) Norma 23.ª [Esta norma no es recogida por el *Esbozo* de 1973, § 1.8.8.]

palabras y un prefijo, será potestativo dividir el compuesto separando sus componentes, o ateniéndose al silabeo de la palabra. Así, podrá dividirse *nos-otros* o *no-sotros, des-amparo* o *de-samparo* (32).

*d)* Cuando, al dividir una palabra por sus sílabas, haya de quedar en principio de línea una *h* precedida de consonante, se dejará esta al final del renglón anterior y se comenzará el siguiente con la *h: clor-hidrato, des-hidratar* (33).

---

(32) Norma 24.ª Esta norma sustituirá a los párrafos 4.° y 5.° del § 553 de la *Gramática* de la Academia.
(33) Norma 24.ª

*Índice alfabético
de materias*

# Índice alfabético